Susanne Korsten, Gudrun Wansing
Qualitätssicherung in der Frühförderung
Planungs- und Gestaltungshilfen zum Prozess
der Qualitätsentwicklung

Susanne Korsten, Gudrun Wansing

Qualitätssicherung in der Frühförderung

Planungs- und Gestaltungshilfen zum Prozess
der Qualitätsentwicklung

verlag modernes lernen - Dortmund

*Das Projekt „Qualitätssicherung und Qualitätsmanagement
in Einrichtungen der Frühförderung in NRW" wurde finanziert mit Fördermitteln
des Ministeriums für Frauen, Jugend, Familie und Gesundheit, NRW.
Im Auftrag der Arbeitsgemeinschaft der Spitzenverbände der freien Wohlfahrtspflege in NRW.
Wissenschaftliche Projektleitung: Prof. Dr. Christoph Leyendecker, Prof. Dr. Elisabeth Wacker.*

© 2000 verlag modernes lernen Borgmann KG, D-44139 Dortmund

Gesamtherstellung: Löer Druck GmbH, D-44139 Dortmund

 Bestell-Nr. 1170   ISBN 3-8080-0475-4

Urheberrecht beachten!

Alle Rechte der Wiedergabe, auch auszugsweise und in jeder Form, liegen beim Verlag. Mit der Zahlung des Kaufpreises verpflichtet sich der Eigentümer des Werkes, unter Ausschluß des § 53, 1-3, UrhG., keine Vervielfältigungen, Fotokopien, Übersetzungen, Mikroverfilmungen und keine elektronische, optische Speicherung und Verarbeitung, auch für den privaten Gebrauch oder Zwecke der Unterrichtsgestaltung, ohne schriftliche Genehmigung durch den Verlag anzufertigen. Er hat auch dafür Sorge zu tragen, daß dies nicht durch Dritte geschieht (Die Formularseiten stehen dem Käufer dieses Buches für den *nichtgewerblichen* Gebrauch als Kopiervorlagen zur Verfügung.).

Zuwiderhandlungen werden strafrechtlich verfolgt und berechtigen den Verlag zu Schadenersatzforderungen.

Inhalt

Vorwort der Autorinnen. 9

**Vorwort der Arbeitsgemeinschaft der Spitzenverbände der Freien
Wohlfahrtspflege des Landes NRW** 11

1. Qualität früher Förderung: Grundlagen und Ziele *(Ch. Leyendecker)* 13
1.1 Einführung: Die späte Geschichte früher Förderung   13
**1.2 Problemstellung: Je früher desto besser?! Zur theoretischen Begründung
     der Frühförderung** 13
1.2.1   Begriffliche Eingrenzung 13
1.2.2   Das traditionelle Paradigma der Frühförderung 14
1.2.3   Der Paradigmenwechsel: Von der Behandlung zur Selbstgestaltung 14
1.2.4   Trotzdem ein Kernproblem: Die Antinomie von Lenkung und Entfaltung 15
1.3 Auseinandersetzung: Grundlegende wissenschaftliche Erkenntnisse. 15
1.3.1   Die Bedeutung der psychosozialen Dimension in der kindlichen Entwicklung ... 15
1.3.2   Körpererfahrung, Körperstimulation und Kompetenzentwicklung des Kindes ... 16
1.3.3   Wie nachweisbar ist die Wirksamkeit von Frühförderung? 17
1.4 Lösung: Frühförderung als Dialog 18
1.4.1   Die Wirkung liegt in der Art der Vermittlung 18
1.4.2   Wesensmerkmale wirkungsvoller Vermittlung 18
1.5 Zusammenfassung: Ziele früher Förderung 20
1.5.1   Literatur 20

2. Qualitätssicherung und -entwicklung in der Frühförderung *(E. Wacker)* 23
2.1 Qualität als vielfältiges Phänomen 23
2.1.1   Produktion von Qualität als öffentlicher Auftrag 24
2.1.2   Qualität als Indikator sozialer Dienstleistung 25
2.1.3   Frühförderung und die Qualitätsfrage 26
2.2 Organisation von Standards der Frühförderung 26
2.2.1   Komplexität der Erfordernisse 27
2.2.2   Qualitätssicherung 28
2.2.3   Qualitätsentwicklung 28
2.3 Ausblick 29
2.3.1   Literatur 29

3. Entwicklung und Aufbau des Handbuches 31
3.1 Vorarbeiten 31
3.1.1   Literatur 31
3.2 Forschungsmethode und Projektverlauf 31
3.2.1   Handlungsforschung 31
3.2.2   Projektverlauf 32
3.2.3   Literatur 33
3.3 Evaluationsbereiche und Aufbau des Handbuches 33
3.3.1   Qualitätsdimensionen 33
3.3.2   Grundstruktur des Handbuches 33
3.3.3   Anlagen 34
3.3.4   Literatur 34

4. Anwendung des Handbuches ... 35
4.1 Prämissen ... 34
4.2 Einsatzbereiche ... 35
4.3 Vorgehen ... 36
4.3.1 Literatur ... 37

5. Evaluationsbereich Strukturqualität ... 39
5.1 Angaben zur Einrichtung ... 39
5.1.1 Literatur ... 40
5.1.2 Bestandsaufnahme ... 40
5.2 Konzeption ... 41
5.2.1 Literatur ... 42
5.2.2 Bestandsaufnahme ... 43
5.2.3 Indikatoren zum Feststellen des Handlungsbedarfs ... 44
5.3 Rechtsgrundlagen und Finanzierung ... 44
5.3.1 Gesetze ... 45
5.3.2 Finanzierung ... 45
5.3.3 Literatur ... 47
5.3.4 Bestandsaufnahme ... 48
5.3.5 Indikatoren zum Feststellen des Handlungsbedarfs ... 54
5.4 Räumlichkeiten und Ausstattung ... 54
5.4.1 Literatur ... 55
5.4.2 Bestandsaufnahme ... 55
5.4.3 Indikatoren zum Feststellen des Handlungsbedarfs ... 59
5.5 Zielgruppen ... 61
5.5.1 Literatur ... 61
5.5.2 Bestandsaufnahme ... 62
5.5.3 Indikatoren zum Feststellen des Handlungsbedarfs ... 65
5.6 Kontakt zur Einrichtung ... 66
5.6.1 Erreichbarkeit ... 66
5.6.2 Sprech- und Wartezeiten ... 66
5.6.3 Zuweisungswege und Bekanntheitsgrad ... 66
5.6.4 Literatur ... 66
5.6.5 Bestandsaufnahme ... 67
5.6.6 Indikatoren zum Feststellen des Handlungsbedarfs ... 70
5.7 Außenkontakte ... 70
5.7.1 Interdisziplinäre Zusammenarbeit ... 71
5.7.2 Öffentlichkeitsarbeit und Informationspolitik ... 71
5.7.3 Literatur ... 71
5.7.4 Bestandsaufnahme ... 72
5.7.5 Indikatoren zum Feststellen des Handlungsbedarfs ... 77
5.8 Leitung ... 78
5.8.1 Literatur ... 78
5.8.2 Bestandsaufnahme ... 79
5.8.3 Indikatoren zum Feststellen des Handlungsbedarfs ... 81
5.9 Personalqualität ... 81
5.9.1 Berufsausbildungen der Mitarbeiterinnen und Mitarbeiter ... 81
5.9.2 Fort- und Weiterbildung ... 81
5.9.3 Supervision ... 82
5.9.4 Teamarbeit ... 82
5.9.5 Literatur ... 82
5.9.6 Bestandsaufnahme ... 83
5.9.7 Indikatoren zum Feststellen des Handlungsbedarfs ... 89
5.10 Organisation und Ablauf ... 91
5.10.1 Literatur ... 92

| 5.10.2 | Bestandsaufnahme | 93 |
| 5.10.3 | Indikatoren zum Feststellen des Handlungsbedarfs | 94 |

6. Evaluationsbereich Prozessqualität ... **95**

6.1 Erstkontakt und Erstgespräch ... **95**
- 6.1.1 Literatur ... 97
- 6.1.2 Bestandsaufnahme ... 97
- 6.1.3 Indikatoren zum Feststellen des Handlungsbedarfs ... 102

6.2 Diagnostik ... **103**
- 6.2.1 Grundverständnis und diagnostischer Prozess ... 103
- 6.2.2 Ärztliche Diagnostik ... 103
- 6.2.3 Medizinisch-therapeutische Diagnostik ... 104
- 6.2.4 Pädagogisch-psychologische Diagnostik ... 104
- 6.2.5 Interdisziplinäre Gestaltung ... 105
- 6.2.6 Literatur ... 105
- 6.2.7 Bestandsaufnahme ... 106
- 6.2.8 Indikatoren zum Feststellen des Handlungsbedarfs ... 110

6.3 Förderung und Therapie ... **111**
- 6.3.1 Pädagogische Förderung des Kindes ... 112
- 6.3.2 Psychologie im Förderprozess ... 112
- 6.3.3 Beratungsaufgaben der Sozialarbeit ... 112
- 6.3.4 Einbindung von Medizin und Therapie ... 113
- 6.3.5 Spezifisch ärztliche Aufgaben ... 113
- 6.3.6 Therapien für das Kind ... 113
- 6.3.7 Literatur ... 113
- 6.3.8 Bestandsaufnahme ... 114
- 6.3.9 Indikatoren zum Feststellen des Handlungsbedarfs ... 122

6.4 Beziehungsgestaltung mit dem Kind ... **123**
- 6.4.1 Selbstbestimmung und Autonomie ... 124
- 6.4.2 Dialog ... 124
- 6.4.3 Literatur ... 125
- 6.4.4 Bestandsaufnahme ... 126
- 6.4.5 Indikatoren zum Feststellen des Handlungsbedarfs ... 127

6.5 Zusammenarbeit mit den Eltern ... **128**
- 6.5.1 Kooperation ... 128
- 6.5.2 Spezielle Elternangebote und Mitsprache ... 128
- 6.5.3 Professionelles Selbstverständnis ... 129
- 6.5.4 Literatur ... 129
- 6.5.5 Bestandsaufnahme ... 130
- 6.5.6 Indikatoren zum Feststellen des Handlungsbedarfs ... 134

6.6 Kooperation ... **134**
- 6.6.1 Kooperation im Team ... 135
- 6.6.2 Kooperation mit anderen Fachkräften und Einrichtungen ... 135
- 6.6.3 Kommunikationsprozesse ... 136
- 6.6.4 Entscheidungsprozesse ... 136
- 6.6.5 Literatur ... 137
- 6.6.6 Bestandsaufnahme ... 137
- 6.6.7 Indikatoren zum Feststellen des Handlungsbedarfs ... 141

6.7 Dokumentation ... **141**
- 6.7.1 Erhebung der Informationen ... 142
- 6.7.2 Speicherung und Auswertung von Informationen ... 142
- 6.7.3 Datenschutz ... 143
- 6.7.4 Literatur ... 143
- 6.7.5 Bestandsaufnahme ... 144
- 6.7.6 Indikatoren zum Feststellen des Handlungsbedarfs ... 145

7. Evaluationsbereich Ergebnisqualität ... **147**

7.1 Zur Wirksamkeit von Frühförderung ... **147**
- 7.1.1 Empirische Ergebnisse ... 147
- 7.1.2 Ziele und Beurteilungskriterien ... 148
- 7.1.3 Vermeidung von kritischen Nebenwirkungen ... 149
- 7.1.4 Literatur ... 150

7.2 Orientierung an den Nutzerinnen und Nutzern ... **150**
- 7.2.1 Literatur ... 151

7.3 Kind- und familienbezogene Ergebnisse ... **152**
- 7.3.1 Kindbezogene Ergebnisse ... 152
- 7.3.2 Familienbezogene Ergebnisse ... 152
- 7.3.3 Zufriedenheit der Eltern ... 153
- 7.3.4 Elternbefragung ... 154
- 7.3.5 Literatur ... 155
- 7.3.6 Bestandsaufnahme ... 156
- 7.3.7 Indikatoren zum Feststellen des Handlungsbedarfs ... 161
- 7.3.8 Anhang I: Leitfaden zu kindbezogenen Ergebnissen ... 161
- 7.3.9 Literatur ... 162
- 7.3.10 Anhang II: Leitfaden zu familienbezogenen Ergebnissen ... 162
- 7.3.11 Literatur ... 163

7.4 Arbeitszufriedenheit ... **163**
- 7.4.1 Arbeitsplatzsicherheit ... 163
- 7.4.2 Fluktuation ... 163
- 7.4.3 Arbeitszufriedenheit ... 164
- 7.4.4 Befragung der Mitarbeiterinnen und Mitarbeiter ... 165
- 7.4.5 Literatur ... 165
- 7.4.6 Bestandsaufnahme ... 166
- 7.4.7 Indikatoren zum Feststellen des Handlungsbedarfs ... 168

7.5 Kooperationsbezogene Ergebnisse ... **169**
- 7.5.1 Literatur ... 169
- 7.5.2 Bestandsaufnahme ... 170
- 7.5.3 Indikatoren zum Feststellen des Handlungsbedarfes ... 172
- 7.5.4 Anhang I: Leitfaden zur Zufriedenheit der Kooperationspartner/innen ... 172

7.6 Kostenträgerbezogene Ergebnisse ... **173**
- 7.6.1 Literatur ... 174
- 7.6.2 Bestandsaufnahme ... 175

8. Literaturverzeichnis ... **179**

9. Materialien ... **189**
- 9.1 **Fragebogen zur Elternzufriedenheit** *(S. Schmitz)* ... **189**
- 9.2 **Fragebogen zur Arbeitszufriedenheit** ... **201**
- 9.3 **Leitfaden zur Konzeptionsentwicklung** ... **207**
- 9.4 **Leitfaden zur Stellenbeschreibung (Fachkraft)** ... **208**
- 9.5 **Leitfaden zur Stellenbeschreibung (Leitung)** ... **209**
- 9.6 **Beispiel für ein Organigramm** ... **210**

Informationen zur CD-ROM ... **216**

Vorwort der Autorinnen

Das vorliegende Buch, das im Rahmen des Projektes „Qualitätssicherung und Qualitätsmanagement in Einrichtungen der Frühförderung in NRW" (Projektlaufzeit: Mai 1999-April 2000) entwickelt wurde, ist das Ergebnis einer engen Zusammenarbeit mit den Frühförderstellen in Trägerschaft der Freien Wohlfahrtspflege. Die Erfahrungen und Anregungen der Mitarbeiterinnen und Mitarbeiter waren für uns eine wertvolle Hilfe bei der Entwicklung eines Instrumentariums zur Selbstevaluation, das dem Alltag in den Frühförderstellen gerecht wird. An dieser Stelle bedanken wir uns herzlich bei allen am Projekt beteiligten Frühförderstellen, insbesondere bei den Teams folgender Einrichtungen, die uns im Rahmen unserer Einrichtungsbesuche mit viel Zeit und guten Ideen unterstützt haben: „Ambulante Frühbetreuung Wittekindshof", Ahaus; „Kinderfrühförderung im HSK, DRK", Arnsberg; „Frühförderzentrum Rhein-Berg", Bergisch-Gladbach; „Heilpädagogische Kinderhilfe und Mehrmediale Therapie e.V.", Bielefeld; „Frühförderstelle der Lebenshilfe", Dortmund; „RaBe-Frühförderstelle der Arbeiterwohlfahrt", Herdecke. Ebenso bedanken wir uns bei allen Mitgliedern des Projektbeirates.

Wertvolle Anregungen und Hinweise für die Erarbeitung des Instrumentes erhielten wir darüber hinaus durch die Präsentation des Projektes auf Kongressen und in Fachzeitschriften.

Unser besonderer Dank gilt Herrn Prof. Dr. Christoph Leyendecker und Frau Prof. Dr. Elisabeth Wacker, die das vorliegende Instrumentarium konzeptionell und fachlich geprägt haben. Ohne ihren Einsatz wäre die Verwirklichung des Projektes nicht möglich gewesen.

Ferner bedanken wir uns bei unseren studentischen Hilfskräften Frau Sandra Schmitz und Herrn Alexander Wenke für ihre Mitarbeit sowie bei Frau Sandra Wiegeler für die Gestaltung des Layouts.

Nicht zuletzt möchten wir Frau Ursula Krischanz danken für ihre Unterstützung in organisatorischen und verwaltungstechnischen Fragen sowie ihre unendliche Geduld bei der Bearbeitung unzähliger Reisekostenanträge.

Dortmund, im Mai 2000
Susanne Korsten, Gudrun Wansing

Vorwort der Arbeitsgemeinschaft der Spitzenverbände der Freien Wohlfahrtspflege des Landes NRW

Die kontinuierliche Entwicklung und Absicherung der Qualität der Arbeit in den Diensten und Einrichtungen war und ist ein zentrales Anliegen der Spitzenverbände der Freien Wohlfahrtspflege. Dies gilt auch für die in der Freien Wohlfahrtspflege organisierten Frühförderstellen, die im Mittelpunkt des Projektes „Qualitätssicherung und Qualitätsmanagement in Einrichtungen der Frühförderung in NRW" standen. Ziel dieses Projektes war die Entwicklung eines Instrumentariums der Qualitätsentwicklung und -sicherung in der praktischen Arbeit der Frühförderung.

Das vorliegende Buch, das im Rahmen dieses Projektes entstanden ist, möchte den Leserinnen und Lesern praktische Möglichkeiten zur kontinuierlichen Qualitätsverbesserung ihrer Arbeit in der Frühförderung aufzeigen. Dazu finden sich in den drei Bausteinen zu den Themen Struktur-, Prozess- und Ergebnisqualität allgemeine Informationen zum jeweiligen Themenbereich und praktisch erprobte Instrumente zur Qualitätsentwicklung und -sicherung in den Kernprozessen der Frühförderarbeit. Das vorliegende Buch will so Praktikerinnen und Praktiker in die Lage versetzen, ein sorgfältig differenziertes Leistungsprofil ihrer Arbeit anzufertigen und gleichzeitig Verbesserungsmöglichkeiten der eigenen Tätigkeit zu erkennen und umzusetzen.

Dieses Buch ist im Projekt in enger Zusammenarbeit zwischen der Universität Dortmund, der Arbeitsgemeinschaft der Spitzenverbände des Landes NRW und den Frühförderstellen in Trägerschaft der Freien Wohlfahrtspflege entstanden. In dieser Zusammenarbeit ist es gelungen, wissenschaftliche Erkenntnisse in einen engen Bezug mit der praktischen Seite von Frühförderung zu bringen. Dieser engen Verbindung von Theorie und Praxis kam das Projektdesign sehr entgegen; ein stetiger Austausch aller beteiligten Frühförderstellen und eine intensive Erprobung einzelner Bausteine dieser Arbeitshilfe mit ausgewählten Einrichtungen war von Beginn an Bestandteil der Arbeit. Dieser Verbindung zwischen Theorie und Praxis dienten auch die Fortbildungsblöcke, in denen die Projektteilnehmerinnen und -teilnehmer die Möglichkeit hatten, die in diesem Buch präsentierten Methoden und Instrumente kennenzulernen und ihre Nutzungsmöglichkeiten auszuloten.

Die guten Erfahrungen mit dem hier dokumentierten Projekt waren für die Arbeitsgemeinschaft der Spitzenverbände der Freien Wohlfahrtspflege in Nordrhein-Westfalen Anlass, in einem Anschlussprojekt Hilfestellungen zur Weiterentwicklung des individuellen Qualitätsprozesses in den einzelnen Frühförderstellen zu geben.

Ich danke allen Projektteilnehmerinnen und -teilnehmern für die Mitarbeit in diesem Projekt und ihre Mitwirkung an diesem Buch. Ich danke dem Ministerium für Frauen, Jugend, Familie und Gesundheit des Landes Nordrhein-Westfalen für die finanzielle Unterstützung des Projektes „Qualitätssicherung und Qualitätsmanagement in Einrichtungen der Frühförderung in NRW" und für die Bereitschaft, auch das Folgeprojekt zu unterstützen.

Münster, im Mai 2000
Heinz-Josef Kessmann
– Vorsitzender der Arbeitsgemeinschaft
der Spitzenverbände
der Freien Wohlfahrtspflege
des Landes NRW –

1. Qualität früher Förderung: Grundlagen und Ziele

Christoph Leyendecker

1.1 Einführung: Die späte Geschichte früher Förderung

Frühförderung hat noch keine lange Tradition. Sie wurde in Theorie und Praxis erst spät thematisiert. Zwar hatten schon Itard (1775-1838) und sein Schüler Seguin eine möglichst frühe Förderung gefordert und die Ärztin und Pädagogin Maria Montessori (1870-1952) und der Arzt und Pädagoge Decroly (1871-1932) eine frühe, den „natürlichen Kräften der kindlichen Entwicklung nachfolgende Erziehung" begründet, doch weitreichende Verbreitung fanden die Gedanken erst in den 60-er Jahren unseres Jahrhunderts (vgl. Jussen 1976).

Im Jahre 1964 verabschiedete der amerikanische Kongress das „Head-Start" Vorschulprogramm für sozial benachteiligte Kinder, zwei Jahre später, 1966, formulierte der Europarat „Empfehlungen" für eine Frühförderung behinderter Kinder, 1971 wurde in der Bundesrepublik Deutschland die gesundheitspolitische Grundlage der Früherkennung durch Einführung gesetzlicher Vorsorgeuntersuchungen geschaffen, und schließlich legte der Deutsche Bildungsrat 1973 seine „Empfehlungen zur pädagogischen Förderung behinderter und von Behinderung bedrohter Kinder und Jugendlicher" vor. Darin wurde der Frühförderung eine grundlegende Bedeutung beigemessen.

In den späten 60-er Jahren entstanden die ersten Frühförderstellen und mit den 70-er Jahren gründeten sich Sozialpädiatrische Zentren. Mittlerweile dürfte die Gesamtzahl in der Bundesrepublik Deutschland etwa 1000 erreicht haben. Das Spektrum dieser Einrichtungen ist vielfältig: Es reicht von kleinen mobilen Diensten der Hausfrüherziehung, über Frühförderstellen mit pädagogischem und therapeutischem Personal bis hin zu großen Sozialpädiatrischen Zentren.

1.2 Problemstellung: Je früher desto besser?! Zur theoretischen Begründung der Frühförderung

1.2.1 Begriffliche Eingrenzung

Der Begriff Frühförderung bezeichnet das Insgesamt an pädagogischen und therapeutischen Hilfen für Kinder in den ersten Lebensjahren. Der Altersbereich wird im engeren Sinne auf das Säuglingsalter bis zum dritten Lebensjahr und im weiteren Sinne auf das Kleinkindalter bis zum sechsten Lebensjahr eingegrenzt; d. h. Frühförderung gilt von der Geburt bis zum Übergang in eine andere, dem Kind angemessene Form der Förderung. Grundsätzlich bezieht sich Frühförderung auf alle Kinder; meist wird der Begriff jedoch in Hinblick auf behinderte und von Behinderung bedrohte Kinder eingegrenzt. Demgemäß hat Frühförderung das Ziel, Auffälligkeiten oder Beeinträchtigungen möglichst früh zu erkennen, das Auftreten von Behinderungen zu verhüten, Behinderungen und ihre Folgen zu mildern oder zu beheben (Bundesministerium für Arbeit und Sozialordnung 1995, 5). Unter dem Begriff der Förderung werden sowohl medizinische Behandlungen wie auch pädagogische Einwirkungsformen zusammengefasst: Frühbehandlung und Früherziehung. In beiden geht es um die Förderung von Entwicklungs- und Lernprozessen bzw. um Verhütung drohender und Eingrenzung eingetretener Behinderungen; daher war auch von Lerntherapie (Pechstein 1975) oder von Entwicklungsrehabilitation und Entwicklungstherapie (Hellbrügge 1978) die Rede.

Die Frühbehandlung bezieht sich im engeren Sinne auf Ursachen und Folgen organischer Schädigungen und deren mögliche Behandlung, während Früherziehung sich als komplexe pädagogische Aufgabe der Entwicklungsförderung versteht (vgl. u. a. Horstmann 1983). Von ihrer

Ansatzlogik her ist die medizinisch-therapeutische Frühbehandlung eher defizit- und kurativorientiert, während sich die pädagogische Früherziehung ganzheitlich versteht und kind- bzw. interaktions- oder ökologisch orientiert ist (vgl. u. a. Schlack 1998). Zur Förderung des behinderten Kindes arbeiten medizinisch-therapeutisches Personal (Kinderarzt/-ärztin, Physiotherapeut/-in, Ergotherapeut/-in, Logopäde/-in) einerseits und pädagogische Fachkräfte (Heil-/Sonderpädagoge/-in, Psychologe/-in, Motopäde/-in, Sozialpädagoge/-in, Erzieher/-in) eng zusammen. Durch sie werden die verschiedenen Aufgaben und Gebiete im „System Frühförderung" (Speck 1989) integriert: Früherkennung, Früherfassung, Frühbehandlung, Früherziehung und Frühberatung (Heese 1978). Letztere, die Frühberatung, ist als Oberbegriff für die komplexen Bereiche der Eltern- und Familienarbeit problematisch (Jeltsch 1992, 223); Weiß (1989, 7) verwendet daher die Bezeichnung „Zusammenarbeit mit Eltern und Familie".

1.2.2 Das traditionelle Paradigma der Frühförderung

„Frühe Hilfen – wirksamste Hilfen" oder „Je früher, desto besser" sind allgemeine, selten hinterfragte Schlagworte der Frühförderung. In den Anfängen der Frühförderung ging man von der optimistischen Erwartung aus, Behinderungen bei Kindern frühzeitig verhindern oder gar heilen zu können, wenn man nur früh genug mit einem speziellen Förderprogramm einsetze.

Die theoretische Begründung wurde aus Ergebnissen der Deprivations- und Lernforschung abgeleitet. Es setzte sich die Erkenntnis durch, dass die Entwicklung eines Kindes nicht nur von der Anlage oder seiner Begabung abhänge, sondern im Wesentlichen vom Umfang und der Qualität anregender Umweltbedingungen bzw. der Interaktion von Anlage und Umwelt entwickelt und bestimmt werde. Aus Erkenntnissen der Verhaltensforschung wurde einerseits die Bedeutung basaler, früher Erfahrungen für die Entwicklung herangezogen; zum anderen wurde in Anlehnung an Befunde aus der Tierwelt die Bedeutung bestimmter sensibler Phasen oder kritischer Perioden angenommen, in denen ein Lebewesen besonders ansprechbar für bestimmte Lernerfahrungen ist oder bestimmte Erfahrungen machen muss, damit es sich weiter entwickeln kann. Bei ungenutztem Verstreichen dieser frühen, optimalen Zeitpunkte, kann es zu irreversiblen Schädigungen kommen (vgl. u. a. Eibl-Eibelsfeld 1967; Oerter, Montada 1982; Weinert u. a. 1974; Papousek, Papousek 1981).

Darüber hinaus hatten tierexperimentelle Beobachtungen und Untersuchungen an deprivierten Heimkindern Hinweise für eine neurophysiologische Begründung früher Förderung gegeben: Sie wurden mit den Begriffen „Plastizität" und „Kompensationsfähigkeit" des Gehirns in den ersten Lebensjahren und der Bedeutung früher sensorischer Stimulation für die Entwicklung beschrieben (vgl. u. a. Pechstein 1974; Hellbrügge 1981; Birbaumer/Schmidt 1991). So ließ sich in der frühen Kindheit eine ungeheuer rasche Entwicklung (Zunahme an Substanz bzw. Gewichtszunahme des Gehirns) feststellen: Am Ende des ersten Lebensjahres ist die 50%-Marke der gesamten postnatalen Hirnsubstanzentwicklung bereits erreicht und die 80%-Marke am Ende des dritten Lebensjahres. Noch deutlicher und schneller vollziehen sich strukturelle Veränderungen in den ersten Lebensmonaten: Es kommt zu einer raschen Aussprossung, Vermehrung und Verzweigung von Dendriten und zur Myelienisierung der Nervenfasern. Diese neurophysiologischen Entwicklungsprozesse sind in starkem Maße durch Stimulation bzw. Deprivation beeinflussbar. Dieses Argument diente lange Zeit als zentrale Begründung einer möglichst früh einsetzenden Förderung. Dies wird in jüngster Zeit zunehmend relativiert, denn in späteren Studien an schwer hirngeschädigten Kindern erwies sich eine Kompensation geschädigter Funktionen als sehr begrenzt: Unter Förderungsbedingungen schien eine strukturell-morphologische Kompensation kaum, aber in begrenztem Umfang eine funktionelle Kompensation geschädigter Funktionen möglich (vgl. u. a. Schlack 1989; 1993).

1.2.3 Der Paradigmenwechsel: Von der Behandlung zur Selbstgestaltung

In den Anfängen der Frühförderung herrschte der Optimismus, bei sehr frühzeitigem Beginn Behinderungen verhindern oder gar heilen zu können. Eine Grundlage bildete die Annahme, dass die Entwicklung sich in hierarchisch aufgebauten Stufen vollziehe. Basale Funktionen seien die Voraussetzung für die nächsten Stufen der Entwicklung. Demgemäß wurde im Umkehrschluss erwartet, dass mit einem frühzeitigem Einsetzen der Förderung auf der basalen Stufe die Entwicklung auch im Falle der Schädigung in normale Bahnen gelenkt werden könnte. Außerdem nahm man an, dass ein Kind im frühen Alter in seinem Verhalten aufs Reagieren beschränkt und ausschließlich abhängig von seiner Umwelt sei. Dementsprechend erwartete man eine direkte Wirkung der therapeutischen Interventionen, wenn man den Kindern möglichst frühzeitig spezifische, zusätzliche bzw. kompensatorische Stimulationen verabreiche. Nach den Vorstellungen einer „kurativen" Medizin (Schlack 1998, 21) wurden Kinder behandelt. Diese Sichtweise hat sich unter dem Eindruck neuerer Erkenntnisse über die Entwicklung behinderter wie nichtbehinderter Kinder entscheidend gewandelt. Denn schon Säuglinge sind weitaus kompetenter, als wir ihnen gemeinhin zutrauen (Dornes 1992). Sie beeinflussen ihre Umwelt zumindest genauso viel, wie sie von dieser geprägt werden. Ihre spontane – und nicht nur reagierende – Aktivität ist von Geburt an die entscheidende Triebfeder der Entwicklung. Ebenso ist offenkundig, dass sich jedes Kind selektiv entwickelt, d. h. aus dem Angebot der Umwelt diejenigen Informationen und Aktionsmöglichkeiten auswählt, die seinen Anlagen und seinem Entwicklungsstand entsprechen. Unter diesen Voraussetzungen orientieren sich die neuen Therapie- und Förderkonzepte an den Selbstgestaltungskräften des Kindes; sie räumen dem Kind – bei adäquater Anregung und Unterstützung – eine weitgehende Selbstbestimmung ein und unterstützen den immanenten Antrieb des Kindes zur eigenaktiven Entwicklung: es wird *mit* dem Kind gehandelt statt es zu „*be-handeln*" (Schlack 2000).

1.2.4 Trotzdem ein Kernproblem: Die Antinomie von Lenkung und Entfaltung

Frühförderung bedeutet, dass wir zu einer Zeit planmäßig in die Entwicklung eingreifen, die sich sonst ohne gezielte Förderhandlungen in spontaner und anregender Interaktion von Bezugsperson und Kind abspielt. In dieser Interaktion ist das Kind nicht nur passiver Empfänger von Anregungen, es gestaltet vielmehr auch selbst seine Entwicklung; das Kind ist ein aktiver Erkunder, ein Akteur seiner Entwicklung (Kautter u. a. 1995).

Wenn wir dies beachten, wie können wir dann überhaupt Förderung kindgemäß gestalten? Ist es nicht paradox, ein Kind einerseits zur selbständigen Persönlichkeit entwickeln zu wollen, indem wir andererseits gezielt auf es einwirken oder es „behandeln". Dazu hat schon Sigmund Freud gemeint, Pädagogik sei ein unmöglicher Beruf. Diese Unmöglichkeit sei bedingt durch die Antinomie, d. h. die Gegensätzlichkeit von Lenkung einerseits und Entfaltung andererseits. Dieses Problem bildet, seit Jean Jaques Rousseau (1762) die Frage von Lenkung und Entfaltung aufwarf, den zentralen Bezugsrahmen einer jeden pädagogischen Reflexion.

Das Problem stellt sich bei Kindern mit Behinderungen umso prägnanter, insofern die Antinomie eine Schräglage zugunsten des einen Poles hat: Das Kind mit einer Behinderung fordert allzusehr die Hilfe, die Lenkung, die Leitung, die Korrektur, die Behandlung, die Führung beim Erzieher heraus. Damit werden allzu leicht die eigenen persönlichen Möglichkeiten und autonomen Lösungsversuche des Kindes übersehen. Und je schwerer behindert ein Kind ist, desto weniger Möglichkeiten hat es, sich der Beeinflussung, der Hilfe, der Lenkung, der Stimulation, der Korrektur zu entziehen.

So produzieren die gut gemeinten Förderungsbemühungen manchmal das Gegenteil von dem, was sie beabsichtigen: Allzu viele Anregungen und Behandlungen gehen über die Selbstgestaltungskräfte des Kindes hinweg, fördern nicht die selbständige Entwicklung, sondern treiben das Kind in eine erlernte Inkompetenz.

Diese Frage stellt sich in der Frühförderung tagtäglich: Wie ist es zu schaffen, die Hilfe, Anregung oder therapeutische Einwirkung so zu gestalten, dass sie zur weitmöglichst selbständigen Entfaltung des Kindes beiträgt. Dazu gibt es kein Rezept; es ist vielmehr die eigentliche Kunst der Erziehung, die es in der Interaktion abzuwägen und in individueller Beziehung kreativ zu gestalten gilt. Dazu muss Frühförderung wegkommen von einseitig defizitorientierten Therapiemaßnahmen und sich zu einer ganzheitlichen Sichtweise i. S. der Früherziehung entwickeln. Diese Früherziehung wird nicht geleitet von der primären Forderung, das Kind zu „ändern" sondern es zu fördern (Saal 1980). Ziel ist es, das Kind in seiner „Lebensenergie zu stützen", damit sie sich „zu Kompetenzen formt" (Haupt 1996, 22).

1.3 Auseinandersetzung: Grundlegende wissenschaftliche Erkenntnisse

1.3.1 Die Bedeutung der psychosozialen Dimension in der kindlichen Entwicklung

Es gibt eine Reihe von Studien, die die Entwicklung von behinderten und nichtbehinderten Kindern über Jahre systematisch verfolgt haben. In diesen Längsschnittstudien wurden in der Regel die Bedeutung biologischer Risiken und Schädigungen im Vergleich zu der Wirkung psychosozialer Entwicklungsbedingungen beobachtet. Im Ergebnis zeigte sich eine erstaunliche Übereinstimmung: sowohl in den älteren Studien aus den 70er Jahren – bekannt geworden ist hier vor allem die Isle-of-Wright-Studie von Rutter 1970 sowie die Hawaii-Studie von Werner et al. 1971 – die in den jüngeren Veröffentlichungen der „Rostocker Studie" von Mayer-Probst und Teichmann 1996, der Mannheimer Längsschnittstudie von Schmidt, Esser und Laucht (1992; 1996) wie auch im sog. Carolina- Abecedarian-Project, das 1962 in den USA begann, zeigte sich, dass Bedeutung und Wirksamkeit biologischer Risikofaktoren mit dem Alter abnehmen, während die Wirkung psychosozialer Risiken zunimmt. D.h., eine förderliche Entwicklung ist bei nichtbehinderten wie bei auch bei behinderten Kindern vornehmlich von psychosozialen Bedingungen abhängig. Allerdings wirken bestimmte Risiken nicht unmittelbar; biologische und psychosoziale Risiken sind vielfach vernetzt. Ein Schlüssel zur Aufhellung der komplexen Bedingungszusammenhänge ist „die Person als Produzent der eigenen Entwicklung"; so konnten Mayer-Probst und Teichmann (1996) beobachten, dass fördernde und hemmende Welten zum Teil selber aufgesucht werden.

Auch in den wenigen speziellen Untersuchungen zur Wirkung der Frühförderung bei behinderten Kindern erwiesen sich die psychosozialen Bedingungen als ausschlaggebende Wirkungsfaktoren. So hing in einer Längsschnittstudie von Horstmann, 1982, bei Kindern mit cerebralen Bewegungsstörungen der Erfolg der Behandlung u.a. davon ab, ob die Eltern eine emotional intakte und anregende Beziehung zum Kind aufbauen konnten. Entscheidend ist wohl die Art des Interaktionsverhaltens. Shonkoff et al. (1992) konnten beobachten, dass die Kinder die größten Fortschritte erzielten, deren Mütter ihr Interaktionsverhalten in Richtung größerer Sensibilität für die Signale des Kindes und eines anregenden Antwortverhaltens (Responsivität) orientiert hatten: Eine Beobachtung, die Krause, 1999, auch mit mental entwicklungsverzögerten Vorschulkindern und ihren Eltern bestätigt fand. Die Kinder zeigten mehr Initiativen, wenn sich die Eltern responsiv verhielten.

Gleiche Ergebnisse konnten auch in Untersuchungen zur Entwicklung frühgeborener Kinder festgestellt werden. Ihle u.a. (1995; 1996) untersuchten 109 frühgeborene Kinder und ihre Familien und verglichen diese mit 241 termingerecht geborenen Kindern von der Geburt bis ins Schulalter. Förderlich für die Entwicklung frühgeborener Kinder waren sog. proximale, d.h der Muter-Kind-Beziehung nahe stehende Faktoren: eine angepasste Erziehungseinstellung, eine ausgeglichene Elternbeziehung sowie mütterliche Stimulation und positive emotionale Anregung konnten das Risiko einer auffälligen Entwicklung bei frühgeborenen Kindern mindern. Alle Untersuchungen belegen, wie entscheidend die Entwicklungschancen von Kindern von den psychosozialen Bedingungen und der Qualität der Eltern-Kind-Interaktion abhängen.

1.3.2 Körpererfahrung, Körperstimulation und Kompetenzentwicklung des Kindes

Von dem französischen Phänomenologen Merleau-Ponty (1945; 1966, 204 und 243) stammt der Satz: „Der Leib ist unser natürliches Ich". Und der amerikanische Psychologe G.W. Allport (1970, 111) sagt: „Das Körperselbst ist ein Leben lang der Ankergrund unseres Selbstbewusstseins".

Die Körpererfahrungen sind grundlegend für die Entwicklung des Kindes. So wie das Kind angefasst, berührt, bewegt, hochgenommen, in den Arm genommen, geschaukelt, getragen wird, erfährt es hautnah, ob es angenommen oder abgelehnt wird. Durch sicheren Halt spürt das Kind die „Tragfähigkeit" der Beziehung. Wird ein Kind nun an seinem Körper stimuliert oder werden seine Bewegungsstörungen behandelt, so kann dies einen wunden Punkt treffen: Das Kind kann erfahren, dass es nicht gefördert, sondern geändert werden soll und dass seine Bewegungen in der veränderten, behinderten Form nicht akzeptiert werden. Unter diesen Umständen fühlt es sich korrigiert, vielleicht sogar angegriffen. Da Kleinkinder noch nicht über differenzierte Kodierungsschemata für solche Erfahrungen bzw. nur über geringe Möglichkeiten der Distanzierung verfügen, bilden sie wohl oft unangemessene Generalisierungen in dem Sinne, dass sie die korrigierende Übungsbehandlung grundlegend auf die Akzeptanz bzw. Nicht-Akzeptanz ihrer Person beziehen. Hier bedarf es einer feinfühlenden Hand, denn die Stimulation der Körperwahrnehmung kann zur Steigerung der Eigenaktivität, zur Anregung der Vigilanz und zur Verbesserung vegetativer Funktionen beitragen (Schlack 1998, 58). Dies muss allerdings behutsam geschehen; gefordert ist vor allem Respekt vor der individuellen Kompetenz des Kindes. Ist das Kind einer „Behandlung" mehr oder weniger passiv ausgesetzt, oder wird gar unter Zeitdruck „über das Kind hinweg" behandelt, so hat es keine Chance, seine eigenen Möglichkeiten einzubringen, und es wird auch dementsprechend nichts dazu lernen.

Körperorientierte Anregungen und motorische Therapien können in der Frühförderung nicht wie eine Arznei verabreicht werden, bei denen Eltern und Kind passiv beteiligte Empfänger sind. Behinderte und nichtbehinderte Kinder entwickeln sich vor allem durch Eigenaktivität. Dementsprechend wird das Kind auch nur die pädagogischen und therapeutischen Anregungen in förderliche Entwicklungsschritte umsetzen können, die seiner Motivation und seinen aktuellen Möglichkeiten entsprechen. Insofern geht es weniger darum, spezifische Förderungsmethoden zu verabreichen, sondern in verständiger Weise förderliche Bedingungen zu schaffen, damit die Kinder ihren eigenen Weg finden können.

1.3.3 Wie nachweisbar ist die Wirksamkeit von Frühförderung?

Es macht einen großen Unterschied, aus welchem Blickwinkel man die Wirksamkeit von Frühförderung betrachtet. Auf der einen Seite gibt es viele eindrucksvolle Fallberichte und es gibt auch Statistiken, die beeindruckende Erfolge belegen sollen. Betrachtet man dies mit kritischem Auge, muss man allerdings feststellen, dass es nahezu keine objektivierenden Vergleichsuntersuchungen zur Wirksamkeit verschiedener therapeutischer und pädagogischer Einwirkungsformen gibt. In den meisten Studien sind mögliche spontane Entwicklungsschritte nicht von spezifischen Fördereffekten zu trennen. Als Grund wird häufig angeführt, dass es ethisch nicht vertretbar sei, zum Zwecke eines objektiven Vergleichs eine „Versuchsgruppe" von Kindern zu fördern und eine „Kontrollgruppe" nicht zu fördern. Dieser Begründung wird man vorbehaltlos zustimmen, wenn es um die systematische Setzung solcher Bedingungen – wenn möglich noch in einem Double Blind-Versuch – geht. Gleichwohl gibt es die Möglichkeit eine vorgefundene Variation – unterschiedliche Häufigkeit und Qualität der Frühförderung – einem systematischen Vergleich zu unterziehen oder individuelle Veränderungsmessungen in Kombination mit Vergleichswerten normierter Entwicklungsquotienten durchzuführen. Aber auch diese empirischen Untersuchungsdesigns sind vergleichsweise selten genutzt.

Findet sich deshalb für das, was Therapeuten und Heilpädagogen tagtäglich mit Sachverstand, Engagement und Überzeugung in der Frühförderung tun, kein wissenschaftlich fundierter Beleg? Führt dies alles zu der resignierenden Feststellung, wie sie noch vor einiger Zeit in der *Medical Tribune* (1990) zu lesen war: „Physiotherapie nützt nichts?!".

Auch eine kritische Literaturübersicht von Dunst et al. (1989) zeigte, dass der Erfolg von Frühförderung bei schweren organischen Schädigungen, niedrigem Entwicklungsniveau und spätem Förderungsbeginn äußerst begrenzt ist (vgl. auch Thurmair 1991).

Vordergründig betrachtet mag dies eine ernüchternde Feststellung sein. Tiefer gehend betrachtet erweist sich allerdings die wissenschaftliche Effektivitätsfrage zu einseitig gestellt. Denn die Wirksamkeit von Frühförderung erweist sich nicht allein in positiven Entwicklungseffekten, sondern als Erfolg ist auch zu werten, wenn der relative Entwicklungsstand gehalten werden kann. Dies gilt insbesondere bei hohem biologischem Risiko und schwierigen psychosozialen Bedingungen. Unter diesen Umständen müsste erwartet werden, dass sich Schädigungen und psychosoziale Beeinträchtigungen zu negativen, rückläufigen Prozessen potenzieren; erreicht unter diesen schwierigen Bedingungen die frühe Förderung, den relativen Entwicklungsstand zu halten, so ist dies als positiver Effektivitätsnachweis zu werten.

Die wenigen systematischen Untersuchungen kommen im Übrigen zu den Ergebnissen, dass

- je stärker das biologische Risiko, desto geringer die Frühfördereffekte
- je zeitlich länger die Frühförderung, desto positiver die Auswirkung
- je mehr Berücksichtigung von Eigenaktivität und Motivation, desto erfolgsversprechender
- je mehr Berücksichtigung sozial-emotionaler und interaktionaler Bedingungen, desto mehr Potential indirekter, positiver Wirkungen

(vgl. Übersicht in: Krause, 2000).

Dies bedeutet, dass die wissenschaftliche Effektivitätsfrage nur mit kritischer Zurückhaltung, und nicht zu einseitig, zu direkt und spezifisch gestellt werden kann. In direkter und einseitiger Fragerichtung führt sie zur ernüchternden Feststellung, dass spezifische Fördereffekte kaum nachweisbar sind, andererseits weisen aber alle möglichen Studien auch immer auf wichtige indirekte, sozial-emotionale Bedingungs- und Wirkfaktoren hin. Dies geht im Einzelfall soweit, wie es sich in einer Studie von Palmer et al., 1988, bei Kindern mit Cerebralparese zeigte: Unter diesen war eine Gruppe mit Physiotherapie und eine andere Gruppe mit stimulierender Spieltherapie behandelt bzw. gefördert worden. Das unerwartete Ergebnis zeigte: nicht die Kinder, die eine spezifische Physiotherapie erhalten hatten, hatten sich motorisch verbessert, sondern die Kinder, die mit der eher unspezifischen Spielanregung gefördert worden waren, konnten früher laufen und hatten sich auch kognitiv besser entwickelt. Dies kann als ein prototypisches Beispiel zur Beantwortung der Effektivitätsfrage in der Frühförderung gelten. Ähnlich wie Klein, 1996, betont hat, ist Frühförderung als Spielförderung wohl effektiver und kindgemäßer als ein Training nach Förderprogrammen. Offensichtlich wirkt Frühförderung indirekt, hat weniger mit unmittelbaren Einwirkungen zu tun, sondern hängt in ihrer Wirkungsweise mehr mit der anregenden Situation zusammen, in der Frühförderung stattfindet.

1.4 Lösung: Frühförderung als Dialog

1.4.1 Die Wirkung liegt in der Art der Vermittlung

Wie in so vielen Bereichen pädagogischer Bemühungen kommt es weniger auf das an, was vermittelt wird, sondern wie es vermittelt wird. Der Erfolg stellt sich „mittelbar" ein. D.h. es ist im Wesentlichen die Qualität der förderlichen, im weitesten Sinne „ökologischen" Situation oder im wörtlichen Sinne die Art der „Vermittlung" zwischen Kind und Umwelt, die Beziehung, die die Wirkung ausmacht.

Denn jede Förderung mit einem Kind ist eine Beziehung, kein Monolog eines Therapeuten zum Kind, sondern eine wechselseitige Beziehung: ein Dialog. Und alles spricht dafür, dass es die Qualität dieses Dialoges ist, die eine gute, kindgemäße Therapie oder Förderung bewirkt.

Solche Beziehungsqualitäten, die eine positive Entwicklung in Richtung Selbstverwirklichung und Selbstverantwortung ermöglichen, haben Haupt (1980, 1996) und Bölling-Bechinger (1998) unter Bezug auf Rogers formuliert; es sind die Beziehungsmerkmale: Echtheit, Transparenz, Akzeptanz und Wertschätzung sowie Einfühlen und Verstehen, d.h. die Fähigkeit, den anderen und seine Welt mit seinen Augen zu sehen. Ein besonderer Akzent liegt auf der Wahrnehmung der Kompetenzen behinderter Kinder sowie dem Respekt und dem Verstehen deren eigener Wege der Entwicklung. Mit der Achtung vor der autonomen Kompetenz des Kindes wird etwas eingelöst, was zunächst paradox erscheinen mag: Nämlich, dass die Kompetenz einer guten Pädagogin / eines guten Pädagogen im Interesse des Kindes auch im Nichthandeln oder im Verzicht auf Aktionismus stehen kann; anstatt – wie Rogers einmal sagte – „immer nur herbei zu eilen und ständig die Dinge in Ordnung bringen zu wollen". Denn bei dererlei Geschäftigkeit gerät das zentrale Ziel der Frühförderung, eine weitmögliche Selbständigkeit des Kindes und ein selbstverantwortliches Handeln zu erreichen, in den Hintergrund. Im Sinne der alten didaktischen Regel „weniger ist mehr" geht es darum, förderliche Bedingungen für einen Dialog zu schaffen, die dem Kind „helfen, es selbst zu tun" (Montessori 1988).

1.4.2 Wesensmerkmale wirkungsvoller Vermittlung

Zunächst kann davon ausgegangen werden, dass die frühe Förderung einem allgemeinen Prinzip lebendiger Systeme folgt; dieses wird mit dem Begriff „*Autopoiese*" (= Selbstgestaltung) beschrieben. Der Begriff besagt, dass ein jedes lebende System als ein Prozess zu verstehen ist, der sich selbst verwirklicht. In diesem Verständnis ist die Entwicklung des Verhaltens nicht allein als Reifung einerseits oder als Selektion erfolgreicher Verhaltensweisen andererseits zu begreifen, sondern ist als ein natürliches *Driften* zu betrachten. In diesem Prozess ist das Kind sein eigener kompetenter Gestalter und Erkunder dieser Welt (Dornes, 1992; Kautter u.a. 1995).

Dies besagt, dass auch das Kind mit der Auffälligkeit, dem Defizit, dem Symptom ein in seiner Angelegenheit kompetentes Kind ist, das nach einer Lösung sucht, das auf dem Weg ist, diese Lösung im natürlichen Driften zwischen seinen eigenen Möglichkeiten einerseits und der Beziehungsqualität der Umgebungsbedingungen andererseits zu finden. Wichtig in solch' einem systemischen Verständnis ist es, dass sich Erzieher oder Therapeut im Dialog auf die Lösungsversuche des Kindes einlassen können und gemeinsam nach förderlichen Möglichkeiten suchen. Etwas anders ausgedrückt meint das Prinzip der Selbstgestaltung das, was der Philosoph Jonas mit seiner Aussage gemeint hat: „Achte das Recht jeden Menschenlebens, seinen eigenen Weg zu finden und eine Überraschung für sich selbst zu sein" (1987, 194); oder was Montessori mit dem „Kind als Baumeister seiner Selbst" gemeint hat.

In unmittelbarem Zusammenhang mit dem Prinzip der Selbstgestaltung steht ein zweites Wesensmerkmal, die *„Selbstwirksamkeitserwartung"*. Bezogen auf das Kind bedeutet dies, dass es sich als Urheber von Ereignissen erlebt und erwartet, dass es selbst wirken kann. Dazu muss dem Kind auch die Gelegenheit gegeben werden. Dies gilt besonders für schwerstbehinderte Kinder, denen oft eine angemessene Möglichkeit fehlt, sich selbstwirksam zu erfahren und zu handeln. Daher ist ein verständiges Augenmerk darauf zu richten, Kindern solche elementare Erlebnisse zu ermöglichen.

Eine solche Wirksamkeitserwartung gilt auch kollektiv, d.h. für diejenigen, die fördern und davon überzeugt sind, dass sie es „schaffen" werden. Die Erwartungen und Überzeugungen bestimmen wesentlich den Erfolg des Tuns.

Eine weitere wichtige Bedingung jeder Frühförderung ist die *„gemeinsame Aufmerksamkeitsausrichtung"*. Das bedeutet, dass die Bezugsperson bzw. diejenige, die in der Frühförderung tätig ist, mit dem Kind auf ein gemeinsames „Erleben-Wollen" ausgerichtet sein muss. Dazu sind gemeinsame Bezugspunkte wichtig. Ein solches Verhalten realisiert sich, indem der Blick von Bezugsperson und Kind auf gemeinsam interessierende Gegenstände und interessante Ereignisse gelenkt wird. Das Kind blickt die Bezugsperson an und wechselt zu einem Objekt, wenn es erkennt, dass auch die Bezugsperson Interesse an diesen Gegenständen und Ereignissen hat. Das Kind begreift, dass die Bezugsperson nicht nur eine Instanz möglicher Zuwendung und Versorgung ist, sondern dass diese Interessen, Absichten und Empfindungen wie das Kind selbst hat. Dies ist eine elementare Basis jedweder Förderung.

Diese gilt gleichermaßen für intuitive, emotionale Prozesse der Interaktion: Im sogen. *„Prozess der Affektabstimmung"* passt sich das Ausdrucksverhalten des Erwachsenen an die expressive kindliche Aktivität an. Sie spiegelt diese wider – oder besser – sie teilt diese in einen gemeinsamen Prozess. Es ist ein sehr eingängiges Muster der Interaktion: So z. B. wenn das Kind gelernt hat, mit seinen Lippen vibrierende, prustende Laute oder Bläschen mit seinem Speichel zu produzieren und die Bezugsperson sich in dieses Verhalten hinein begibt, ähnliches macht, moduliert oder gar in eine andere Sinnesmodalität transponiert, indem sie nicht nur ihre Lippen vibrieren lässt, sondern Vibrationen zu Melodien formt oder den ganzen Körper schüttelt. Wiederum handelt es sich um ein Prinzip, was in der normalen Entwicklung auftaucht und sich im anregenden Erziehungsverhalten von Eltern und Kind spontan einstellt und demgemäß in der entwicklungsorientierten Frühförderung behinderter Kinder genutzt werden sollte. Es wird im Konzept einer interaktionsorientierten Förderung realisiert (Sarimski 1993).

Weiterhin ist es ein allgemein wichtiges Merkmal jeder Förderung, dass diese – gleich nach welcher Methode erzogen oder gefördert wird – in jedem Fall in strukturierten, konsistenten Ablaufmustern und nach bestimmten Regeln *„ritualisierter Kontinuität"* erfolgt. Schwierig gestaltet sich demnach eine Förderung, die uneindeutig ist, Ambivalenzen vermittelt, Diskontinuität beinhaltet, Brüche und Unsicherheiten erleben lässt.
Eine Förderung zeigt Erfolg, wenn sie in persönlich verlässlichen Beziehungen, konsistenten und kontingenten Verhaltensmustern bzw. anregenden, ritualisierten Formen abläuft.
Im engeren Sinne entsprechen diese dem, was Bruner, 1978, „verlässliche Formate" genannt hat. Damit sind eingespielte, standardisierte Ablaufmuster von förderlichen Handlungen, kleine überschaubare Spiele gemeint, in welchen die Rollenzuteilung an Kind und Erwachsenen im Laufe der Entwicklung variiert wird. Es ist ein Strukturmerkmal der Förderung, dass Verlässlichkeit und Vertrauen jenseits aller therapeutischen Spezifität als eine zentrale förderliche Bedingung widerspiegelt. Solche Verlässlichkeiten finden sich auch in den äußeren Bedingungen. So etwa im Konzept der „vorbereiteten Umwelt" nach Montessori. Sie sind auch im Konzept der konduktiven Förderung nach Petö (vgl. Weber und Rochel 1995) als zentrales Element enthalten: Im sogen. Rhythmischen Intendieren, d. h. in einem aktionsbegleitenden Sprechen werden die Kinder zum aktiven Tätigsein mobilisiert und motiviert.
Strukturierung der Lernumwelt und Rhythmisierung stellen aber auch unter lernpsychologischem Gesichtspunkt ein förderliches Mittel dar. Kinder entwickeln dadurch den notwendigen Halt. Das ist auch eine wichtige Erkenntnisse aus eigenen empirischen Untersuchungen: Behinderte Kinder zeigen ein verändertes Lernverhalten. Eine Konzentration ist ihnen oft nur für kurze Zeit möglich, und es kommt schon nach relativ kurzzeitigen Lernphasen zu „Rückschritten" im Lernverlauf. Daher ist es wichtig, die kurzfristige Motivation der Kinder und ihre Lernversuche i. S. von rhythmischen Annäherungen ernst zu nehmen, die Kinder nicht durch permanentes Üben zu überfordern, sondern nach kurzzeitigen Anregungen auch immer wieder Pausen für Erholung und Wechsel der Tätigkeit zu geben, so dass die Kinder ihren eigenen Rhythmus finden und ihr Lerntempo selbst bestimmen können (Leyendecker 1982; 1994).

Letztlich ist es wichtig, Eltern und Kinder nicht nur als hilflose und förderungsbedürftige Personen anzusehen, sondern sie als Experten in eigener Sache zu respektieren. Dies entspricht dem Prinzip des *„Empowerment"*.
In vielen Untersuchungen ist deutlich geworden, dass Fördermaßnahmen, die auch die Eltern bzw. die Familie einbeziehen, die Entwicklung der behinderten Kinder wesentlich besser voran bringen als Maßnahmen, die nur an die Kinder adressiert sind (Schlack 1994). Wie in jeder Therapie hat die Qualität der Interaktion mit den Bezugspersonen eine wesentlich stärkere Auswirkung auf die Entwicklung des Kindes als spezifische Inhalte von Behandlungs-

bzw. Förderprogrammen. Je kompetenter, gestärkter und selbstbewusster sich Eltern fühlen, desto mehr werden auch die Kinder davon profitieren. Eltern und Kinder, die sich als „Experten in eigener Sache" verstehen, haben Zutrauen in ihre Möglichkeiten, etwas zu bewegen. Dieses Zutrauen in die eigenen Möglichkeiten stellt wohl eine bedeutsame Schlüsselvariable dar. Wenn diese gestärkt wird, wird frühe Förderung gelegentlich auch ihr Ziel erreichen, selbst überflüssig zu werden, weil Eltern und Kind ihren eigenen Weg finden.

1.5 Zusammenfassung: Ziele früher Förderung

Aus dem Dargelegten ergibt sich, dass die Qualität früher Förderung nicht (nur) unter ökonomischem Gesichtspunkt zu behandeln ist. Eine professionelle Qualitätsentwicklung dient in erster Linie der Lebensqualität der Menschen (Speck 2000); sie läßt sich vornehmlich an der verwirklichten interaktionalen Qualität beurteilen.

Frühe Förderung hat das Ziel, dem Kind und seinen Eltern die Selbstverwirklichung in sozialer Integration zu ermöglichen. Auf dem Weg zu diesem Ziel stellt die interaktionale Qualität die Schlüsselvariable dar. Eine gute Qualität der Arbeit wird sich an folgenden Leitzielen orientieren:

| Autonomie und Selbstgestaltungsfähigkeit des Kindes | Komplexität und Interdisziplinarität der fachlichen Hilfen | Kooperation und Partnerschaft mit den Nutzerinnen und Nutzern (Familie) |

1.5.1 Literatur

ALLPORT, GORDON W.: Gestalt und Wachstum in der Persönlichkeit. Meisenheim a. G. 1970.

BIRBAUMER, NILS; SCHMIDT, ROBERT F.: Biologische Psychologie. Berlin 1991.

BÖLLING-BECHINGER, HILTRUD: Frühförderung und Autonomieentwicklung. Heidelberg 1998.

BRUNER, JEROME S.: Wie das Kind sprechen lernt. Bern 1987.

BUNDESMINISTERIUM FÜR ARBEIT UND SOZIALORDNUNG (Hg.): Einrichtungen und Stellen der Frühförderung in der Bundesrepublik Deutschland. Bonn 1995.

DORNES, MARTIN: Der kompetente Säugling. Die präverbale Entwicklung des Menschen. Frankfurt 1992.

DUNST, C.J.; SNYDER, S.W.; MANKINEN, M.: Efficacy of Earl Intervention. In: WANG, M.C.; REYNOLDS, M.C.; WALBERG, H.J. (Eds.). Handbook of special education. Vol. 3. Low Incidence Conditions. Oxford 1989, 259-294.

EIBL-EIBESFELD, IRANAEUS: Grundriss der vergleichenden Verhaltensforschung. München 1967.

HAUPT, URSULA.: Überlegungen zu einer komplexen Entwicklungsförderung körperbehinderter Säuglinge und Kleinkinder. In: Z. f. Heilpädagogik 31, 1980, 483-492.

HAUPT, URSULA: Körperbehinderte Kinder verstehen lernen. Auf dem Weg zu einer anderen Diagnostik und Förderung. Düsseldorf 1996.

HEESE, GERHARD: Frühförderung behinderter und von Behinderung bedrohter Kinder. Berlin 1978.

HELLBRÜGGE, THEODOR: Münchener Funktionelle Entwicklungsdiagnostik. Fortschritte der Sozialpädiatrie, Bd. 4. München 1978.

HELLBRÜGGE, THEODOR (Hg.): Klinische Sozialpädiatrie. Ein Lehrbuch der Entwicklungsrehabilitation. Berlin 1981.

HORSTMANN, TORDIS: Fördermaßnahmen im Vorschulbereich. In: HAUPT, U. und JANSEN, G.W. (Hg.): Handbuch der Sonderpädagogik. Bd. 8 Pädagogik der Körperbehinderten. Berlin 1983, 118-138.

IHLE, WOLFGANG, ESSER, GÜNTER, LAUCHT, MANFRED, SCHMIDT, MARTIN H. Was schützt Frühgeborene vor Entwicklungsstörungen. In: Z. f. Kinder- und Jugendpsychiatrie 23, 1, 1995, 97.

IHLE, WOLFGANG; ESSER, GÜNTER; LAUCHT, MANFRED; SCHMIDT, MARTIN H.: Ungeduldige Winzlinge und ihre Entwicklung: Was schützt frühgeborene Kinder vor Entwicklungsstörungen. In: LEYENDECKER, CH., HORSTMANN, T. (Hg.). Frühförderung und Frühbehandlung, Heidelberg 1997, 203-212.

JELTSCH, BARBARA: Frühberatung. In: DUPUIS G., KARKOFF, W. (Hg.). Enzyklopädie der Sonderpädagogik, der Heilpädagogik und ihrer Nachbargebiete. Berlin 1992, 223.

JETTER, KARLHEINZ: Leben und Arbeiten mit behinderten und gefährdeten Säuglingen und Kleinkindern. Bd. 2. Hannover 1984.

JONAS, HANS: Technik, Medizin und Ethik. Zur Praxis des Prinzips Verantwortung. Frankfurt 1987.

JUSSEN, HERIBERT: „Frühförderung bei Behinderten, eine kritische Analyse ihrer Zielsetzungen". In: Forschungsgemeinschaft „Das körperbehinderte Kind" e.V. (Hg.): Frühförderung körperbehinderter Kinder – Forschungsergebnisse und Zielsetzungen. Rheinstetten. 1976.

KAUTTER, HANSJÖRG; KLEIN, GERHARD; LAUPHEIMER, WERNER; WIEGAND, HANS-SIEGFRIED: Das Kind als Akteur seiner Entwicklung. Heidelberg 1995.

KLEIN, GERHARD: Frühförderung als Spielförderung oder Training nach Förderprogrammen?. In: Zeitschrift für Heilpädagogik 9, 96, 373-380.

KRAUSE, MATTHIAS P.: Wirkungen elterlicher Responsivität in dyadischen Spielsituation auf das Interaktionsverhalten von Vorschulkindern mit mentaler Entwicklungsverzögerung. Psychologie in Erziehung und Unterricht, 46, 1999, 110-125.

KRAUSE, MATTHIAS P.: Effektivität von Frühförderung – welche Behandlung nützt behinderten Kindern? In: Verband der Blinden- und Sehbehindertenpädagogen (Hg.): Frühförderung auf dem Prüfstand. Würzburg 2000. (in Druck)

KRON, MARIA: Qualitätsentwicklung und -sicherung in der Frühförderung. In: Geistige Behinderung 1, 2000, 63-72.

LEYENDECKER, CHRISTOPH: Lernverhalten behinderter Kinder. Heidelberg 1982.

LEYENDECKER, CHRISTOPH: Psychologie der Körperbehinderten. In: FENGLER, J., JANSEN, G. (Hg.): Heilpädagogische Psychologie. Stuttgart. Berlin u. a. 1994, 149-184.

LEYENDECKER, CHRISTOPH: „Verbraucherschutz für kleine Leute" – Einführung und Überblick. In: LEYENDECKER, Ch. und HORSTMANN, T. (Hg.): „Große Pläne für kleine Leute" – Grundlagen, Konzepte und Praxis der Frühförderung. München 2000. (in Druck)

MAYER-PROBST, BERHARD; TEICHMANN, HELFRIED: Risiken für die Persönlichkeitsentwicklung im Kindesalter. Leipzig 1984.

MEDICAL TRIBUNE Nr. 9. (1990). Zerebralparese beim Kleinkind: Physiotherapie bringt nichts. 45; Zusammenfassung von Tirosh, E. & Rabino, S. (1989). Physiotherapy of children with cerebral palsy. In: Americ. J. of Diseases of children. 143, 552-555.

MERLEAU-PONTY, MAURICE: Phénomènologie de la perception. Paris 1945. dt. Berlin 1966.

MONTESSORI, MARIA: Grundlagen meiner Pädagogik und weitere Aufsätze zur Anthropologie und Didaktik. Heidelberg 1988.

OERTER, ROLF; MONTADA, LEO (1982). Entwicklungspsychologie. München. Wien. Baltimore 1982.

PAPOUSEK, HANUS; PAPOUSEK, MECHTILD: Intuitives elterliches Verhalten im Zwiegespräch mit dem Neugeborenen. In: Sozialpädiatrie 3,1981, 229-238.

PECHSTEIN, JOHANNES: Umweltabhängigkeit der frühkindlichen zentralnervösen Entwicklung. Stuttgart 1974.

PECHSTEIN, JOHANNES: Sozialpädiatrische Zentren für behinderte und entwicklungsgefährdete Kinder. Deutscher Bildungsrat: Gutachten und Studien der Bildungskommission. Sonderpädagogik 6. Stuttgart 1975.

ROUSSEAU, JEAN-JACQUES: Emile ou de education. Paris. dt. Leipzig 1977. [Erstausgabe 1762 (1972)].

RUTTER, MICHAEL; GRAHAM, PHILIP; YULE, WILLIAM: A neuropsychiatric study in childhood. Clinics in Developmental Medicine. Nr. 35/36. London 1970.

SAAL, FREDI: Nicht ändern, sondern fördern? Überlegungen zur Einstellung gegenüber Behinderten. In: Motorik 3,4, 1980, 149-152.

SARIMSKI, KLAUS: Interaktive Frühförderung behinderte Kinder: Diagnostik und Beratung. Weinheim 1993.

SCHLACK, HANS G.: Grundkonzepte der Behandlung. Eine Orientierung in der Vielfalt der Methoden. In: SCHLACK, H.G. (Hg.): Welche Behandlung nützt behinderten Kindern? Mainz 1998, 18-27.

SCHLACK, HANS G.: Paradigmawechsel in der Frühförderung. Frühförderung interdisziplinär, 8, 13-18, 1989.

SCHLACK, HANS G.: Kompensation nach frühkindlicher Hirnschädigung – Anmerkungen zu den Grundlagen der Frühbehandlung. In: Forschungsgemeinschaft „Das körperbehinderte Kind" e.V. (Hg.). Entwicklung und Förderung Körperbehinderter. Wissenschaftliche Forschung und pädagogische Praxis. Heidelberg 1993, 260-270.

SCHLACK, HANS G.: Intervention bei Entwicklungsstörungen. Bewertete Übersicht. In: Monatsschrift für Kinderheilkunde 142, 1994, 180-184.

SCHLACK, HANS G.: Stimulation der Körperwahrnehmung – ein wichtiges Konzept in der Behandlung zerebralparetischer Kinder. In: SCHLACK, H.G. (Hg.): Welche Behandlung nützt behinderten Kindern? Mainz 1998, 58-65.

SCHLACK, HANS G.: Handeln statt Behandeln. In: LEYENDECKER, Ch.; HORSTMANN, T. (Hg.): „Große Pläne für kleine Leute" – Grundlagen, Konzepte und Praxis der Frühförderung. München 2000.(in Druck)

SHONKOFF, J.P., HAUSER-CRAM, P., KRAUSS, M.W. und UPSHUR, C.C.: Development of Infants with Disabilities and their Families. Monographs of the Society for Research in Child Development, 57, Nr. 230, 1992.

SPECK, OTTO: Frühförderung als System. In: Frühförderung interdisziplinär 8, 1989,148-156.

SPECK, OTTO: Sonderschulpädagogische Professionalität durch Qualitätsentwicklung – Begriffe, Modelle, Probleme. Heilpädagogische Forschung XXVI, Heft 1, 2000, 2-15.

THURMAIR, MARTIN: Die Wirksamkeit von Frühförderung, und Fragen an ihr Konzept. In: Frühförderung interdisziplinär 10, 1991, 87-89.

VEREINIGUNG FÜR INTERDISZIPLINÄRE FRÜHFÖRDERUNG E.V.: Qualitätskriterien für die Frühförderung. Positionspapier. Emden Aug. 1999

WEBER, KARIN S.; ROCHEL, MICHAEL: Medizinische Rehabilitation zerebralgeschädigter Kinder im Alter von drei bis sieben Jahren durch Konduktive Förderung. In: Bundesministerium für Arbeit und Sozialordnung (Hg.): Forschungsbericht. Bonn 1995

WEINERT, FRANZ E.; GRAUMANN, CARL F.; HECKHAUSEN, HEINZ; HOFER, MANFRED (Hg.): Pädagogische Psychologie. Bd. 1, Teil A. Frankfurt 1974.

WEIß, HANS: Familie und Frühförderung. München. Basel 1989.

WERNER, E.E., BIERMANN, I.M., FRENCH, F.E.: The children of Kanai. Honolulu. 1971.

2. Qualitätssicherung und -entwicklung in der Frühförderung

Elisabeth Wacker

Frühförderangebote dienen nicht nur einem pädagogisch-therapeutischen Zweck der Verbesserung der Kompetenzen eines Kindes, sondern sie folgen auch einem globalen Ziel, das man mit der Sicherung oder Entwicklung von Lebensqualität umschreiben kann. Um diesem Ziel näher zu kommen, bedient sich die Frühförderung im fachlichen Repertoire der vielfältigen pädagogisch und therapeutisch orientierten Ansätze (vgl. 2.2.1). Den Transfer dieser Fachlichkeit zu den Kindern und ihren Eltern leistet sie in ihrem organisatorischen und konzeptionellen Rahmen, d.h. in Strukturen (Angeboten und Abläufen), in (ausgestatteten) Räumen, mit Hilfsmitteln und vor allem mit Personal. Auf diese Weise versucht sie, ihrer Förderaufgabe gerecht zu werden.

2.1 Qualität als vielfältiges Phänomen

Unter Qualität ist zunächst nichts anderes zu verstehen, als Regeln und Standards, die geeignet sind, Erwartungen zu erfüllen. Qualitätskontrolle bedeutet dann, Merkmale, Eigenschaften eines Produktes oder einer Tätigkeit daraufhin zu überprüfen, ob sie geeignet sind, festgelegte Erfordernisse zu erfüllen. Also ist Qualität ein neutrales Konstrukt, dessen Elemente erst bezogen auf bestimmte Anforderungen erkennbar werden. Zugleich ist sie eine kontinuierliche und messbare Größe im Rahmen dieser festgelegten Erfordernisse. Sie wird erkennbar im Bezug zur Beschaffenheit eines Produktes oder einer Leistung und setzt sich zumeist aus einer Summe unterschiedlicher Merkmale und Eigenschaften zusammen (vgl. Speck 1999b, 127ff.).

Ein bedeutender Faktor der aktuellen Qualitätsdebatte ist die Frage der wünschenswerten Qualitätsmerkmale einerseits und ihrer Chance auf Realisierung andererseits. Die Machbarkeit wiederum hängt zusammen mit den verfügbaren Ressourcen, den Kenntnissen, die vorliegen (fachliche Ressourcen), den potentiell vorhandenen und den tatsächlich investierten Summen, die in die Produktion von Qualität fließen sollen (finanzielle Ressourcen) und der ausreichend vorhandenen, motivierten und ausgebildeten Anzahl von Dienstleistern, die im Einsatz sein können (personelle Ressourcen). Zumindest der Faktor finanzielle Ressourcen hängt dabei wesentlich zusammen mit dem allgemeinen Wohlstandsniveau, aber auch mit dem politischen Willen, in bestimmten gesellschaftlichen Feldern (mehr) Qualität der (sozialen) Dienstleistung zu produzieren (sozialpolitische Relevanz).

Indikatoren für „gute Arbeit" – beispielsweise für die Qualität des Angebots einer Frühfördereinrichtung – sind also im breiten Spektrum einzelner „Qualitäts-Sichtweisen" zu suchen. Durch die Zielorientierung an dem immateriellen Konstrukt „Lebensqualität" wird eine weitere Variable eingeführt, die das Benennen „guter Arbeit" oder „guter Angebote" erschwert. Mit Lebensqualität sind „Meilensteine" verbunden wie beispielsweise Selbstverwirklichung und Selbstverfügung, Wahlmöglichkeiten und Partizipation, Eigeninitiative und Aktivierungspotentiale, Passung der Angebote und Transfer in bestehende Netzwerke (vgl. Metzler, Wacker 1997). Die Beteiligung der Klienten an sozialen Dienstleistungsangeboten ist eine weitere elementare Forderung. Die Qualität des Angebotes muss dann auch an den Chancen gemessen werden, dass jeweilige individuelle Wünsche und Interessen der Hilfesuchenden berücksichtigt und beachtet werden. Die verfassungsmäßige Grundlage dieser Rechte der Nutzer und Nutzerinnen sozialer Einrichtungen bilden insbesondere die Art. 1 und 2 GG (Menschenwürde, Freie Entfaltung der Persönlichkeit). Bei den Versuchen der Operationalisierung solcher Qualitätsmerkmale zeigen sich jedoch schnell Schwierigkeiten. Die Frage der Mitbestimmungsformen im Frühfördergeschehen ist noch nicht eindeutig geklärt, wie sich aus der langdauernden Diskussion um die Rolle der Familie gut ablesen lässt (vgl. Engelbert 1995). Und was beispielsweise Lebensqualität von Kindern bedeutet, ist eine weitgehend unerforschte Frage, die die Aufgabe erschwert, einzelne Teilelemente der Lebensqualität festzustellen. Hier objektive Kriterien zu benennen ist problematisch. Denn Familie und Kindheit als durch allgemeine Leitbilder, Rechtsnormen und Sitten konstituierte Institutionen sind eng verbunden mit dem Wissen und den Wertvorstellungen, die in einer Kultur verankert sind. Was Kindheit bedeutet, was als kindgemäßes Verhalten gilt, das Verhalten gegenüber Kindern, die Erwartungen an sie, dies alles gilt jeweils nur bezogen auf kulturelle Kontexte. Kindeswohl, Kindesrecht und Kinderschutz sind nur festzulegen im gesamtgesellschaftlichen Kontext. Nach einer umfassenden Analyse der Lebensqualität von Kindern – vor allem von Klein- und Vorschulkindern – sucht man in der Bundesrepublik vergeblich, und an einer spezifisch konzipierten „Sozialpolitik für das Kind" mangelt es bislang weitgehend (vgl. Nauck, Joos, Meyer 1998). Deswegen muss es nicht verwundern, wenn die fachliche Diskussion um die Qualität der Frühförderung erst in jüngster Zeit die Frage nach den Wünschen und Bedürfnissen der Kinder thematisiert. Eine kindzentrierte Perspektive, die eine Verbindung von Lebensbedingungen, Leistungs- und Entwicklungserwartungen und subjektivem Wohlbefinden herstellt, wird selten explizit eingenommen.

Viele mit dem Streben nach Lebensqualität verbundenen Ziele müssen „großräumig" verfolgt werden. Sie liegen auf anderen Konkretisierungsebenen als einzelne Förderstunden, die man leichter als Beobachtungsfeld für Evaluationen definieren könnte, wenn Elemente des Frühförderprozesses hinsichtlich ihrer „Güte" bewertet werden sollen. Komplikationen treten jedoch schon in diesem „kleinräumigen" Beobachtungsfeld auf, falls die subjektive Größe (aktuelles) „Wohlbefinden" in die Bewertung einfließen soll, die für das Gelingen von Frühförderung erhebliche Relevanz besitzen dürfte (vgl. Abele, Becker 1994).
Ist es nun also überhaupt gerechtfertigt und erforderlich, Frühförderung auch unter Gesichtspunkten zu betrachten, die ursprünglich der Analyse von Qualität in Produktionsprozessen entlehnt sind?

2.1.1 Produktion von Qualität als öffentlicher Auftrag

Aus betrieblichen Abläufen in der freien Wirtschaft ist inzwischen hinreichend bekannt und anerkannt, dass eine „Qualitätskultur" organisatorische Voraussetzung ist für „gute Arbeit". Alle organisatorischen Einheiten sollen sich dem Ziel „gute Qualität zu produzieren" verpflichtet fühlen und werden auf dieses Ziel eingeschworen.
Im Bereich sozialer Dienstleistungen findet dieser Aspekt der Qualitätsproduktion nur zögerlich Eingang, zunächst geschieht dies im Kontext der Debatte um Organisationsentwicklung. Diese Methode zum systematischen Wandel von Organisationen fußt auf den Forschungen Kurt Lewins in den 40er Jahren in den USA. Interventionstechniken wurden hieraus entwickelt, mit dem Ziel einer Humanisierung der Arbeitswelt, um Raum für die Persönlichkeitsentwicklung, Selbstverwirklichung und Selbstgestaltung für und durch Mitarbeiterinnen und Mitarbeiter einer Organisation zu schaffen (vgl. Wacker 1988). Zugleich ging es auch um die Erhöhung der Leistungsfähigkeit von Organisationen, um mehr Flexibilität, Innovationsbereitschaft und die Entwicklung von Veränderungsstrategien. Im Bereich der sogenannten „Non-Profit-Organisationen" stößt Organisationsentwicklung seit Ende der 80er Jahre auf immer mehr Interesse (vgl. Maelicke, Reinbold 1990). Insbesondere die Methoden der Institutionen- bzw. Unternehmensberatung wurde durch sie abgelöst, weil diese – einseitig – nur Veränderungsratschläge an eine Organisation richten. Mit Hilfe der Organisationsentwicklungsverfahren sollten nun Veränderungsprozesse gestaltet und erprobt werden. Dabei galt es, die Mitglieder einer Organisation in den Prozess einzubeziehen, weil Organisationen als lebende soziale Systeme begriffen werden (Systemisches Denken und Handeln). Weitreichender als traditionelle strukturtheoretische Zugehensweisen ermöglichte dieser Ansatz nun den Blick zu öffnen für handelnde Personen in der Organisation: Leitungskräfte, Mitarbeiterinnen und Mitarbeiter, aber auch Klientinnen und Klienten. Als Innovationsstrategie soll Organisationsentwicklung dazu dienen, Strukturprobleme in Organisationen aufzudecken, Entwicklungsbedarfe zu analysieren und zugleich, Ansatzpunkte und Strategien konkreter Veränderungen zu benennen. Mit der Einleitung eines geplanten, gesteuerten und systematischen Prozesses der Organisationsveränderung sollen sich die Strukturen und das Verhalten der Mitarbeiterinnen und Mitarbeiter wandeln. Insgesamt zielt dabei das Verfahren darauf, die Wirksamkeit bei der Problemlösung und beim Erreichen der Organisationsziele zu erhöhen. Dieses Ziel der Organisationsentwicklung kann man mit dem Anliegen der Qualitätsentwicklung gleichsetzen (vgl. 3.2.3).

Die Qualitätsdebatte erreichte den Bereich der sozialen Dienstleistung mit der Novellierung sozialrechtlicher Leistungsgesetze: das Gesundheitsreformgesetz (1989), das Pflegeversicherungsgesetz (1994) und das BSHG-Reformgesetz (1996) (vgl. Wienand 1999). Nun wird auch in den sozial-karitativ orientierten Dienstleistungsbereichen festgeschrieben, dass Qualität produziert und kontrolliert werden soll, weil „der Träger der Sozialhilfe (...) zur Übernahme von Aufwendungen für die Hilfe in einer Einrichtung nur verpflichtet (ist), wenn mit dem Träger der Einrichtung oder seinem Verband eine Vereinbarung über Inhalt, Umfang und Qualität der Leistungen sowie über die dafür zu entrichtenden Entgelte besteht." (BSGH § 93 Abs. 2) Hier sind die Aufforderungen zur Transparenz des Angebotes, zur Überprüfbarkeit der Leistungen und zur Kontrolle ihrer Qualität enthalten. Es genügt nicht mehr alleine, wenn Dienstleistungsanbieter auf ihr bestes Bemühen und den guten Zweck der Arbeit verweisen.

2.1.2 Qualität als Indikator sozialer Dienstleistung

Grundproblem des Ansinnens des Gesetzgebers, Qualität zu produzieren und nachzuweisen, ist im Bereich der sozialen Dienstleistung eine gewisse Unbestimmtheit dessen, was unter „Qualität" verstanden werden soll. Was bedeutet hier „Güte des Angebotes", für wen wird dieses Angebot gemacht und welche Mechanismen steuern und kontrollieren die Qualitätsproduktion?
Hinter dem modernen Sammelbegriff „soziale Dienstleistungen" verbergen sich vielfältige betreuende, pflegende, behandelnde und fördernde Tätigkeiten, die in einem besonderen Spannungsverhältnis stehen (vgl. Braun 1999). Der Begriff „Dienstleistung" suggeriert zwar einen Wandel der Klientenrolle – vom „Klienten" zum „Kunden" – ebenso einen Wandel der Helferrolle – vom „Fürsorger" zum „Leistungsanbieter" -, die Grundsituation ungleicher Rollen aber bleibt relativ unberührt: Helfer stehen auf Hilfe Angewiesenen gegenüber (vgl. Metzler, Wacker 1998). Jenseits aller Sprachregelungen muss daher die Frage nach „Qualität" auf den „Kern der Sache" zielen der mehr ist als die neutrale Beschaffenheit einer Dienstleistung hinsichtlich ihrer Eignung zur Erreichung festgelegter Ziele, wie dies die DIN ISO 8402 einfordert. Verfahren zur Qualitätsproduktion und –kontrolle sind also zu unterscheiden von Qualitätserfordernissen, die mit den Zielen sozialer Dienstleistungen verbunden sind (vgl. Speck 1999a und 1999b). Zudem haben soziale Dienstleistungen besondere Eigenschaften, die sich der traditionellen Qualitätskontrolle in weiten Teilen entziehen. Sie gehorchen nicht den üblichen Marktgesetzen. Anbieter sozialer Dienste haben beispielsweise nicht das primäre Ziel, Kunden an sich zu binden, vielmehr arbeiten sie darauf hin, dass die Nutzerinnen und Nutzer ihre Angebote nicht mehr benötigen. Soziale Dienstleistungen entstehen in dem Moment, in dem sie angenommen werden. Vor Empfang der Leistung ist es – aus Sicht der potentiellen Kunden – kaum möglich, ihre Qualität zu beurteilen. Es handelt sich um ein „Vertrauensgut". Erfahrungs- und Vertrauensgüter bergen in sich aber das Problem der Informationsasymmetrie zwischen Leistungserbringern und Leistungsempfängern (vgl. Burger, Johne 1994), den „Kunden", d.h. am Beispiel der Frühförderung den Eltern bzw. den Kindern selbst fehlt meist eine konkrete Bewertungsmöglichkeit oder ein Vergleichswert, um die „Güte der sozialen Dienstleistung" bemessen zu können. Zugleich ist es dem Kostenträger ebenfalls kaum möglich, konkrete „Qualitätsindikatoren" zu benennen, anhand derer die „Güte des Angebotes" und die „Qualität der Dienstleistung Frühförderung" beurteilt werden soll. Schließlich versagt eine Steuerung nach „Angebot und Nachfrage" weitgehend, weil die Nutzerinnen und Nutzer kaum eine Wahl haben. Sie sind auf die Angebote angewiesen, da Unterstützungsbedarf vorliegt, der auch oft so akut auftritt, dass keine Zeit bleibt, sich einen Überblick über vorhandene Angebote zu verschaffen.

Trotz dieser zusätzlichen Komplikationen greift man auch im Bereich sozialer Dienste vermehrt auf Erfahrungen zurück, die im privatwirtschaftlichen Dienstleistungssektor gemacht wurden mit einer Strategie der Qualitätssicherung, die entlehnt ist aus der medizinischen Versorgung (vgl. die Trilogie von Donabedian 1982, der nach Struktur-, Prozess- und Ergebnisqualität unterscheidet). Entsprechende Grundgedanken verfolgte auch die „Internationale Organisation für Normung" (ISO), die in ihren Komitees die DIN ISO 9000ff. zur Qualitätssicherung entwickelte. Insbesondere in der DIN ISO 9004, die sich mit Dienstleistung befasst, werden als Ebenen der Qualitätssicherung folgende Elemente genannt:

> *(1) Strukturqualität*: Objektive Rahmenbedingungen, Ausstattungen, materielle und personelle Ressourcen etc. (vgl. 5.)

> *(2) Prozessqualität*: Aktivitäten, die zwischen Leistungserbringern und Leistungsempfängern stattfinden. Problemstellungen, Maßnahmepläne, Handlungsabläufe, Aufgaben etc. werden vor allem unter dem dienstleistungsspezifischen Aspekt festgelegt (vgl. 6.).

> *(3) Ergebnisqualität*: Veränderungen bei den Leistungsempfängern z.B. im Verhalten, im Gesundheitszustand, im Wohlbefinden, in der Zufriedenheit, sollen kontrolliert werden (vgl. 7).

Bezüglich der dritten Qualitätsebene ergeben sich im Bereich der sozialen Dienstleistung besondere Probleme durch die unklare Zuordnung von Kundenzufriedenheit zu Komponenten z.B. des Frühförderangebotes. Selbst die Frage, wer nun eigentlich Kunde sei ist in diesem Feld nicht eindeutig zu beantworten. Sowohl die direkten Leistungsempfänger (Kinder) und ihre Eltern (bzw. das „System Familie") als auch die Kostenträger können in dieser Rolle gesehen werden. Diffuse Konstrukte wie „Zufriedenheit von Kunden" können zudem nur eingeschränkt einer Bewertung dienen, da sie von individuellen Dispositionen (Einstellung zum Leben, Tagesform) ebenso abhängig sein können, wie von interpersonellen Faktoren (Einvernehmen zwischen Personen in der Familie oder mit den Fachkräften) und strukturellen Aspekten (Passung des Angebotes, Wahlmöglichkeiten etc.).

Folglich ergibt sich die grundlegende Frage, wie eine Anpassung der bekannten Qualitätssicherung- und -entwicklungsverfahren zu leisten wäre auf einen „Produktionssektor", dessen „Gegenstand" Menschen bzw. Hilfe für Menschen ist. Sind Hilfe und Förderung bzw. soziale Dienstleistungsangebote in gleicher Weise zu prüfen und zu entwickeln, wie dies von industriellen Produktionsprozessen bekannt ist? Was macht Qualität in der sozialen Dienstleistungsproduktion aus? Lassen sich Frühfördereinrichtungen betrachten wie „Service"-Stationen?

2.1.3 Frühförderung und die Qualitätsfrage

In Anknüpfung an die Organisationsentwicklungskonzepte (vgl. 2.1.1) wird deutlich, dass soziale Organisationen und ihre spezifischen Dienstleistungen Elemente enthalten, die eine systemische Zugehensweise nahe legen. So können Zusammenhänge hergestellt werden zwischen der Entwicklung der Organisation, dem jeweiligen fachlichen Qualitätsstandards und den Klientenwünschen. Da sich im sozialen Bereich eine Analyse von Strukturproblemen nicht nur auf die Frage betriebswirtschaftlicher und organisationsbezogener Effizienz beziehen kann (vgl. 2.1.2). kann man sich auch nicht auf „Unternehmensberatung" beschränken, insbesondere müssen Analysen und Neugestaltungen von Angeboten in Zusammenhang gesehen werden mit den fachlichen Anforderungen der zu erbringenden Dienstleistung.

Frühförderung ist ein komplexes Geschehen mit vielen Akteuren, multidisziplinären fachlichen Standards und differenzierten Organisationsformen. Sie steht im Brennpunkt aller genannten Gesichtspunkte der Qualitätsdiskussion. Die Frage ist, wie Menschen, ihre Entwicklung und ihr Wohlbefinden unter normativen Gesichtspunkten überprüft werden können. Eine reine Beschreibung der Dienstleistungsangebote und der Merkmale ihrer Gestaltung ist hierbei noch eine leistbare Aufgabe. Den „Wert" der Angebote zu bestimmen erfordert aber, eine – wie auch immer definierte – Zielerreichung nachweisen zu wollen, das Planen und Überprüfen der Abläufe und ihrer Wirkungen auf die Adressaten. Dass diese in der Frühförderung die Kinder sind und ihre Eltern bzw. das gesamte System „Familie" erhöht die Komplexität der Aufgabe (vgl. Weiß 1999). Ein einfaches „Punktesystem" als Prüfliste „guter Angebote" kann dem ebenso wenig genügen wie als einziges Kriterium „Zufriedenheit der Kunden". Neben dem Überprüfen ihrer Standards sind die Frühförderstellen zudem angehalten, die Qualität ihrer Arbeit ständig weiterzuentwickeln.

Sozialwissenschaftliche Bewertungsverfahren, die hierfür eingesetzt werden können, betonen zunehmend die Autonomie (vgl. Peterander 1994) und die individuellen Kompetenzen eines bzw. einer Betroffenen sowie die Möglichkeiten, diese zu fördern (vgl. Wetzler 1994). Diese wertorientierte Sicht auf Qualität wird aufgenommen durch eine Ergänzung der Struktur-, Prozess- und Ergebnisqualität um die Konzeptqualität (vgl. Spiegel 1998). Zugleich Bezüge zu monetären Aufwendungen als Messgröße der Qualität von Angeboten herzustellen – wie dies § 93 Abs. 2 BSHG verlangt –, bringt nochmals besondere Probleme mit sind (vgl. Burger, Johne 1994). Kostenträger bzw. Sozialpolitiker, die hier Transparenz erwarten, um den Verbrauch der – aus Gemeinschaftsressourcen – gegebenen Mittel bewerten zu können, berufen sich verständlicherweise auf das Recht aller Bürgerinnen und Bürger, den sinnvollen Einsatz öffentlicher Gelder kontrollieren zu dürfen.

2.2 Organisation von Standards der Frühförderung

Um die Qualitätsdiskussion ernsthaft führen zu können, wird deswegen gefordert, eine „objektive" Qualitätsdefinition als zentrales Entscheidungs- und Steuerungsinstrument für die Entwicklung und Evaluation von Standards sozialer Dienstleistungen anzustreben (vgl. Wetzler 1994, 109).

Hierfür sind unterschiedliche Verfahren denkbar, die auf ihre Eignung geprüft werden können.

Merkmale zur Überprüfung von „Qualität" könnten benannte Mindeststandards sein. Einzelleistungen werden danach mit Hilfe einer Checkliste abgefragt. Diese würden allerdings zumeist der strukturellen Qualität zuzuordnen sein, individuelle Bedürfnisse blieben hingegen weitgehend unberücksichtigt. In der von Fachkräften der Frühen Hilfen geführten Qualitätsdiskussion werden aber mehr und mehr auch die Bedürfnisse der Betroffenen als Orientierungsgröße benannt. Die Anamnese und medizinische Untersuchungen gehen ebenso in die individuellen Therapiepläne und -verläufe ein, wie die eigene Lebensgeschichte, persönliche Wünsche oder die Lage der Familie, ihre sozialen Kompetenzen usw. Dies erfordert bei der Qualitätssicherung Verstehensprozesse, die mit einfachen „Checklisten" nicht zu erreichen sind.

2.2.1 Komplexität der Erfordernisse

Eine Folge ist, dass komplexere Verfahren benötigt werden, die gesellschaftliche Bezugspunkte besitzen (z.B. Nachteilsausgleichsziele), aber auch persönliche und familienspezifische Orientierungen, um die Qualität der Frühförderung in ihrer Struktur, ihrem Ergebnis und vor allem auch in ihrem Prozess zu beurteilen. Vor allem gilt es, im Kontext von Evaluationsverfahren Prozesse und Relationen abzubilden und zu prüfen (vgl. Jochheim 1994). Gemeinsame Schnittmengen zwischen wert-, kunden- und expertenorientierter Sichtweise stecken dabei den Handlungsrahmen ab. Hierfür geeignete systematische Verfahren, die auch in sozialen Organisationen mehr und mehr Verbreitung finden, sind

- Qualitätssicherung und
- Qualitätsentwicklung

Sie sind das Ergebnis einer Diskussion um die Notwendigkeit qualitätssichernder Maßnahmen und die Überprüfung ihrer Wirksamkeit. Wenn die Qualität der Leistungen von Einrichtungen in Rahmenverträgen beschrieben wird, in denen die Anforderungen an die Eigenschaften und Merkmale beispielsweise der Frühförderung benannt werden, dann könnte – je nach Qualität der Rahmenverträge – das Rüstzeug bekannt sein, das für eine bedarfsgerechte Leistungserbringung notwendig ist.

Dann stünde als nächster Schritt an, die Qualitätssicherungsmaßnahmen zu benennen, z.B. das Einrichten von Qualitätszirkeln, den Einsatz von Qualitätsbeauftragten, das Mitwirken in Qualitätskonferenzen oder die Entwicklung bzw. Weiterentwicklung von Verfahrensstandards für Hilfeleistungen. Denn auch in Zeiten der Verknappung öffentlicher Mittel und des gleichzeitigen Anwachsens sozialer Aufgaben kann es für die Produktion, Sicherung und Entwicklung von Qualität keinesfalls genügen, alleine Kosten-(ober-)grenzen zu bestimmen, ohne einen Zusammenhang zwischen Bedürfnissen der Betroffenen, finanziellen Möglichkeiten der Kostenträger sowie Passung und Effektivität der Hilfeangebote herzustellen. Reine herstellungsorientierte Qualitätsbestrebungen etwa in Anlehnung an gesetzliche Grundlagen der Finanzierung wie Wirtschaftlichkeit, Sparsamkeit und Leistungsfähigkeit greifen zu kurz. Sie können in Spannung stehen zu den Zielen der Frühförderung, möglichst frühzeitig bestehende oder drohende Beeinträchtigungen und Schädigungen der Entwicklung eines Kindes zu erkennen und daraus resultierende Behinderungen abzuwenden oder zumindest zu mildern (produktorientierte Qualität). Nach wissenschaftlichen (Fachlichkeit) oder moralischen (Nachteilsausgleich) Standards bewertete Kriterien kommen hinzu (expertenorientierte und wertgeleitete Qualität).

In der praktischen Anwendung konvergieren verschiedene Zugänge zu „Qualität" in einer Verknüpfung der Ressourcen und gebotenen Bedingungen über individuelle Anspruchsniveaus mit der Zufriedenheit der Zielgruppen und umgekehrt mit der Erfassung von Zufriedenheiten im Zusammenhang mit beobachtbaren Leistungsangeboten. Zu alldem ist schließlich die Machbarkeit im Sinne der wirtschaftlichen und effektiven Gestaltung der Angebote auf einem einzufordernden fachlich begründbaren Niveau zu prüfen. Da der Erfolg von Förderung sich aber eher „mittelbar" einstellt (vgl. 1.4.1), ist es im wesentlichen die „Qualität der Vermittlung", der Beziehung, die die Wirkung ausmacht (vgl. Leyendekker 1998).

Als wesentliche Faktoren, die auf den Hilfeaufwand und auf die Passung der Hilfen in bezug auf die Bedürfnisse der Nutzerinnen und Nutzer Einfluss haben, werden in der Forschung unter anderem genannt:
- Struktur und Organisation der Angebote
- Fachliche Qualifikation des Personals
- Gestaltung der Hilfen
- Finanzielle Ressourcen und materielle Ausstattung
- Spezifisches Profil der Einrichtung
- Kooperation des multiprofessionellen Teams
- Kooperation mit Behörden und Kostenträgern
- Kooperation mit den Eltern

- Art und Ausmaß einer Netzwerkunterstützung
- Konzeptionelle Grundlagen der Arbeit.

Schließlich gilt es, die ökologischen Bedingungen der Frühförderung (z.B. Niedrigschwelligkeit der Angebote, Komm- und Bringdienste, Erreichbarkeit, Flexibilität, Verfügbarkeit, sächliche und räumliche Ressourcen) und die architektonischen Rahmenbedingungen (z.B. Barrierefreiheit und Atmosphäre der Frühförderstelle) zu erfassen und in eine Beurteilung einzubeziehen.

2.2.2 Qualitätssicherung

Um solche benannte Qualitätsstandards zu beurteilen, sind zunächst Qualitätsmerkmale, die für die Arbeit einer Organisation verbindlich gemacht wurden sicherzustellen. Diese Vorgaben können gesetzlich festgelegt sein, fachlichen Standards entsprechen oder Markterfordernissen folgen. Qualitätsvorgaben können zunächst implementiert und dann durch interne oder externe Qualitätskontrollen überprüft werden (Evaluation) (vgl. Heiner 1999). Insgesamt handelt es sich bei der Qualitätssicherung um die Erhaltung eines gegebenen Zustandes. „Kunden" sollen darauf vertrauen können, dass ein von ihnen gekauftes Produkt von gleichbleibender Qualität ist. Gefundene Qualitätsmerkmale werden also fortgeschrieben. Hierfür dienen beispielsweise Ablaufbeschreibungen, Verfahrensanweisungen, Checklisten, Stellenbeschreibungen etc. Durch das Einhalten von Standards und Regeln wird zwar die Konstanz bestimmter Qualitätsaspekte sichergestellt, ein kreativer und reflexiver Umgang mit Standards und Regeln aber nicht gestützt. Deswegen vertritt Heiner die These, Qualitätssicherung könne Qualitätsentwicklung verhindern, indem die Überbetonung der Konstanz und Sicherheit es erzwingt, Risiken zu vermeiden. Mit Veränderungen sind aber immer Risiken verbunden (vgl. 1999, 64f.).

Qualitätssicherung kann sich zudem in der sozialen Dienstleistung nur zum Teil auf objektive, und damit vergleichbare und vergleichsweise leicht zu erhebende Maßzahlen stützen. Im Blick auf „Lebensqualität" (vgl. 2.1) ist aber eine kontinuierliche Begleitung, Reflexion und Weiterentwicklung der Angebote erforderlich. Prozesse der Herstellung von Qualität sind oft mindestens ebenso von Bedeutung wie Resultate.

2.2.3 Qualitätsentwicklung

Auch wenn sich hinsichtlich der Organisation von Qualität auch in den sozialen Dienstleistungsbereichen Verfahren der Qualitätsproduktion nach DIN ISO 9000ff. durchzusetzen scheinen, müssen die in der ISO-Norm festgelegten Teilschritte so weiterentwickelt werden, dass sie den besonderen Erfordernissen der sozialen Dienstleistung genügen können. Der Aufbau von Qualitätszirkeln beispielsweise kann einen anhaltenden Prozess der Qualitätsentwicklung bewirken. Qualitätszirkel können als Instrument eines ständigen Vorschlags- und Verbesserungswesens wirksam werden, indem sich Kleingruppen aus Personen, die innerhalb einer Einrichtung an vergleichbaren Problemen arbeiten regelmäßig treffen und Verbesserungen erarbeiten. In der Gruppe werden dann Fehler analysiert und Wege zu ihrer Vermeidung erarbeitet. Als Ergebnis darf dabei nicht nur eine Verbesserung der Leistungen erwartet werden, sondern zugleich auch eine Weiterqualifikation der Gruppenmitglieder.

Die mittels verschiedener Verfahren mögliche kontinuierliche Begleitung und Reflexion des Dienstleistungsangebotes – die auch unter Einbeziehung der Betroffenen stattfinden muss (vgl. 9.1 Fragebogen zur Elternzufriedenheit) – , unterstützt ein beständiges Bemühen um Qualität. Zentral ist dabei, dass die Entwicklung der Hilfen nicht durch Vorgaben bestimmt wird, die aus fachfremden Bereichen der Qualitätskontrolle stammen, sondern im Prozess der Herstellung von Qualität und des Strebens nach einer ständigen Anpassung des Zieles an neueste Erkenntnisse müssen fachliche Aspekte ausschlaggebend sein. Ein Instrument, das solche Qualitätsentwicklungsprozesse begleiten und stützen soll, lässt sich nicht einfach direkt aus den sozialwissenschaftlich begründeten Leitlinien sozialer Rehabilitation ableiten oder durch sozialpolitische Vorgaben erschließen. Vielmehr bedarf es eines vielschichtigen und vielstufigen Verfahrens der Operationalisierung und Validierung von je spezifischer Qualität. Viele solcher Beispiele bezogen auf den Bereich der Frühförderung nennt Weiß (1999). Ein weiteres Beispiel, wie man sich solche Verfahren vorstellen kann, bildet dieses Buch. Die in ihm genannten Evaluationsbereiche und Indikatoren leiten sich – wie im einzelnen jeweils dargelegt – aus einem fachlich fundierten Diskussionsprozess ab, der mit Hilfe einer (teilweise) standardisierten Methode abgebildet wird (Prüfkriterien). Durch die inhaltliche Differenzierung wird den unterschiedlichen Facetten und Inhalten des Frühfördergeschehens Rechnung getragen. Die Praxisrelevanz und Anwendbarkeit sollen damit sichergestellt werden. Folglich kann es beispielsweise von Qualitätszirkeln zur Identifizierung relevanter Themen ebenso eingesetzt werden, wie zur Evaluation eigener Standards und deren Diskussion vor dem Hintergrund fachlicher Erkenntnisse.

2.3 Ausblick

Ein Blick auf die Bevölkerungsentwicklung in Deutschland zeigt, dass Kinder ein zunehmend knappes Gut sind. Seit drei Jahrzehnten werden weniger Kinder geboren, als erforderlich sind, um die deutsche Bevölkerung konstant zu halten. Rare Güter gelten zumeist als wertvoll. Ob Kinder deswegen eine zunehmend höhere Wertschätzung erfahren, lässt sich pauschal nicht feststellen. Die wachsende Armutsgefährdung beispielsweise spricht aber eher gegen eine solche Annahme (vgl. Joos 1997).

Die (eingeschränkten) Chancen besonderer Hilfe in der frühen Kindheit, um besondere Bedürfnisse zu decken oder drohende Benachteiligungen abzuwenden, sind vor diesem Hintergrund zu sehen. Diese Chancen zu verbessern ist eine Aufgabe, der sich Frühe Hilfen stellen. Dafür sind sie auch bereit Neuland zu betreten, indem sie Qualitätsbeurteilungs- und -entwicklungsverfahren einsetzen, um Kriterien zu finden, die die Notwendigkeit eines bestimmten Förderaufwandes fachlich so begründen, dass nicht alleine zu identifizierende Defizite einer Person therapiert werden, sondern eine Förderung der Kinder in ihren Lebenszusammenhängen gemäß ihrer Bedarfslage und nach ihren motorischen, perzeptiven, emotionalen und sozialen Bedürfnissen möglich wird. Denn dass eine Kultur (selbst)kritischer Reflexion gepflegt werden muss – unabhängig von ökonomischen Motiven – ist allen im Bereich Früher Hilfen Engagierten bewusst.

2.3.1 Literatur

ABELE, ANDREA; BECKER, PETER (Hg.): Wohlbefinden. Theorie – Empirie – Diagnostik. Weinheim, München 1994.

BECK, IRIS: Der „Kunde", die Qualität und der „Wettbewerb": Zum Begriffschaos in der Qualitätsdebatte. In: Jantzen, W.; Lanwer-Koppelin, W.; Schulz, K. (Hg.): Qualitätssicherung und Deinstitutionalisierung. Berlin 1999, 35-47.

BRAUN, HANS: Wirtschaftlichkeit und Qualitätssicherung in sozialen Diensten. In: Peterander, F.; Speck, O. (Hg.): Qualitätsmanagement in sozialen Einrichtungen. München, Basel 1999, 134-145.

BURGER, STEPHAN; JOHNE, GABRIELE: Die Qualität sozialer Dienste im Spannungsfeld zwischen sozialpolitischem Anspruch und ökonomischer Rationalität. In: Knappe, E.; Burger, S. (Hg.): Wirtschaftlichkeit und Qualitätssicherung in sozialen Diensten. Frankfurt/M. 1994, 109-140.

DONABEDIAN, AVEDIS: An Exploration of Structure, Process and Outcome as Approaches to Quality Assessment. In: Selbmann, H. K.; Überla K. K. (Hg.): Quality Assessment of Medical Care. Gerlingen 1982, 69-92.

ENGELBERT, ANGELIKA: Familienorientierung in Frühförderstellen. Institutionelle Bedingungen der Etablierung von speziellen Elternangeboten und ihre Folgen für die Wahrnehmung der Elternrolle. In: Frühförderung interdisziplinär 14, 1995, 169-179.

FINK, FRANZ: Aufgaben der Qualitätssicherung und –förderung in Einrichtungen der Behindertenhilfe – Qualitätsmanagement mit einem Blick über die Institutionen hinaus. In: Schubert, H.-J.; Zink, K. J.: Qualitätsmanagement in sozialen Dienstleistungsunternehmen. Neuwied, Kriftel, Berlin 1997, 32-43.

FRÜHAUF, THEO: Chancen und Risiken neuerer gesetzlicher Entwicklungen für die Qualität der Dienstleistung in Einrichtungen der Behindertenhilfe. In: Schubert, H.-J.; Zink, K. J.: Qualitätsmanagement in sozialen Dienstleistungsunternehmen. Neuwied, Kriftel, Berlin 1997, 44-55.

FRÜHAUF, THEO: Qualität sozialer Dienstleistung weiterentwickeln – Instrumente und Systeme der Qualitätssicherung. In: Jantzen, W.; Lanwer-Koppelin, W.; Schulz, K. (Hg.): Qualitätssicherung und Deinstitutionalisierung. Berlin 1999, 109-127.

HEINER, MAJA: Qualitätsmanagement zwischen Qualitätsentwicklung und Qualitätssicherung. In: Metzler, H.; Wacker, E. (Hg.): „Soziale Dienstleistungen". Zur Qualität helfender Beziehungen. Tübingen 1998, 65-85. (Studien zu Lebenswelten behinderter Menschen Bd. 4).

HEINER, MAJA: Qualitätsentwicklung durch Evaluation. In: Peterander, F.; Speck, O. (Hg.): Qualitätsmanagement in sozialen Einrichtungen. München, Basel 1999, 63-88.

JOCHHEIM, KURT-ALPHONS: Evaluation ambulanter, teilstationärer und stationärer Rehabilitationsleistungen im medizinischen, pädagogischen, beruflichen und sozialen Bereich. Was können wir aus europäischen Erfahrungen lernen? In: Siek, K.; Pape, F.-W., Blumenthal, W.; Schmollinger, M.: Erfolgsbeurteilung in der Rehabilitation. Begründungen, Möglichkeiten, Erfahrungen. Ulm 1994, 37-45. (Interdisziplinäre Schriften zur Rehabilitation Bd. 3).

JOOS, MAGDALENA: Armutsentwicklung und familiale Armutsrisiken von Kindern in den neuen und alten Bundesländern. In: Otto, U. (Hg.): Aufwachsen in Armut. Erfahrungswelten und soziale Lagen von Kindern armer Familien. Opladen 1997, 47-78.

KNAPPE, ECKHARD; BURGER, STEPHAN (Hg.): Wirtschaftlichkeit und Qualitätssicherung in sozialen Diensten. Frankfurt/M., New York 1994.

LEYENDECKER, CHRISTOPH; WACKER, ELISABETH: Qualität in der Frühförderung sichern und managen = Wissen, was wir tun. In: Leyendecker, Ch.; Horstmann, T. (Hg.): „Große Pläne für kleine Leute". Grundlagen, Konzepte und Praxis der Frühförderung. München 2000.

LEYENDECKER, CHRISTOPH: „Je früher, desto besser?!" Konzepte früher Förderung im Spannungsfeld zwischen Behandlungsakteuren und dem Kind als Akteur seiner Entwicklung. In: Frühförderung interdisziplinär 17, 1998, 3-10.

LEWIN, KURT: Feldtheorie in den Sozialwissenschaften. Bern 1963.

MAELICKE, BERND; REINBOLD, BRIGITTE: Ganzheitliche und sozialökologische Organisationsentwicklung für Non-Profit-Organisationen. Köln 1990 (Schriftenreihe der Bank für Sozialwirtschaft).

METZLER, HEIDRUN; WACKER, ELISABETH: Zum Qualitätsbegriff in der Behindertenhilfe. In: Schubert, H. J.; Klaus J.; Zink, K. J.: Qualitätsmanagement in sozialen Dienstleistungsunternehmen. Neuwied, Kriftel, Berlin 1997, 44-55.

METZLER, HEIDRUN; WACKER, ELISABETH (Hg.): „Soziale Dienstleistungen". Zur Qualität helfender Beziehungen. Tübingen 1998 (Studien zu Lebenswelten behinderter Menschen Bd. 4).

NAUCK, BERNHARD; JOOS, MAGDALENA; MEYER, WOLFGANG: Kinder. In: Schäfers, B.; Zapf, W. (Hg.): Handwörterbuch zur Gesellschaft Deutschlands. Opladen 1998, 362-371.

PETERANDER, FRANZ: Begründungen, Möglichkeiten, Erfahrungen zur Erfolgsbeurteilung in der Rehabilitation von Säuglingen, Klein- und Schulkindern. In: Siek, K.; Pape, F.-W.; Blumenthal, W.; Schmollinger, M.: Erfolgsbeurteilung in der Rehabilitation. Begründungen, Möglichkeiten, Erfahrungen. Ulm 1994, 133-134 (Interdisziplinäre Schriften zur Rehabilitation Bd. 3).

SPECK, OTTO: Marktgesteuerte Qualität – eine neue Sozialphilosophie? In: Peterander, F.; Speck, O. (Hg.): Qualitätsmanagement in sozialen Einrichtungen. München, Basel 1999a, 15-30.

SPECK, OTTO: Die Ökonomisierung sozialer Qualität. Zur Qualitätsdiskussion in Behindertenhilfe und Sozialer Arbeit. München, Basel 1999b.

SPIEGEL, HILTRUD v.: Selbstevaluation, Qualitätsentwicklung und Qualitätssicherung „von unten". In: Merchel, J. (Hg.): Qualität in der Jugendhilfe. Münster 1998, 351-371.

WACKER, ELISABETH: Das Untersuchungsfeld der „Modellversuche zur Verbesserung der Arbeitssituation der Betreuer geistig Behinderter". Ausgangslage des Projektes und methodisches Vorgehen. In: Neumann, J. (Hg.): Arbeit im Behindertenheim. Situationsanalyse und Strategien zu ihrer Humanisierung. Frankfurt/M., New York 1988, 75-100.

WACKER, ELISABETH: Qualitätssicherung in der sozialwissenschaftlichen Diskussion. Grundfragestellung und ihr Transfer in die bundesdeutsche Behindertenhilfe. In: Geistige Behinderung 4, 1994, 267-281.

WEISS, HANS: Evaluation in der Frühförderung unter dem Aspekt der fachlichen Qualität. In: Peterander, F.; Speck, O. (Hg.): Qualitätsmanagement in sozialen Einrichtungen. München, Basel 1999, 199-213.

WETZLER, RAINER: Internationale Evaluationsansätze zur Qualitätssicherung sozialer (residentieller) Dienstleistungen. In: Heiner, M. (Hg.): Qualitätsentwicklung durch Evaluation. Freiburg/Br. 1996, 108-120.

WIENAND, MANFRED W. (1999): Qualitätssicherung bei der Leistungserbringung. In: Peterander, F.; Speck, O. (Hg.): Qualitätsmanagement in sozialen Einrichtungen. München, Basel 1999, 31-40.

3. Entwicklung und Aufbau des Handbuches

3.1 Vorarbeiten

Fachliteratur

Im Rahmen der Vorarbeiten für die Entwicklung des Handbuches wurde die aktuelle Fachliteratur aus der Rehabilitations- und Evaluationsforschung gesichtet und im Hinblick auf ihre Relevanz für ein Handbuch zur Qualitätsentwicklung und -sicherung in Frühförderstellen ausgewertet. Insbesondere wurden folgende theoretische Grundlagen berücksichtigt:

- Studien, theoretische Konzepte und fachliche Leitlinien für den Bereich Frühförderung
- Studien zur Situation der Frühförderung in NRW (u.a. Brackhahne; Schluz 1990; Gawlik 1991)
- Rechtliche Rahmenbedingungen für den Bereich Frühförderung (z.B. § 39 BSHG; § 93 BSHG; § 32 SGB V)
- Literatur zum Thema Evaluationsforschung mit dem Schwerpunkt Qualitätsentwicklung und -sicherung in sozialen Einrichtungen und Diensten (Heiner 1998; Meinhold 1998; Peterander; Speck 1999)
- Ansätze und Instrumente zur Qualitätsentwicklung und -sicherung aus dem Bereich Wohnen (u.a. Schwarte; Oberste-Ufer 1997)
- Ansätze zur Qualitätsentwicklung und -sicherung aus dem Bereich Frühförderung (u.a. Arbeitsstelle Frühförderung Bayern 1998, 1999; Bundesvereinigung Lebenshilfe 1996; Hülsken; Caritasverband für die Diözese Münster e.V. 1999)

Anregungen aus den Frühförderstellen

Ein Instrument, das qualitative Standards der Angebote in Frühförderstellen zuverlässig erfassen, bewerten und darüber hinaus Notwendigkeiten der konzeptionellen Weiterentwicklung aufzeigen will, muss die (unterschiedlichen) Perspektiven aus Theorie und Praxis verknüpfen. Um diese Beteiligung der Praxis im Sinne der Handlungsforschung (vgl. 3.2) zu gewährleisten, wurden die Frühförderstellen von Beginn an in die Handbuchentwicklung einbezogen. Bereits im Vorfeld konnten durch direkten Kontakt zu allen Frühförderstellen in Trägerschaft der Freien Wohlfahrtspflege in NRW viele Anregungen aus der Praxis der Frühförderstellen in die Entwicklung des Handbuches einfließen. Es wurden zahlreiche von den Einrichtungen zur Verfügung gestellte Materialien wie Konzeptionen, Verträge mit Kostenträgern, Leistungsbeschreibungen, Qualitätshandbücher (z.B. nach DIN ISO 9000) sowie Entwürfe für Leistungsvereinbarungen mit Kostenträgern gesichtet und analysiert.

3.1.1 Literatur

ARBEITSSTELLE FRÜHFÖRDERUNG BAYERN: Leistungsbeschreibung der interdisziplinären Frühförderung an Frühförderstellen. München 1998.

ARBEITSSTELLE FRÜHFÖRDERUNG BAYERN (Hg.): Organisationshandbuch zur Qualitätsentwicklung an interdisziplinären Frühförderstellen in Bayern. München 1999.

BUNDESVEREINIGUNG LEBENSHILFE (Hg.): Leistungsvereinbarungen für Frühförderstellen Marburg 1996.

BRACKHAHNE, RAINER; SCHLUZ, FRIEDOLF: Frühförderung in NRW. Eine Untersuchung der frühen Hilfen für behinderte und von Behinderung bedrohter Kinder. Herausgegeben vom Ministerium für Arbeit, Gesundheit und Soziales des Landes NRW. Düsseldorf 1990.

GAWLIK, MARION: Frühförderstellen in Nordrhein-Westfalen. Erste Ergebnisse einer Einrichtungsbefragung. In: Frühförderung Interdisziplinär, 10, 1991, 122-131.

HEINER, MAJA: (Selbst-)Evaluation zwischen Qualifizierung und Qualitätsmanagement. In: Menne, K. (Hg.): Qualität in Beratung und Therapie. München 1998, 51-68.

HÜLSKEN, HEINER; CARITASVERBAND FÜR DIE DIÖZESE MÜNSTER e.V.: Qualitätsmanagementhandbuch in der Frühförderung. Münster 1999.

PETERANDER, FRANZ; SPECK, OTTO: (Hg.): Qualitätsmanagement in sozialen Einrichtungen. München; Basel 1999.

SCHWARTE, NORBERT; OBERSTE-UFER, RALF: LEWO – Lebensqualität in Wohnstätten für erwachsene Menschen mit geistiger Behinderung. Marburg 1997.

3.2 Forschungsmethode und Projektverlauf

3.2.1 Handlungsforschung

Dem Projekt insgesamt und dem Prozess der Handbuchentwicklung wurde die Methode der Handlungsforschung (Lewin) zugrundegelegt.

Entscheidend bei dieser Methode ist es, alle Teilnehmerinnen und Teilnehmer eines Projektes in den Forschungsprozess einzubeziehen, wobei auch die Reaktionen der Teilnehmerinnen und Teilnehmer für das weitere Vorgehen eine Rolle spielen. Daher ist bei der Handlungsforschung ein Projekt durch eine zirkuläre Arbeitsweise bestimmt, d.h. durch eine spiralförmige Abfolge der Prozesse „Vorläufige Zielbestimmung – Handlung – vorläufige Auswertung – weitere Planung". Die Methode der Handlungsforschung gewährleistet eine konsequente Einbeziehung der Praxis durch die Einhaltung folgender Gütekriterien:

- Alltagsbezug
- Transparenz
- Praxisrelevanz
- Interaktion
- Akzeptanz
- Wissenstransfer

3.2.2 Projektverlauf

knüpfung von Theorie und Praxis erfolgte auf mehreren Ebenen:

➢ Die entwickelten Module für die drei Qualitätsdimensionen (Struktur-/Prozess-/Ergebnisqualität) wurden jeweils an alle beteiligten Frühförderstellen verschickt, dort analysiert, bearbeitet und bewertet. Die Auswertung der zurückgesandten Module bildete die Basis für erste Modifikationen.

➢ Parallel zur Arbeit am Handbuch wurde unter Beteiligung der Projektmitarbeiterinnen eine Fortbildungsreihe zum Themenkreis „Qualitätsentwicklung und –sicherung für Frühförderstellen" durchgeführt, deren Ergebnisse in die weitere Modifikation des Handbuches eingeflossen sind.

➢ In ausgewählten Einrichtungen wurden vertiefende Untersuchungen durchgeführt, bei denen die Arbeit der Frühförderstellen vor

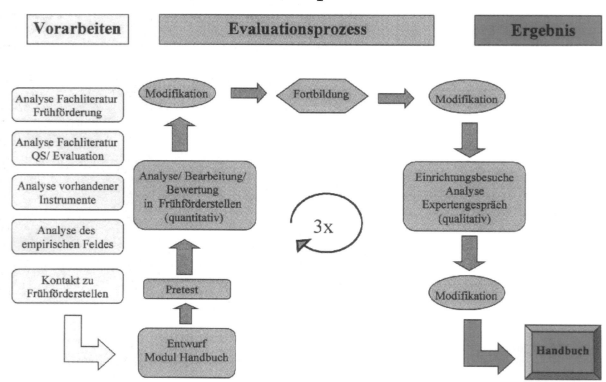

Verlaufsplan

Der Projektverlauf zur Erstellung des Handbuches war im Sinne der Handlungsforschung geprägt durch den intensiven Austausch der Projektmitarbeiterinnen mit Mitarbeiterinnen und Mitarbeitern aus den Frühförderstellen. Die Ver-

Ort analysiert und im Rahmen von Expertengesprächen im Kontext der Qualitätssicherung reflektiert wurde. Auch diese qualitativen Rückmeldungen dienten der weiteren Modifikation.

3.2.3 Literatur

LEWIN, KURT: Die Lösung sozialer Konflikte. Bad Nauheim 1953.

3.3 Evaluationsbereiche und Aufbau des Handbuches

3.3.1 Qualitätsdimensionen

Die verschiedenen Dimensionen der Qualität in Frühförderstellen werden im vorliegenden Handbuch in Anlehnung an Donabedian (1980) in die drei Evaluationsbereiche Struktur-, Prozess- und Ergebnisqualität unterteilt.

3.3.1.1 Strukturqualität

Die Strukturqualität umfasst alle Bereiche der Frühförderung, welche die äußeren Rahmenbedingungen der Arbeit bilden. Mit dem vorliegenden Instrument sollen im Rahmen der Strukturqualität folgende Bereiche evaluiert werden:

1. Konzeption der Einrichtung
2. Rechtsgrundlagen und Finanzierung
3. Räumlichkeiten und Ausstattung
4. Zielgruppen
5. Kontakt zur Einrichtung
6. Außenkontakte
7. Leitung
8. Personalqualität
9. Organisation und Ablauf

3.3.1.2 Prozessqualität

Prozessqualität in einer Frühfördereinrichtung bezieht sich auf die Umsetzung von Handlungskonzepten, d.h. eine gute Prozessqualität bedeutet die wirksame Umsetzung aller diagnostischen, therapeutischen und pädagogischen Methoden und Verfahren der Förderung des Kindes und der Zusammenarbeit mit den Eltern und anderen Einrichtungen und Fachleuten.
Im Rahmen der Prozessqualität werden folgende Bereiche evaluiert:

1. Erstkontakt und Erstgespräch
2. Diagnostik
3. Förderung und Therapie
4. Beziehungsgestaltung mit dem Kind
5. Zusammenarbeit mit den Eltern
6. Kooperation
7. Dokumentation

3.3.1.3 *Ergebnisqualität*

Unter dem Evaluationsbereich Ergebnisqualität ist die Frage nach der Wirksamkeit von Frühförderung, d.h. die Übereinstimmung zwischen den Zielen und den Ergebnissen aller (Förder-) Maßnahmen zu verstehen. Grundsätzlich kann die Ergebnisqualität in der Frühförderung nur multiperspektivisch bestimmt werden, d.h. bei der Beurteilung sind die Erwartungen, Eindrücke und Erfahrungen aller Beteiligten zu berücksichtigen. Im Sinne der Orientierung der Frühförderangebote an den Nutzerinnen und Nutzern muss jedoch zentrales Prüfkriterium für die Leistungen die individuelle Bedürfnislage des Kindes und seiner Familie sein. Unter dieser Prämisse gilt es folgende Ergebnisse zu evaluieren:

1. Kind- und familienbezogene Ergebnisse
2. Arbeitszufriedenheit
3. Kooperationsbezogene Ergebnisse
4. Kostenträgerbezogene Ergebnisse

3.3.2 Grundstruktur des Handbuches

Die jeweiligen Kapitel zu den oben beschriebenen drei Evaluationsbereichen bestehen aus verschiedenen „Bausteinen", die unterschiedliche Funktionen erfüllen:

1. Text

2. Fragen zur Bestandsaufnahme

3. Indikatoren zum Feststellen des Handlungsbedarfs

4. Leitfäden

zu 1:
Jeder Themenbereich wird mit einem Text eingeleitet, der fachlich fundierte Grundlagen zum je-

weiligen Themenbereich liefert und seine Relevanz für die Qualitätsentwicklung und -sicherung in der Frühförderung aufzeigt. Die Texte bilden damit den inhaltlichen Rahmen für die nachfolgenden Fragen und Indikatoren und verdeutlichen deren Sinngehalt.

zu 2:
Die Fragen zur Bestandsaufnahme haben zwei Funktionen. Zum einen kann sich jede Einrichtung durch die Beantwortung der Fragen ein Bild über ihren Ist-Stand im jeweiligen Evaluationsbereich machen. Des weiteren bietet das Vorliegen dieser Informationen eine Grundlage für die Darstellung der Einrichtung nach innen und außen z.B. im Rahmen eines Qualitätsberichtes für die Kostenträger.

zu 3:
Die Einschätzung der Indikatoren auf einer vierstufigen Skala von „trifft zu" bis „trifft nicht zu" soll auf Grundlage der zuvor ermittelten Bestandsaufnahme erfolgen. Sie dient dem Feststellen von Handlungsbedarf, d.h. der Notwendigkeit der konzeptionellen Weiterentwicklung in den jeweiligen Evaluationsbereichen. Gelegentlich wird es vorkommen, dass die Einschätzung der einzelnen Indikatoren sehr unterschiedlich ausfällt. Um dennoch einen Gesamteindruck über den jeweiligen Evaluationsbereich zu erhalten, soll abschließend eine Gesamteinschätzung vorgenommen werden.

Die Indikatoren sind als Entwicklungsziele formuliert, d.h. sie beschreiben einen Idealzustand, der sicherlich teilweise über die Möglichkeiten hinausgeht, die eine Frühförderstelle zum gegebenen Zeitpunkt hat. Aber auch wenn nicht zu erwarten ist, dass die formulierten Entwicklungsziele alle erreichbar sind, ist davon auszugehen, dass eine größtmögliche Annäherung der Leistungen einer Frühförderstelle an diese Zielvorstellungen die Qualität der Frühförderung erheblich verbessern wird.

zu 4:
In den Anhängen der Kapitel 7.3.8 und 7.3.10 befinden sich Leitfäden zu kind-, familien- und kooperationsbezogenen Ergebnissen. Sie sollen als Arbeitshilfen zur Ermittlung der Ergebnisqualität in den jeweiligen Themenbereichen dienen.

3.3.3 Anlagen

In der Anlage des Buches befinden sich ein Fragebogen zur Arbeitszufriedenheit von Mitarbeiterinnen und Mitarbeitern sowie ein Fragebogen zur Elternzufriedenheit (9.1, 9.2). Sie dienen als Arbeitshilfen, um die Ergebnisqualität in den jeweiligen Bereichen zu evaluieren. Außerdem liegen im Anhang Mustervorlagen zur Erstellung einer Stellenbeschreibung, einer Konzeption und eines Organigramms bei (9.3-9.6).

3.3.4 Literatur

DONABEDIAN, AVEDIS.: The Definition of Quality and Approaches to its Assessment and Monitoring, Volume I, Ann Arbor: Health Administration Press. 1980

4. Anwendung des Handbuches

4.1 Prämissen

Zur Sicherung und Entwicklung von Qualität in der Frühförderung bedarf es in erster Linie nicht der Festlegung formal-verfahrenstechnischer Vorgehensweisen, sondern der fachlich-inhaltlichen Formulierung von Maßstäben, Grundprinzipien und Zielen. Aufgrund dieser Voraussetzung handelt es sich bei dem vorliegenden Buch nicht um ein Instrument des Qualitätsmanagements, sondern um ein mehrdimensional angelegtes Handbuch zur Qualitätsentwicklung und -sicherung, das sich auf Strukturen, Prozesse und Ergebnisse in Einrichtungen der Frühförderung bezieht. Hierbei wird gerade im Bereich der Ergebnisevaluation einer multiperspektivischen Herangehensweise unter besonderer Berücksichtigung der Nutzerinnen und Nutzer ein hoher Stellenwert zugemessen.

Einrichtungen, die Qualitätssicherung oder Qualitätsmanagement möglichst formell und mit sehr knapp kalkulierten Ressourcen an Zeit, Personal und Geld abhandeln möchten, sollten daher auf andere Instrumente zurückgreifen.

Das vorliegende Handbuch ist ein Instrument zur Selbstevaluation, welche durch Moderation oder Supervision extern begleitet werden kann und soll. Die Praktikerinnen und Praktiker in den Einrichtungen sollen mit diesem Instrument als Expertinnen und Experten in eigener Sache in die Lage versetzt werden, Prozesse der Qualitätsentwicklung und -sicherung in ihren Einrichtungen zu initiieren und umzusetzen.

Wichtige Voraussetzung hierfür ist, dass alle beteiligten Mitarbeiterinnen und Mitarbeiter über ihre Erwartungen und Ziele aber auch Probleme, Skepsis oder Ängste offen sprechen können ohne negative Sanktionen befürchten zu müssen. Eine solche Atmosphäre ist Voraussetzung für einen längerfristigen, zielgerichteten Austauschprozess in der Einrichtung.

Das Instrument erfordert in der Anwendung eine intensive Auseinandersetzung mit allen Aspekten der Arbeit einer Frühförderstelle in den Dimensionen der Struktur-, Prozess-, und Ergebnisqualität. Dabei muss die Position der Frühförderung und ihre Vernetzung im Kontext des Systems der Behindertenhilfe beachtet werden. Neuerungen, und gerade Initiativen im Bereich der Qualitätssicherung, die oftmals einseitig im Kontext von Kostensenkung und Mittelkürzung gesehen werden, erwecken häufig Misstrauen und Widerstände. Die Vorteile einer systematischen Befassung mit der Thematik für die Arbeit in der Einrichtung können noch so oft theoretisch dargestellt und erläutert werden, oftmals erschließen sie sich dennoch erst im Verlauf des Prozesses. Die Anwendung des Handbuches geht einher mit unterschiedlichen gruppendynamischen Prozessen, da alle Mitarbeiterinnen und Mitarbeiter sowie die Nutzerinnen und Nutzer in den Prozess eingebunden werden sollen. Daher ist davon auszugehen, dass eine Frühförderstelle mit dem vorliegenden Instrument nicht nur die Qualität der Einrichtung und ihrer Arbeit evaluiert, sondern diese sich durch das Befassen mit der Thematik und der Anwendung des vorliegenden Instruments bereits weiterentwickelt.

4.2 Einsatzbereiche

Das Instrument ermöglicht es Einrichtungen der Frühförderung, systematisch Fragen zu Qualität und Entwicklung ihrer Arbeit zu klären:

- Wo stehen wir momentan mit unserer Arbeit (inhaltlich, konzeptionell etc.)?
- Welche Standards sind für unsere Arbeit maßgeblich?
- Wo liegen die besonderen Stärken unserer Arbeit?
- Wo liegen unsere Schwachstellen, wo ist der dringendste Handlungsbedarf?
- Wo können wir zur Verbesserung der Qualität unserer Arbeit ansetzen?
- Wohin möchten wir unsere Arbeit entwickeln?
- Welche Faktoren begünstigen unsere Arbeit?
- Welche Faktoren hemmen uns in der Entwicklung?

Der Aufbau des Handbuches mit Text, Bestandsaufnahme und Indikatoren zum Feststellen des Handlungsbedarfes legt bereits drei mögliche Anwendungsbereiche offen:

- Die einführenden fachlich fundierten Texte liefern Argumentationshilfen für Verhandlungen mit Kostenträgern und Ämtern.

- Die Fragebögen zur Bestandsaufnahme ermöglichen zum einen eine Ist-Stand-Analyse und damit den Einblick in die augenblicklichen Position der Einrichtung sowie ihre Voraussetzungen und Ressourcen. Dieser IST-Stand kann dann Mitarbeiterinnen und Mitarbeitern sowie Nutzerinnen und Nutzern transparent gemacht werden. Zum zweiten vereinfacht die Bearbeitung der Fragen die Formulierung von Qualitätsberichten für Kostenträger.

- Durch die Auseinandersetzung mit den Indikatoren zum Feststellen des Handlungsbedarfes kann ein wichtiger Schritt über die reine Ist-Stand-Analyse hinaus getan werden, denn das Handbuch ist nicht nur ein Erhebungs- sondern vor allem auch ein Entwicklungsinstrument. Hier geht es darum, Entwicklungspotentiale und -notwendigkeiten herauszuarbeiten und so die eigene Arbeit weiterzuentwickeln.

Weitere Einsatzmöglichkeiten ergeben sich in folgenden Bereichen:

- Mit dem Instrument können inhaltliche und konzeptionelle Grundlagen geschaffen werden, sowohl für die Darstellung nach außen, für Leistungsvereinbarungen mit Kostenträgern sowie für die einrichtungsinterne Erstellung von Ablaufbeschreibungen und der Formulierung von Verfahrenswegen, Stellenbeschreibungen und ähnlichen Dokumenten.

- Die Anwendung des Handbuches bzw. dessen Bearbeitung kann die Einarbeitung neuer Mitarbeiterinnen und Mitarbeiter erleichtern, da viele Informationen systematischer vermittelt werden können und so neue Fachkräfte schneller einen Einblick in Organisation und Arbeitsweise der Einrichtung erhalten.

- Durch den Vergleich mehrerer Evaluationsergebnisse in zeitlichen Abständen ist es möglich, einen Einblick in die Entwicklung der Arbeit zu erhalten, Verbesserungen festzustellen und Fehlentwicklungen entgegenzuwirken.

4.3 Vorgehen

Die Anwendung des Instrumentes erfordert je nach Intention der Einrichtung, aber auch abhängig von ihrer Größe und Struktur unterschiedliche Vorgehensweisen. Zunächst muss Einigung über die Zielvorstellungen, die mit der Anwendung des Instrumentes verknüpft sind erreicht werden. Mögliche Zielvorstellungen sind beispielsweise:

- einmalige Schwachstellenanalyse
- Auseinandersetzung mit einzelnen Bereichen der Arbeit (z.B. Kooperation)
- Bestandsaufnahme zum externen Qualitätsnachweis
- Beginn eines langfristigen Qualitätssicherungs-, -entwicklungs- und -managementprozesses

Klare Zielformulierung sind zum einen wichtig, um unrealistische Erwartungen oder unreflektierte Interventionen zu vermeiden, zum anderen, um in einem späteren Vergleich tatsächlich erkennen zu können, welche Veränderungen mit welchen Konsequenzen stattgefunden haben.
Sind diese Vorstellungen geklärt, so gilt es je nach Größe und Struktur der Einrichtung zu überlegen, ob es notwendig und sinnvoll ist eine Steuerungsgruppe oder eine Qualitätsbeauftragte bzw. einen Qualitätsbeauftragten einzusetzen, oder ob dieser Schritt bspw. bei sehr kleinen Einrichtungen mit wenigen Mitarbeiterinnen oder Mitarbeitern überflüssig ist. Die weiteren zu fällenden Entscheidungen, die gegebenenfalls in der Steuerungsgruppe diskutiert werden, betreffen:

- die verbindliche Festlegung eines zeitlichen Rahmens für den Evaluationsprozess
- die Kalkulation des materiellen, personellen und zeitlichen Aufwandes
- die Festlegung des Kostenrahmens
- die Konzeption eines Verlaufsplanes
- der Beginn der systematischen Informationssammlung mit Hilfe des vorliegenden Instrumentes, Sichtung bereites existierender Dokumente (z.B. Konzeption, Stellenbeschreibungen etc.)

Bei der Anwendung des Instrumentes ist es empfehlenswert, sich im Evaluationsprozess am Aufbau des Instrumentes im Dreischritt „Text – Bestandsaufnahme – Indikatoren zum Feststellen des Handlungsbedarfes" zu orientieren. So kann im ersten Schritt die fachliche Orientierung erfolgen, aufgrund derer der Ist-Stand analysiert werden kann. Erst darauf aufbauend ist ein sinnvolles Ermitteln von Handlungsnotwendigkeiten und daraus folgend die Bestimmung des vorrangigen Veränderungsbedarfes möglich.
Ist diese Bestimmung erfolgt, sollten zur Planung der entsprechenden Interventionen folgende Fragestellungen berücksichtigt werden:

- Welche Maßnahmen müssen kurz-, mittel- und langfristig ergriffen werden, um die angestrebten Ziele zu erreichen?
- In welche konkreten Handlungsschritte lassen sich die geplanten Maßnahmen gliedern?

- Von welchen internen und externen Voraussetzungen sind die angestrebten Ziele abhängig?
- Wie und von wem können diese Voraussetzungen unmittelbar beeinflußt werden?
- Welche Schritte können/müssen sofort unternommen werden?
- Wer muss innerhalb und außerhalb der Einrichtung zusätzlich informiert werden?
- Welche Widerstände sind von wem aus welchen Gründen zu erwarten? Wie kann damit umgegangen werden?
- Wer übernimmt konkret welche Aufgaben?
- Welche Schritte sollten bis wann vollzogen werden?
(vgl. Schwarte; Oberste-Ufer 1997)

Zu beachten ist grundsätzlich, dass Qualitätssicherung und -entwicklung prinzipiell prozesshaft sind. Daraus folgt, dass nach der Ermittlung von Handlungsnotwendigkeiten und entsprechenden Interventionen kein Abschluss des gesamten Prozesses, sondern nur eines Teilbereiches stattfindet. Erreichte Ziele müssen gesichert, andere weiterverfolgt werden etc. Um diesen Herausforderungen gerecht zu werden, bieten sich verschiedene Möglichkeiten an, die sich gegenseitig nicht ausschließen:

- die gesamte Evaluation wird in bestimmten zeitlichen Abständen (z.B. alle zwei Jahre) wiederholt
- als vordringlich erkannte Problembereiche werden speziell in regelmäßigen Abständen überprüft
- eine alltagsbegleitende Kontrolle in Form von Tagesprotokollen, Berichten etc. wird institutionalisiert.

4.3.1 Literatur

SCHWARTE, NORBERT; OBERSTE-UFER, RALF: LEWO, Lebensqualität in Wohnstätten für erwachsene Menschen mit geistiger Behinderung. Marburg 1997.

5. Evaluationsbereich Strukturqualität

Der Begriff der Strukturqualität umfasst alle Elemente, welche die Rahmenbedingungen der Arbeit einer Einrichtung ausmachen, d.h. die finanziellen, materiellen und personellen Ressourcen. Ermittelt und dokumentiert man die Bestandteile von Strukturqualität, so erhält man ein Bild der grundlegenden Bedingungen, unter denen die Förderung der Kinder und die Arbeit mit den Familien stattfindet. Die Strukturqualität einer Frühförderstelle setzt sich aus mehreren Einzelkomponenten zusammen. Dazu zählen die Organisationsstruktur, die räumliche und materielle Ausstattung der Einrichtung, die Teamzusammensetzung, die Leitung, aber auch die Kooperation mit externen Fachkräften und Institutionen. Ebenfalls wichtige Bestandteile sind Informationspolitik und Öffentlichkeitsarbeit der Frühfördereinrichtung.

Im Bereich der Strukturqualität zeigt das Feld der Frühförderung ein ausgesprochen heterogenes Bild. Abhängig von den Trägerverbänden, der Größe, der Lage (städtisch oder ländlich), den kommunalen Kostenträgern, der Qualifikation des Personals und der Geschichte der jeweiligen Einrichtung liegt hier eine große Vielfalt vor. Dennoch gibt es konzeptionelle Grundlagen, die unabhängig von der Individualität der einzelnen Einrichtung eine feste Basis für das fachliche Handeln bieten (vgl. Peterander 1996). So erfordert zum Beispiel das ganzheitliche Vorgehen beim Planen und Durchführen der Förderung die interdisziplinäre Zusammenarbeit verschiedener Berufsgruppen aus den Bereichen der Pädagogik, der Sozialpädagogik, der Medizin, der Psychologie etc. Die Gewährleistung dieser Multidisziplinarität, zum Beispiel durch unterschiedliche berufliche Qualifikationen der Mitarbeiterinnen und Mitarbeiter einer Einrichtung, ist ein essentieller Bestandteil von Strukturqualität.

Ebenso verhält es sich mit dem Bereitstellen mobiler und ambulanter Förderdienste. Um im Einzelfall passende Angebote machen zu können, müssen beide Möglichkeiten der Dienstleistung gewährleistet sein.

Die strukturellen Voraussetzungen einer Einrichtung zu ermitteln ist sicherlich arbeitsintensiv, birgt aber inhaltlich wenige Schwierigkeiten. Interessanter und zugleich problematischer ist die Frage, was denn eine gute Strukturqualität ausmacht und wie diese entwickelt bzw. gesichert werden kann.

Wichtig hierbei ist es, Strukturen zu entwickeln oder zu sichern, welche es ermöglichen, die trotz aller individuellen Unterschiede festen Leitlinien des Konzepts Frühförderung – Ganzheitlichkeit, Interdisziplinarität, Familienorientierung, Regionalisierung und Hilfe zur Selbsthilfe – umzusetzen. Dies festzustellen und gegebenenfalls Handlungsnotwendigkeiten ableiten zu können, ist mit der Bearbeitung der Erhebungsbögen zur Strukturqualität möglich. Anhand dieser Bögen ist es in einem ersten Schritt möglich, sich des Ist-Standes zu versichern, um in einem zweiten Schritt aus den Indikatoren zum Feststellen von Handlungsnotwendigkeiten Schlussfolgerungen abzuleiten. Zwar garantieren gute strukturelle Voraussetzungen noch keine qualitativ hochwertige Förderarbeit, mangelhafte strukturelle Bedingungen aber erschweren und behindern die Arbeit mit den Kindern und ihren Familien nachhaltig. Die Kompensation struktureller Defizite zum Beispiel durch besonders hohen Einsatz von Seiten der Mitarbeiterinnen und Mitarbeiter verbrennt Energie, die an anderen Stellen des Prozesses Frühförderung sinnvoller genutzt werden könnte.

Die Strukturqualität hat also einen hohen Einfluss auf die Qualität der Frühförderprozesse und damit auch auf die Qualität der Ergebnisse.

Literatur

PETERANDER, FRANZ: Neue Fragen zu einem alten Thema: Qualitätssicherung und -entwicklung in der Frühförderung. In: Opp, Günther; Freytag, Andreas; Budnik, Ines (Hg.): Heilpädagogik in der Wendezeit. Luzern 1996c, 90-103.

5.1 Angaben zur Einrichtung

Unter Angaben zur Einrichtung werden grundsätzliche Daten wie der Standort, die Größe, die Dauer des Bestehens und der Träger der Einrichtung verstanden.
Bereits hier zeigen sich wichtige Unterschiede beispielsweise zwischen den Einrichtun-

> gen in kreisfreien Städten und solchen in Landkreisen (vgl. Gawlik 1991) und natürlich zwischen Einrichtungen unterschiedlicher Größe.

An dieser Stelle wird zunächst nach diesen grundsätzlichen Daten gefragt, während wichtige Einzelaspekte wie zum Beispiel die Größe des Einzugsgebietes und die Anbindung an den ÖPNV in Kapitel 5.6 thematisiert werden. Daher entfallen zu diesem Bereich auch die Indikatoren zum Feststellen des Handlungsbedarfs.

5.1.1 Literatur

GAWLIK, MARION: Frühförderstellen in Nordrhein-Westfalen. Erste Ergebnisse einer Einrichtungsbefragung. In Frühförderung Interdisziplinär, 10, 1991, 122-133.

5.1.2 Bestandsaufnahme

1. **Genaue Bezeichnung und Name der Einrichtung:**

   ....
   ....

2. **Anschrift der Einrichtung:**

   ....
   ....

3. **Träger der Einrichtung:**

   ....
   ....

4. **Welchem Dach-/ Fachverband gehört die Einrichtung über ihren Träger an?**

   ....
   ....

5. **Seit wann besteht die Einrichtung?**

   Seit ....

6. **Anzahl der Beschäftigten insgesamt** ....
   Fachkräfte ....
   Verwaltungsangestellte ....
   Sonstige ....

7. **Gesamtes Stellenkontingent** *(Angaben in Stunden)*

   ....

8. **Anzahl der betreuten Familien pro Woche insgesamt** *(Findet die Betreuung einer Familie mehrmals in der Woche statt, bitte entsprechend mehrmals zählen)*

   ....

9. **Ist die Einrichtung an eine bestimmte Institution angebunden** *(z.B. Schule, WfB etc.)*?

   ❏ ja   ❏ nein

   Wenn ja, an welche (Bezeichnung, nicht Name)?

   ....

10. **Größe des Ortes, an dem die Frühförderstelle eingerichtet ist**

    .... (Einwohnerzahl)

11. **Größe des Einzugsbereiches**

    .... (Einwohnerzahl)

12. **In welchem Umfeld bzw. an welchem Standort befindet sich die Einrichtung** *(z.B. Wohngebiet, Gewerbegebiet? Wer nutzt oder bewohnt außer der Einrichtung das Gebäude etc.)*?

    ....
    ....
    ....

5.2 Konzeption

Die Qualität der Arbeit in Frühförderstellen ist abhängig von den konzeptionellen Vorstellungen der Mitarbeiterinnen und Mitarbeiter, denn diese leiten das fachliche Handeln. Es ist notwendig, dass sich alle Mitarbeiterinnen und Mitarbeiter einer Einrichtung über Ziele und Motivationen der Arbeit, sowie über Förder-, Kooperations- und Beratungskonzepte verständigen. Die inhaltlichen Leitgedanken sowie die Organisationsstrukturen, innerhalb derer diese verwirklicht werden sollen, müssen als Konzept schriftlich fixiert werden. Die Darstellung der Konzeption sollte in einer sorgfältig ausgearbeiteten Broschüre erfolgen.

Die Qualität der Arbeit in Einrichtungen der Frühförderung ist abhängig von konzeptionellen Vorstellungen der Mitarbeiter und Mitarbeiterinnen, denn diese leiten ihr fachliches Handeln. Die Konzepte der Frühförderung haben sich seit ihrem Bestehen stetig gewandelt. Im Rahmen dieser Entwicklung erfolgte die Ablösung funktioneller defizitorientierter Föderansätze durch Konzepte, die unter dem Aspekt der Ganzheitlichkeit die Eigenkompetenz und Selbstgestaltungsfähigkeit des Kindes in den Vordergrund stellen (vgl. Kautter u.a. 1995). In der Zusammenarbeit mit den Eltern hat eine Entwicklung stattgefunden von expertendominierten Ansätzen (Laienmodell, Ko-Therapie-Modell) in Richtung partnerschaftlicher Modelle, welche die Autonomie und Kompetenz der Eltern stärken (Kooperationsmodell, Empowerment). Darüber hinaus wurden kindzentrierte bzw. auf die Mutter-Kind-Dyade bezogene Förderansätze in Richtung einer familienorientierten, systemisch-ökologischen Frühförderung ausgeweitet (vgl. Schlack 1989; Speck 1991a).

Vor dem Hintergrund dieser Entwicklungen und der verschiedenen Fachdisziplinen, die in der Frühförderung tätig sind, ist die Arbeit der Frühförderung durch eine Konzeptvielfalt geprägt, welche die Beschreibung einer einheitlichen fachlichen Vorgehensweise schwierig macht. (Unbewusste) Unterschiede in persönlichen Vorstellungen und Zielen der Mitarbeiterinnen und Mitarbeiter erschweren die Entwicklung eines konzeptionellen Profils zusätzlich.

Vor diesem Hintergrund ist es erforderlich, dass sich alle Mitarbeiterinnen und Mitarbeiter über persönliche Ziele und Motivationen ihrer inhaltlichen Arbeit sowie über ihre Vorstellungen bezüglich Förder-, Kooperations- und Beratungskonzepten verständigen und ein gemeinsames fachliches Konzept entwickeln, welches den Rahmen für die individuelle Ausgestaltung der Förderung bildet. Neben den zentralen Leitgedanken Familienorientierung, Ganzheitlichkeit, Interdisziplinarität, Kooperation und ökologische Orientierung sollte ein solches Konzept auch Aussagen zum Leitbild der Einrichtung, d.h. über die anthropologische Grundorientierung, zum Verständnis von Behinderung, zur Situation von Familien mit behinderten Angehörigen, zum Selbstverständnis und zu den Zielen der Arbeit umfassen. An der Entwicklung des Leitbildes sind möglichst alle Mitarbeiter und Mitarbeiterinnen zu beteiligen, um zu gewährleisten, dass sich alle mit diesem Leitbild identifizieren können (vgl. Schädler 1999).

Zur Entwicklung und Dokumentation der Konzepte der Arbeit lassen sich verschiedene Verfahren einsetzen, die sicher viele Frühfördereinrichtungen in unterschiedlichen Formen wie Dienstbesprechungen, Teambesprechungen, Teamkonzepten, Projektgruppen oder Arbeitskreisen bereits praktizieren. Dabei ist zu unterscheiden zwischen Verfahren, die eher organisatorischen Zielen dienen und Verfahren, die sich im engeren Sinne mit inhaltlich-methodischen Aspekten der pädagogischen und therapeutischen Tätigkeit auseinandersetzen.

Im Rahmen dieser Verfahren sind gemeinsame konzeptionelle Überlegungen vorzunehmen, und es ist zu klären, wie diese in den Einrichtungen umgesetzt werden können. Dieser Prozess bedarf einer systematischen Planung sowie einer regelmäßigen Überprüfung, ob und in welchem Maße das Leitbild bzw. das Konzept der Frühförderstelle aufgrund neuer Entwicklungen verändert werden muss.

Wichtig für die Qualitätsentwicklung und -sicherung von Strukturen einer Frühförderstelle ist, dass sie ihre fachlich-inhaltlichen Leitgedanken und Vorgehensweisen sowie die Organisationsstrukturen (vgl. 5.10), innerhalb derer sie diese Inhalte umsetzen möchte, als Konzept schriftlich formuliert hat. Die Darstellung sollte nach Möglichkeit in Form einer kleinen, übersichtlich gestalteten und klar formulierten Broschüre vorliegen. Sinnvoll ist auch eine Ergänzung durch Videofilme oder andere audiovisuelle Medien. Die schriftliche Konzeption macht Leitziele und Arbeitsweisen einer Frühförderstelle für Eltern und „Nachbar"- Einrichtungen transparent und bietet darüber hinaus eine grundlegende Orientierung für das Handeln der Einrichtung und eine verpflichtende Richtschnur für alle Mitarbeiter und Mitarbeiterinnen einschließlich der Leitung. Angesichts zunehmender Tendenzen hin zu Markt und Wettbewerb erhält ein formuliertes Konzept und Leitbild auch für die Präsentation der Frühförderstelle nach außen, d.h. gegenüber Politik und Kostenträgern sowie gegenüber der interessierten Öffentlichkeit eine wichtige Selbstdarstellungsfunktion. Für die Entwicklung sowie regelmäßige Überprüfung und Veränderung der Konzeption unter Beteiligung aller Mitarbeiterinnen und Mitarbeiter müssen entsprechende zeitliche und finanzielle Ressourcen bereitgestellt werden.

5.2.1 Literatur

BUNDESVEREINIGUNG LEBENSHILFE (Hg.): Leistungsvereinbarungen für Frühförderstellen. Marburg 1996.

BUNDESVEREINIGUNG LEBENSHILFE (Hg.): Frühe Hilfen. Frühförderung aus Sicht der Lebenshilfe. Marburg 1997.

KAUTTER, HANS J.; KLEIN, GERHARD; LAUPHEIMER, WERNER; WIEGAND, HANS-SIEGFRIED: Das Kind als Akteur seiner Entwicklung. Idee und Praxis der Selbstgestaltung in der Frühförderung entwicklungsverzögerter und entwicklungsgefährdeter Kinder. Heidelberg 1995.

PETERANDER, FRANZ: Neue Wege zu einem alten Thema: Qualitätssicherung und -entwicklung in der Frühförderung. In: Opp, Günther; Budnik, Ines; Freytag, Andreas (Hg.): Heilpädagogik in der Wendezeit. Luzern 1996c, 90-101.

SCHÄDLER, JOHANNES: Qualitätssicherung und Organisationsentwicklung in Einrichtungen und Diensten für Menschen mit geistiger Behinderung. Unveröff. Manuskript 1999.

SCHLACK, HANS G.: Paradigmawechsel in der Frühförderung. In: Frühförderung Interdisziplinär, 8, 1989, 13-18.

SPECK, OTTO: Konzeptionelle Entwicklungslinien im System der Frühförderung. In: Trost, Rainer; Walthes, Renate (Hg.): Frühe Hilfen für entwicklungsgefährdete Kinder. Frankfurt 1991a, 17-24.

5.2.2 Bestandsaufnahme

1. Liegt in der Einrichtung eine schriftliche Konzeption vor?

❏ ja   ❏ nein

Wenn ja,

Wie viele Seiten umfasst die Konzeption?   .... Seiten/ DIN A ....

Wann wurde die Konzeption zum letzten Mal aktualisiert?   vor .... Monaten/Jahren

2. Welche Mitarbeiter/innen sind an der Entwicklung der Konzeption beteiligt?

....
....
....
....

3. Liegt die Konzeption in Form eines Videofilms vor?

❏ ja   ❏ nein

Wenn ja, wie lange dauert der Film?

.... Min

4. Welche andere Präsentationsformen der Konzeption liegen vor?

....
....
....
....

5.2.3 Indikatoren zum Feststellen des Handlungsbedarfs

	Trifft zu	Trifft eher zu	Trifft eher nicht zu	Trifft nicht zu
Den Leistungsangeboten und Arbeitsweisen der Frühförderstelle liegen sorgfältig ausgearbeitete schriftliche Konzepte zugrunde.	❑	❑	❑	❑
Die Konzepte orientieren sich an den fachlichen Leitlinien, den Rahmenvorgaben des Trägers sowie den gesicherten Ergebnissen der einschlägigen Forschung.	❑	❑	❑	❑
In der Konzeption gibt es Aussagen zum Leitbild der Einrichtung wie das zugrundeliegende Menschenbild und das Selbstverständnis.	❑	❑	❑	❑
Die Konzeption der Einrichtung liegt in Form einer klar formulierten Broschüre vor und ist für alle Interessierten (Eltern, Nachbareinrichtungen, Öffentlichkeit usw.) leicht zugänglich.	❑	❑	❑	❑
Die Konzeption der Einrichtung liegt in Form von Videofilmen oder anderen audiovisuellen Medien vor.	❑	❑	❑	❑
An konzeptionellen Entwicklungen und an der Entwicklung des Leitbildes sind alle Mitarbeiter und Mitarbeiterinnen beteiligt.	❑	❑	❑	❑
Das Konzept und das Leitbild der Einrichtung werden regelmäßig überprüft und ggf. verändert.	❑	❑	❑	❑
Gesamteinschätzung Den Arbeitsweisen in der Einrichtung liegt eine unter Beteiligung aller Mitarbeiterinnen und Mitarbeiter sorgfältig entwickelte Konzeption zugrunde, die regelmäßig überprüft wird und allen Interessierten zugänglich ist.	❑	❑	❑	❑

5.3 Rechtsgrundlagen und Finanzierung

Die gesetzlichen Grundlagen bilden das finanzielle Fundament der Frühförderung. Sie werden lediglich ergänzt durch einige sogenannte freiwillige Leistungen. Im Kontext der Bemühungen der öffentlichen Hand, finanzielle Ausgaben zu begrenzen, gewinnen die gesetzlichen Grundlagen an Bedeutung und beeinflussen wesentlich die Qualität der Ausgestaltung der Angebote der Frühförderung. Für die Maßnahmen der unterschiedlichen Fachdisziplinen spielen unterschiedliche Gesetze und Kostenträger eine Rolle. Vor dem Hintergrund der Einführung des prospektiven Vergütungssystems nimmt die Überprüfung von Ausgaben und Einnahmen einer Frühförderstelle sowie deren Verwendung an Bedeutung zu.

5.3.1 Gesetze

Die Finanzierung *medizinisch–therapeutischer Maßnahmen* erfolgt auf Grundlage des Sozialgesetzbuches (SGB) V, in das die ehemaligen Bestimmungen der Reichsversicherungsordnung (RVO) aufgegangen sind. Hierunter fallen alle Frühförderleistungen, die durch ärztliche Fachkräfte oder auf ärztliche Verordnung durch medizinisch–therapeutische Fachkräfte (Krankengymnasten/innen, Ergotherapeuten/innen, Logopäden/innen) durchgeführt werden. Ihre Leistungen sind nach § 32 SGB V Heilmittelleistungen, erbracht durch Personen aufgrund einer Verordnung vom Arzt und sind somit über die Krankenkassen abrechenbar. Die Zulassungskriterien und Vergütungsregelungen sind in §§ 124f. SGB V geregelt.

Keine generelle Anerkennung, jedoch eine Krankenkassenfinanzierung nach ärztlicher Verordnung in Einzelfällen, gibt es für weitere therapeutische Leistungen wie Psychomotorik, therapeutisches Reiten und Musiktherapie.

Frühförderung durch *Sozialpädiatrische Zentren* (SPZ)

Die gesetzliche Grundlage für die Zulassung und Finanzierung von SPZ wurde erstmalig mit dem Gesundheitsreformgesetz (GRG) 1988 im SGB V geschaffen. Damit wurde auch eine Abgrenzung der Arbeitsaufträge von SPZ und Frühförderstellen festgelegt. Gemäß § 119 SGB V ist der gesetzliche Behandlungsauftrag von SPZ auf „diejenigen Kinder auszurichten, die wegen der Schwere oder Dauer ihrer Krankheit oder einer drohenden Krankheit nicht von geeigneten Ärzten oder in geeigneten Frühförderstellen behandelt werden können. Die Zentren sollen mit den Ärzten und den Frühförderstellen eng zusammenarbeiten" (GStruktG Art. 1, § 119 – SGB V). Die interdisziplinäre Arbeit im SPZ wird im § 43a SGB V gesetzlich abgesichert: „Versicherte Kinder haben Anspruch auf nichtärztliche sozialpädiatrische Leistungen, insbesondere auf psychologische, heilpädagogische und psychosoziale Leistungen, wenn sie unter ärztlicher Verantwortung erbracht werden und erforderlich sind, um eine Krankheit zum frühestmöglichen Zeitpunkt zu erkennen und einen Behandlungsplan aufzustellen."

Pädagogische Förderung

Die Rechtsgrundlage für die pädagogische Frühförderung bildet die „Eingliederungshilfe für Behinderte". Auf *heilpädagogische Maßnahmen* für Kinder im noch nicht schulpflichtigen Altern gibt es bundesweit einen Rechtsanspruch nach dem Bundessozialhilfegesetz (§§ 39f. Abs. 1 Nr. 2a BSHG). Voraussetzung für die Inanspruchnahme der Eingliederungshilfe ist neben der Vermeidung oder Milderung einer Behinderung auch das Lindern ihrer Folgewirkungen, d.h. die Hilfe ist ausdrücklich *unabhängig* von einem bestehenden Leistungsstand oder einer zu erwartenden Verbesserung von Fähigkeiten definiert. Die Beratung der Eltern wird durch den § 8 BSHG als „persönliche Hilfe" gesetzlich geregelt.

Mit dem Inkrafttreten des geänderten Kinder- und Jugendhilfegesetz (*KJHG*) 1992 haben sich die gesetzlichen Zuständigkeiten für die Eingliederungshilfe dahingehend verändert, dass seelisch behinderte und von Behinderung bedrohte Kinder in den Zuständigkeitsbereich der Jugendhilfe wechselten. Für die Frühförderung bringt diese Änderung das Problem mit sich, bei Kindern im Vorschulalter eine Differenzierung vornehmen zu sollen, die nach fachlichen Kriterien angesichts der vielfältigen Erscheinungsbilder von Beeinträchtigungen nicht möglich ist und sich unter dem Anspruch von Ganzheitlichkeit verbietet. Im Rahmen einer bis auf unbestimmte Zeit verlängerten Übergangsvorschrift werden in einigen Bundesländern (so auch in NRW) ambulante Leistungen der Eingliederungshilfe auch für Kinder mit seelisch bedingten Entwicklungsauffälligkeiten im Vorschulalter weiterhin dem BSHG zugeordnet und über die örtlichen Sozialhilfeträger finanziert.

Wesentliche Veränderungen im Hinblick auf die Rechts- und damit Finanzierungsgrundlagen wurden mit den Änderungen des § 93 BSHG mit Wirkung zum 01. Januar 1999 vorgenommen. Danach sind Kostenerstattungen nur noch bei einer abgeschlossenen Vereinbarung zwischen Kosten- und Einrichtungsträger zulässig, die sich in

- Leistungsvereinbarung (Festlegung von Inhalt, Umfang und Qualität der Leistungen)
- Vergütungsvereinbarung und
- Prüfungsvereinbarungen (mit Kriterien zur Überprüfung der Wirtschaftlichkeit und Qualität der Leistungen)

untergliedert.

5.3.2 Finanzierung

Eine grundlegende Voraussetzung für die erforderliche fachliche Qualität der aufeinander abzustimmenden interdisziplinären Maßnahmen in der Frühförderung ist eine kostendeckende Finanzierung. Frühförderung kann nur dann wirkungsvoll arbeiten, wenn alle konzeptionellen Inhalte, d.h. alle für das einzelne Kind und seine Familie notwendigen frühen Hilfen und die zu ihrer Verwirklichung erforderlichen Rahmenbedingungen finanziell abgesichert sind. Dazu gehören insbesondere auch die Kosten für mobile Frühförderung sowie die Gewährleistung, dass für die Familien keine Wartezeiten zu Beginn der Frühförderung entstehen.

Während der Anspruch auf Finanzierung von Frühförderung im Hinblick auf die Maßnahmen für das Kind unstrittig ist, ist die Finanzierung z.B. der Beratung der Eltern, der Fahrtkosten, der Kosten der Vor- und Nachbereitung, der Teambesprechungen, der Kooperation mit anderen Diensten und Einrichtungen, der Fortbildung und Supervision, der Dokumentation sowie der Leitung und Verwaltung oft (noch) nicht im notwendigen Umfang anerkannt. Dieses liegt u.a. daran, dass nur ein Rechtsanspruch auf einzelne Leistungen besteht, während die ganzheitliche, interdisziplinäre Konzeption der Frühförderung keine eindeutige rechtliche Grundlage hat.

Die unterschiedlichen gesetzlichen Grundlagen für die verschiedenen interdisziplinären Maßnahmen bedingen eine „mehrdimensionale" Finanzierung von Frühförderung. Die medizinisch-therapeutischen, d.h. krankengymnastischen, logopädischen und ergotherapeutischen Maßnahmen sind durch die zuständigen Krankenkassen zu vergüten. Die pädagogische Frühförderung ist als übergreifende Förderung, die den motorischen, perzeptiven und psychosozialen Bereich umfasst, die wechselseitige Bedingtheit der einzelnen Funktionsbereiche berücksichtigt und sich an der Gesamtpersönlichkeit des Kindes orientiert, durch den örtlichen Träger der Sozialhilfe zu finanzieren. Darüber hinaus sind die Beratung und Anleitung der Eltern sowie die Anregung zur Elternselbsthilfe durch den Sozialhilfeträger zu finanzieren. Allen Fachleuten, die in der Frühförderung arbeiten, wohlbekannt sind die Probleme, die sich aus dieser Mischfinanzierung durch unterschiedliche Kostenträger (Krankenkassen, örtlicher Sozial- bzw. Jugendhilfeträger, Eigenmittel der Einrichtungsträger, Spendengelder) ergeben. Das BSHG zur Finanzierung der pädagogischen Förderung ist zwar sehr umfassend, arbeitet aber nach dem Prinzip der Nachrangigkeit. Eine grundlegende Schwierigkeit liegt in der Abgrenzung zwischen dem, was als medizinisch-therapeutisch bzw. pädagogisch-fördernd zu bezeichnen ist. Hier gibt es eine Vielzahl von Grauzonen und fließenden Übergängen, mit denen in der Praxis sehr unterschiedlich umgegangen wird (vgl. Brackhane; Schluz 1990).

Im Rahmen der *kommunalen Selbstverwaltung* (Artikel 28, Abs. 2 GG) werden die Finanzierungsvereinbarungen mit den örtlichen Kostenträgern autonom gestaltet. Vor diesem Hintergrund arbeiten Frühförderstellen in NRW entsprechend der unterschiedlichen regionalen und organisatorischen Strukturen mit sehr verschiedenen Finanzierungssystemen, d.h. je nach Entstehungshintergrund der Einrichtung, ihrem Leistungsspektrum und ihrer strukturellen Verankerung wird unterschiedlich abgerechnet.

Für die Gewährleistung einer einheitlichen, qualitätsorientierten und transparenten Finanzierungsregelung für alle Frühförderstellen in NRW sind Rahmenvereinbarungen erforderlich, welche durch die Rechtsgrundlagen nicht geschlossene Lücken abdecken und eine Orientierung für die (Kosten-)Träger bieten.

Was ist in der Frühförderung zu finanzieren?

Die laufenden Betriebskosten einer Frühförderstelle ergeben sich aus inhaltlichen und organisatorischen Elementen. Neben den inhaltlichen Tätigkeiten und den verwaltungsmäßigen Leistungen sind auch Aufwendungen zu berücksichtigen, die als Voraussetzungen für die fachliche Arbeit erforderlich sind. Folgende Kostenfaktoren sind dabei u.a. zu beachten: Beschaffen von Spielmaterial sowie Fach- und Elternliteratur, Fahrzeiten, Vor- und Nachbereiten, Koordinierungsgespräche, Erstellen und laufendes Überprüfen des Förderkonzepts der einzelnen Kinder, Erstellen von Berichten, Besuche bei niedergelassenen Ärzten, Therapeuten und Behörden sowie Absprachen mit Nachbar- und Übernahmeeinrichtungen, Fortbildung.

Allgemeine und feste Kostenfaktoren

Um ausreichende Rahmenbedingungen für eine wirkungsvolle interdisziplinäre Frühförderungsarbeit gewährleisten zu können, sind auch allgemeine Kostenfaktoren, wie sie bei jeder Einrichtung entstehen, zur Erreichung einer kostendeckenden Finanzierung angemessen in die Kalkulation aufzunehmen. Bei den Vereinbarungen mit Krankenkassen und örtlichen Sozialhilfeträgern sind unter Wahrung einer sparsamen Wirtschaftsführung folgende Kosten zu berücksichtigen:

Allgemeine Kostenfaktoren:

- Anzahl der Öffnungs- und Arbeitstage
- tägliche Arbeitszeit
- Ausfallzeiten durch Urlaube
- Krankheiten
- Schwangerschaften
- Verluste durch Terminausfall bei Familien
- Anzahl der Fortbildungstage, Zeitanteile für Supervision, Bildungsurlaub,

sowie als feste Kostenfaktoren:

- Personalkosten (Bruttogehälter, Arbeitgeberanteil zur Sozial- und Pflegeversicherung, Arbeitgeberanteil zur Zusatzversorgung, Beihilfen und sonstige Sozialleistungen, Kosten für stundenweise beschäftigte Kräfte, anteilige Kosten für in Anspruch genomme Fachdienste, anteilige Kosten für Büro- und Verwaltungspersonal, einschließlich der Leitungs- und Geschäftsführungsaufgaben),
- Energiekosten,
- Kosten für Wirtschaftsbedarf,
- Verwaltungskosten (Telefon, Büromaterial),
- Inventarergänzung (insbesondere bei Spiel- und Fördermaterial),
- Reisekosten,
- Abgaben für Versicherungen,
- Lasten und Steuern (Berufsgenossenschaft, Erbbauzins, Mieten, Pacht),
- Kosten für laufende Instandhaltung und für kurzlebigen Einsatz (insbesondere hinsichtlich der überwiegend mobilen Frühfördertätigkeit, u.a. Kfz -Steuern, -Versicherungen, -Reparaturen, Wartung der Dienstfahrzeuge, Kraftstoff, Fahrkostenerstattung an Mitarbeiter),
- allgemeine Kosten sowie Abschreibungen

Finanzplanung/ Controlling

Im Kontext der Einführung des prospektiven Vergütungssystems ist die Kontrolle der Ausgaben und Einnahmen einer Frühförderstelle und ihre Überprüfung in bezug auf die prospektive Vergütung von entscheidender Bedeutung. Das neue Finanzierungssystem erfordert eine entsprechende Informationsstruktur und eine neue zielorientierte Kostenrechnung.

Zur besseren Steuerung aller anfallenden Kosten ist die Entwicklung eines Controlling-Systems erforderlich. Dazu gehören eine qualifizierte Buchführung, Kalkulation, statistische Sammlung und Aufbereitung von Finanzdaten sowie Planungsrechnungen zur Ermittlung von Informationen zum Ist-Soll-Abgleich zwischen Plangrößen und tatsächlich verwirklichten Werten. Weiterhin muss es im Bemühen um eine sparsame Wirtschaftsführung darum gehen, die Kosten der Einrichtung auf mögliche unnötige Ausgaben zu überprüfen und bei den Mitarbeiterinnen und Mitarbeitern der Frühförderstelle Kostenbewusstsein zu entwickeln (vgl. Schädler 1999).

5.3.3 Literatur

BRACKHANE, RAINER; SCHLUZ, FRIEDOLF: Frühförderung in NRW. Eine Untersuchung der frühen Hilfen für behinderte und von Behinderung bedrohte Kinder. Ministerium für Arbeit, Gesundheit und Soziales des Landes NRW. Düsseldorf 1990.

BUNDESVEREINIGUNG LEBENSHILFE (Hg.): Frühe Hilfen. Frühförderung aus der Sicht der Lebenshilfe. Marburg 1997.

SCHÄDLER, JOHANNES: Qualitätssicherung und -entwicklung in Einrichtungen und Diensten für Menschen mit geistiger Behinderung. Unveröff. Manuskript 1999.

SOHNS, ARMIN: Rechtliche Grundlagen der Frühförderung. In: Frühförderung Interdisziplinär, 19, 2, 2000, 63-79.

5.3.4 Bestandsaufnahme

1. Was beinhaltet eine Fördereinheit in der Einrichtung?

	Pädagogische Maßnahmen	*Therapeutische Maßnahmen*
nur die Arbeit mit dem Kind	❏	❏
auch Zeiten für		
Fahrten	❏	❏
Vor- und Nachbereitung	❏	❏
Gespräche mit den Eltern	❏	❏
Kooperationsgespräche	❏	❏
Teamarbeit	❏	❏
Supervision	❏	❏
Öffentlichkeitsarbeit	❏	❏
anderes, nämlich		
....	❏	❏
....	❏	❏
....	❏	❏

2. Wie lange dauert eine Fördereinheit durchschnittlich?

Pädagogisch   *Therapeutisch*
ca. .... Min   ca. .... Min

3. Durch welche Kostenträger und nach welchen gesetzlichen Grundlagen wird die Einrichtung finanziert?

	Päd.	*Therap.*	*Gesamt*
BSHG, örtlicher Sozialhilfeträger	.... %	.... %	.... %
KJHG, örtlicher Jugendhilfeträger	.... %	.... %	.... %
SGB V, Krankenkassen	.... %	.... %	.... %
Eigenmittel des Einrichtungsträgers	.... %	.... %	.... %
Spendengelder	.... %	.... %	.... %
anders, nämlich			

....

....

....

....

4. **Nach welchem Modus werden die Maßnahmen mit den Kostenträgern abgerechnet?**

	Päd.	Therap.
Pauschale Finanzierung durch den Kostenträger	❏	❏
Einzelfallabrechnung nach Leistungseinheiten	❏	❏
Differenzierte Abrechnung nach tatsächlich geleisteten Förderstunden, Gesprächen, Tests usw.	❏	❏

anders, nämlich

....

....

....

....

5. **Mit welchem Betrag wird eine Fördereinheit mit den Kostenträgern abgerechnet?**

- **bei Pauschalabrechnung:**
  Ermitteln Sie den durchschnittlichen Satz, indem Sie den Pauschalbetrag durch die durchschnittliche Frequenz der Fördereinheiten teilen.

	Päd.	Therap.
	.... DM	.... DM

- **bei Einzelfallabrechnung**

Leistungs(förder)einheit	Päd.	Therap.
	.... DM	.... DM

- **bei differenzierter Abrechnung:**

	Päd.	Therap.
Fördereinheit (= .... Min)	.... DM	.... DM
Gutachten/ Bericht	.... DM	.... DM
Kooperationsgespräche	.... DM	.... DM

  anders, nämlich

  | .... | .... DM | .... DM |
  | .... | .... DM | .... DM |

anders, nämlich

....

....

....

....

6. Was geschieht mit nicht erbrachten Fördereinheiten im Falle einer Krankheit, einer Kur etc. von Mitarbeiter/innen?

Werden vom Jahressoll abgezogen	❏
Werden nachgeholt	❏
Es muss nur ein bestimmter Teil erbracht werden	❏
Dieser Anteil beträgt	.... DM

7. Werden kurzfristig von Eltern abgesagte Förderstunden finanziert?

Ja, vollständig	❏	
Ja, anteilig	❏	.... DM
Nein	❏	

8. Wie werden übergreifende Tätigkeiten finanziert?

- **Teamarbeit**
  - gar nicht ❏
  - über Fördereinheiten ❏
  - anders, nämlich ....

- **Öffentlichkeitsarbeit**
  - gar nicht ❏
  - über Fördereinheiten ❏
  - anders, nämlich ....

- **Weitere**, nämlich

  ....
  - gar nicht ❏
  - über Fördereinheiten ❏
  - anders, nämlich ....

  ....
  - gar nicht ❏
  - über Fördereinheiten ❏
  - anders, nämlich ....

9. Werden alle Maßnahmen der Zusammenarbeit mit den Eltern vom Kostenträger finanziert? (*Wenn ja, wie?*)

	Päd.	*Therap.*
Elterngespräche	nein ❏ ja ❏	nein ❏ ja ❏ ....
	....	....
	....	....
	....	....

Elternberatung nein ❏ ja ❏ ....   nein ❏ ja ❏ ....
....
....
....

Elterngruppen nein ❏ ja ❏ ....   nein ❏ ja ❏ ....
....
....
....

Elternabende nein ❏ ja ❏ ....   nein ❏ ja ❏ ....
....
....
....

andere, nämlich

.... nein ❏ ja ❏ ....   nein ❏ ja ❏ ....
....
....
....

.... nein ❏ ja ❏ ....   nein ❏ ja ❏ ....
....
....
....

.... nein ❏ ja ❏ ....   nein ❏ ja ❏ ....
....
....
....

10. Werden Gruppenförderungen finanziert? *(Wenn ja, wie?)*

Päd.   *Therap.*

nein ❏   ja ❏   nein ❏   ja ❏

....
....
....
....

11. Arbeitet die Einrichtung kostendeckend?

❏ ja ❏ nein

Wenn nein, warum nicht?

....
....
....

12. Hat Ihre Einrichtung finanzielle Planungssicherheit?

❏ ja ❏ nein

Wenn ja, für welchen Zeitraum? ....

13. Die Finanzsituation hat sich im letzten Jahr

verbessert ❏

wenn ja, warum?

....

verschlechtert ❏

wenn ja, warum?

....
....

ist gleichgeblieben ❏

14. Wie hoch sind die laufenden Betriebskosten der Einrichtung?
(wenn möglich, einzeln nennen)

Personalkosten	.... DM
Energiekosten	.... DM
Verwaltungskosten (Telefon, Büromaterial)	.... DM
Miete/ Pacht	.... DM
Fahrt- und Kfz-Kosten	.... DM
Inventarergänzungen	.... DM
Versicherungen	.... DM

Abschreibungen .... DM
andere .... DM
.... DM
.... DM
.... DM
.... DM
insgesamt: .... DM

15. In welchen Bereichen gibt es in der Einrichtung Finanzierungslücken?

....
....
....
....
....
....

16. Was stellt sich im Moment als größtes Problem im Hinblick auf die Finanzierung in der Einrichtung dar?

....
....
....
....
....
....

5.3.5 Indikatoren zum Feststellen des Handlungsbedarfs

	Trifft zu	Trifft eher zu	Trifft eher nicht zu	Trifft nicht zu
Es liegt ein Vertrag über die Durchführung und Finanzierung der Frühförderung mit dem Kostenträger vor.	❏	❏	❏	❏
Der Finanzierung liegen abgeschlossene Vereinbarungen zur Leistung, Vergütung und Prüfung der Frühförderung zwischen Einrichtungs- und Kostenträger zugrunde.	❏	❏	❏	❏
Die Finanzierung der Einrichtung ist längerfristig gesichert (z.B. durch entsprechende Verträge bzw. Vereinbarungen mit den Kostenträgern).	❏	❏	❏	❏
Bei der Kalkulation finden alle o.g. allgemeinen und festen Kostenfaktoren Berücksichtigung.	❏	❏	❏	❏
Die Finanzierungsstrukturen ermöglichen alle Maßnahmen, die für eine interdisziplinäre, ganzheitliche, familienorientierte Frühförderung erforderlich sind.	❏	❏	❏	❏
Die Finanzierungsstrukturen der Einrichtung sind allen Mitarbeiter/innen bekannt.	❏	❏	❏	❏
Alle Ausgaben der Frühförderstelle werden regelmäßig im Hinblick auf eine wirtschaftliche Vorgehensweise überprüft.	❏	❏	❏	❏
Gesamteinschätzung Eine kostendeckende Finanzierung der Einrichtung ist auf Grundlage schriftlicher Vereinbarungen langfristig gesichert und ermöglicht alle erforderlichen Rahmenbedingungen für die Umsetzung aller interdisziplinären Maßnahmen.	❏	❏	❏	❏

5.4 Räumlichkeiten und Ausstattung

Um die unterschiedlichen Teilaufgaben des Prozesses Frühförderung erfüllen zu können, ist eine entsprechende Ausstattung mit Räumlichkeiten und Materialien unabdingbar. Dieses bezieht sich sowohl auf Räume und Materialien für die Arbeit mit Kindern und Eltern, als auch auf Arbeitsplätze für das Personal und die Ausstattung mit Büromaterial, welches besonders für die Organisation und Dokumentation der Arbeit notwendig ist.

Der Prozess Frühförderung umfasst eine große Anzahl unterschiedlicher Teilaufgaben. Um diese adäquat erfüllen zu können ist es notwendig, entsprechende räumliche Voraussetzungen zu erfüllen. Die Raumnutzung ist so zu konzipieren, dass sie ein mobiles und ambulantes Arbeiten ermöglicht. Sie muss Gelegenheit bieten für die interdisziplinäre Zusammenarbeit der unterschiedlichen Fachkräfte unter Einbeziehung der Eltern, diagnostische, pädagogische, therapeutische und beratende Tätigkeiten sowohl der einzelnen Mitarbeiterinnen und Mitarbeiter als auch des Teams ermöglichen und ausreichend Arbeitsplätze für das Personal zur Verfügung stellen (vgl. Bundesvereinigung Lebenshilfe 1996). Des weiteren sind Räumlichkeiten so zu konzipieren, dass sie bewegungsbeeinträchtigten Kindern ungestörte Bewegungsmöglichkeiten gestatten z.B. durch Rollstuhlrampen, Fahrstühle, behindertengerechte Sanitäranlagen, Türenbreite. Insgesamt sollte auf einen wohnlichen, möglichst wenig klinischen Charakter der Einrichtung geachtet werden.

Die Ausstattung einer Frühfördereinrichtung muss der Heterogenität der Bedürfnisse und Fähigkeiten der Kinder und ihrer Familien sowie unterschiedlichen Therapie- und Förderkonzepten Rechnung tragen. Ein umfängliches Sortiment von Spiel- und Beschäftigungsmaterialien, vor allem auch Gegenstände des täglichen Lebens, Test- und Beobachtungsverfahren, Ausstattung mit audio-visuellen Medien, aber auch ein aktueller Bestand an Fachliteratur und Zeitschriften ist unverzichtbar. Ebenfalls sinnvoll ist eine Leihbibliothek und -spielothek für die Familien. Weiterhin ist unter dem Punkt Ausstattung die Verfügbarkeit von Dienstfahrzeugen zu dokumentieren (vgl. Bundesvereinigung Lebenshilfe 1996). Eine ausreichende Ausstattung mit Fahrzeugen ist Voraussetzung für mobiles Arbeiten. Den Besitz eines eigenen Kraftfahrzeuges als Einstellungskriterium formulieren zu müssen, sollte unbedingt vermieden werden.

Eine gute Ausstattung mit Bürotechnik und -materialien (Fax, ausreichende Anzahl leistungsfähiger Computer, Kopiergerät etc.) ist sowohl für die Organisation als auch für die Dokumentation der täglichen Arbeit mit all ihren unterschiedlichen Facetten notwendig.

5.4.1 Literatur

BUNDESVEREINIGUNG LEBENSHILFE (Hg.): Leistungsvereinbarungen für Frühförderstellen. Marburg 1996.

5.4.2 Bestandsaufnahme

1. **Wie viele Räume stehen insgesamt zur Verfügung?**

   ....

2. **Gesamte Quadratmeterzahl der vorhandenen Räume**

   .... qm

3. **Wie viele Förderräume stehen insgesamt zur Verfügung?**

   Anzahl   ....

   Quadratmeterzahl   .... qm

4. **Welche speziellen Förderräume sind vorhanden?**

   multifunktionale Nutzung

Prenatalraum	❏ Anzahl	qm	❏
Snoezelraum	❏ Anzahl	qm	❏
Mal- und Werkraum	❏ Anzahl	qm	❏
Musik- und Rhythmikraum	❏ Anzahl	qm	❏
Bewegungsraum	❏ Anzahl	qm	❏
Matschraum	❏ Anzahl	qm	❏
Räume, die mulitfunktional genutzt werden	❏ Anzahl	qm	❏
Andere, nämlich	....		❏

5. Wie viele Büroräume stehen insgesamt zur Verfügung?

....

6. Haben alle Mitarbeiter/innen einen eigenen Schreibtisch/Arbeitsplatz zur Verfügung?

❑ ja   ❑ nein

7. Wie viele Mitarbeiter/innen teilen sich ggf. ein Büro?

....

8. Wie viele Mitarbeiter/innen teilen sich ggf. einen Schreibtisch?

....

9. Welche weiteren Räume stehen den Mitarbeiter/innen (z.B. für Pausen) zur Verfügung?

Teeküche	❑
Aufenthaltsraum	❑
andere, nämlich	❑

....

....

10. Welche der folgenden Räume stehen noch zur Verfügung?

Raum für Elternbesprechungen	❑
Konferenz-/Besprechungsraum	❑
Materialraum	❑
Warteraum	❑
Besucher/innentoilette	❑
Kindertoilette	❑
Archiv	❑
andere, nämlich	

....

....

11. Verfügt die Einrichtung über ausreichend Mitarbeiter/innenparkplätze?

❑ ja   ❑ nein

12. Gibt es Dienstfahrzeuge?

❏ ja ❏ nein

Wenn ja, wie viele? ....

13. Werden Privatwagen als Dienstfahrzeuge eingesetzt?

❏ ja ❏ nein

Wenn ja, in welchem Umfang?
ausschließlich ❏
überwiegend ❏
in Ausnahmen ❏

14. Welche Fördermaterialien sind vorhanden?

Matratzen	❏
Große Therapiebälle	❏
Große Schaumstoffkonstruktionsteile	❏
Diverse Rollen und Lagerungshilfen	❏
Weichbodenmatten	❏
Hängematten	❏
Klettermöglichkeiten	❏
Rutschen	❏
Schaukeln	❏
Rollbretter	❏
Trampolin	❏
Konstruktionsmaterial in verschiedenen Größen	❏
Puzzles	❏
Regelspiele	❏
Vibrationsmaterialien	❏
Spezielle Materialien zur auditiven Wahrnehmungsförderung	❏
Spezielle Materialien zur visuellen Wahrnehmungsförderung	❏
Spezielle Materialien zur taktilen Wahrnehmungsförderung	❏
Spezielle Materialien zur kinästhetischen Wahrnehmungsförderung	❏
Puppen/Kuscheltiere/Schmusedecken	❏
Rhythmikmaterial	❏
Kinderbücher und Kassetten	❏
Klebe-, Mal- und Bastelmaterialien	❏

Weitere Materialien:

....

....

15. Welche Diagnostikmaterialien sind vorhanden?

....
....
....
....

16. Wird der Bestand regelmäßig aktualisiert?

ja ❏
nein ❏

wenn nein, warum nicht:

....
....
....
....

17. Existiert eine Bibliothek mit Fachliteratur?

❏ ja ❏ nein

wenn ja, was beinhaltet diese?

Zeitschriften	❏
Bücher	❏
Audiovisuelles Material	❏

18. Existiert eine Bibliothek mit Ausleihmöglichkeit für Eltern?

❏ ja ❏ nein

19. Existiert eine Spielothek mit Ausleihmöglichkeit für Eltern?

❏ ja ❏ nein

20. Welche audio-visuellen Medien sind vorhanden?

Videorecorder	❏ Anzahl.........
Videokamera	❏ Anzahl.........
Kassettenrecorder	❏ Anzahl.........
Fotoapparat	❏ Anzahl.........
Fernseher	❏ Anzahl.........
Dia-Projektor	❏ Anzahl.........

andere, nämlich

....

....

21. Welche Bürogeräte sind vorhanden?

Computer	❏ Anzahl.........
Kopiergerät	❏ Anzahl.........
Telefon	❏ Anzahl.........
Faxgerät	❏ Anzahl.........
Handy	❏ Anzahl.........
Diktiergerät	❏ Anzahl.........

andere, nämlich

.... ❏ Anzahl ....

.... ❏ Anzahl ....

22. Ist in der Einrichtung Material/Werkzeug zur Instandhaltung der Fördermaterialien vorhanden?

❏ ja ❏ nein

23. Hat die Einrichtung ein Außengelände mit Spielplatz?

❏ ja ❏ nein

5.4.3 Indikatoren zum Feststellen des Handlungsbedarfs

	Trifft zu	Trifft eher zu	Trifft eher nicht zu	Trifft nicht zu
Alle Räumlichkeiten inklusive der Sanitäranlagen sowie das Gebäude selbst sind barrierefrei zugänglich.	❑	❑	❑	❑
Im Rahmen der räumlichen Ausstattung können alle Maßnahmen umgesetzt werden, die durch die unterschiedlichen Bedürfnisse der Kinder notwendig sind.	❑	❑	❑	❑
Im Rahmen der räumlichen Ausstattung können sowohl Gruppen- als auch Einzelförderungen durchgeführt werden.	❑	❑	❑	❑
Im Rahmen der räumlichen Ausstattung können ruhige Gespräche in angenehmer Atmosphäre mit einzelnen Eltern oder Elterngruppen durchgeführt werden.	❑	❑	❑	❑
Im Rahmen der räumlichen Ausstattung ist es möglich, Teambesprechungen in ruhiger angenehmer Atmosphäre durchzuführen.	❑	❑	❑	❑
Die Mitarbeiterinnen und Mitarbeiter sind in der Lage, an einem eigenen Arbeitsplatz in Ruhe zu arbeiten.	❑	❑	❑	❑
Die Ausstattung mit Dienstfahrzeugen erlaubt es, mobile Förderung immer dann einzusetzen, wenn es aufgrund der individuellen Bedürfnisse der Kinder und ihrer Familien sinnvoll erscheint.	❑	❑	❑	❑
In der Förderung kann immer auf Materialien zugegriffen werden, die eine interdisziplinäre und ganzheitliche Arbeit in allen Alters- und Zielgruppen ermöglichen.	❑	❑	❑	❑
Die Bibliothek ist mit aktueller Fachliteratur gut ausgestattet. Sie wird regelmäßig ergänzt.	❑	❑	❑	❑
Eltern haben die Möglichkeit, sowohl Literatur als auch Förder- und Spielmaterialien auszuleihen und mit nach Hause zu nehmen.	❑	❑	❑	❑
Die Ausstattung mit Büromaterial ermöglicht die sinnvolle, übersichtliche Dokumentation und Organisation der Arbeit.	❑	❑	❑	❑

Gesamteinschätzung

Die Einrichtung stellt eine räumliche und materielle Ausstattung bereit, welche die Umsetzung aller grundlegenden Arbeitsprozesse und Fördermaßnahmen ermöglicht.	❑	❑	❑	❑

5.5 Zielgruppen

> Die Frühförderung wendet sich an Familien, deren Kinder während der ersten sechs Lebensjahre bei ihrer körperlichen, kognitiven, sprachlichen, emotionalen und sozialen Entwicklung individuelle Unterstützung benötigen. In Anbetracht der Heterogenität der Familien sind in der Frühförderung flexible Handlungskonzepte erforderlich, welche auf die individuellen Bedürfnisse der Nutzerinnen und Nutzer zugeschnitten sind. Hierfür sind eine gute Beobachtung und Dokumentation im Hinblick auf die jeweiligen Zielgruppen erforderlich.

Die Frühförderung wendet sich an Familien, deren Kinder während der ersten sechs Lebensjahre in ihrer körperlichen, kognitiven, sprachlichen, emotionalen und sozialen Entwicklung individuelle Unterstützung benötigen. In der Fachliteratur ist von Risiko-Kindern, entwicklungsauffälligen oder entwicklungsverzögerten Kindern die Rede, in Gesetzestexten werden die Kinder als behindert oder von Behinderung bedroht bezeichnet.

Gegenwärtig sehen sich die Frühfördereinrichtungen im Hinblick auf ihre Zielgruppen besonders zwei Phänomenen gegenüber. Zum einen ist dies die steigende Anzahl an Familien mit einem Kind mit sehr umfassenden Beeinträchtigungen. In der Arbeit mit diesem Personenkreis müssen sich die Mitarbeiterinnen und Mitarbeiter einer besonderen Herausforderung stellen, da bisher bewährte Förderkonzepte häufig nicht umgesetzt werden können oder nicht in erwartetem Umfang greifen. Zum zweiten gibt es einen steten Anstieg von Familien in Armutsverhältnissen.

Da Frühförderstellen oft stark mittelschichtsorientiert arbeiten (vgl. Klein 1989), muss auch hier eine teilweise Neuorientierung stattfinden. Formen der Frühförderung müssen sich stärker auch mit finanziellen Nöten der Eltern und teilweise deprivierenden Lebensverhältnissen der Kinder befassen (vgl. Weiß 1998).

Die Mehrzahl der Frühfördereinrichtungen betreut Kinder mit allen Behinderungsformen und -ausprägungen, es gibt allerdings auch Einrichtungen, die auf bestimmte Zielgruppen spezialisiert sind, so zum Beispiel Kinder mit einer Sehbehinderung. Die unterschiedlichen Bedürfnisse der Zielgruppen, und damit der Nutzerinnen und Nutzer der Einrichtung, beeinflussen Handlungsnotwendigkeiten nicht nur bezüglich der räumlichen und materiellen Ausstattung, sondern auch hinsichtlich der Personalstruktur. Sollte die genaue Beobachtung und Dokumentation hinsichtlich der Nutzerinnen und Nutzer (zum Beispiel die Dokumentation der sozialen Lage der Familien) Veränderungen im Bereich der Ausstattung und der Personalstruktur nahe legen, so ist zu beachten, dass dies erst dann sinnvoll ist, wenn die Erfassung der Zielgruppen über einen längeren Zeitraum erfolgt ist. Aus diesem Grund finden sich in der Bestandsaufnahme dieses Kapitels unter anderem eine Anzahl von „Lebenslage-Indikatoren", welche es der Einrichtung ermöglichen, die sozialen Lagen der Familien einzuschätzen und zu dokumentieren.

5.5.1 Literatur

KLEIN, GERHARD: Inwiefern benachteiligen die Organisationsformen der Frühförderung Kinder aus randständigen Familien. In: Frühförderung interdisziplinär, 8, 1989, 190-197.

WEISS, HANS: Kinderarmut als Entwicklungsrisiko. In: Frühförderung interdisziplinär, 17, 1998, 81-88.

5.5.2 Bestandsaufnahme

1. **Ist die Einrichtung spezialisiert?**

   ❏ ja   ❏ nein

   Wenn ja, auf welche Behinderungsformen?

   ....
   ....
   ....

2. **Die in der Einrichtung betreuten Kinder sind Kinder mit...**
   (Mehrfachnennungen möglich)

Syndromen angeborener Genese (z.B. Down-Syndrom, Spina bifida, Chromosomenaberrationen)	Anzahl ....
Cerebralparesen	Anzahl ....
Blindheit und hochgradiger Sehschwäche	Anzahl ....
Gehörlosigkeit und hochgradiger Hörschwäche	Anzahl ....
Neuromuskulären Erkrankungen	Anzahl ....
Frühkindlichem Autismus	Anzahl ....
Erheblichen Entwicklungsstörungen des Sprechens und der Sprache	Anzahl ....
Gravierenden motorischen Entwicklungsbeeinträchtigungen	Anzahl ....
Allgemeinen psychomotorischen Entwicklungsbeeinträchtigungen	Anzahl ....
Sozialen und emotionalen Auffälligkeiten	Anzahl ....
Wahrnehmungsstörungen	Anzahl ....
Hyperkinetischen Störungen	Anzahl ....
Hirnorganischen Anfallsleiden	Anzahl ....
Mehrfachbehinderungen (Komplexe Entwicklungsstörung)	Anzahl ....
Deprivationssyndrom	Anzahl ....
Frühgeborene	Anzahl ....

   anderem, nämlich

   ....
   ....
   ....

3. **Wie alt sind die Kinder, die in den letzten zwölf Monaten in Einzelförderung betreut wurden?** *(Anzahl angeben)*

   0-6 Monate ....

   6-12 Monate ....

   1-2 Jahre ....

   2-3 Jahre ....

   3-4 Jahre ....

   4-5 Jahre ....

   5-6 Jahre ....

   älter als 6 Jahre ....

4. **Welche berufliche Stellung haben die Eltern der in den letzten zwölf Monaten betreuten Kinder?**

   - **Väter**:

   Selbständig ....%

   Leitender Angestellter/ Beamter ....%

   Mittlerer Angestellter/ Beamter ....%

   Facharbeiter/ Handwerker ....%

   Ungelernter Arbeiter ....%

   Hausmann ....%

   Arbeitslos ....%

   anderes, nämlich

   ....%

   ....%

   keine Angaben möglich ❏

   - **Mütter**:

   Selbständig ....%

   Leitende Angestellte/ Beamtin ....%

   Mittlere Angestellte/ Beamtin ....%

   Facharbeiterin/ Handwerkerin ....%

   Ungelernte Arbeiterin ....%

   Hausfrau ....%

   Arbeitslos ....%

   anderes, nämlich

   ....%

   ....%

   keine Angaben möglich ❏

5. **Wie viel Prozent der Eltern der in den letzten zwölf Monaten betreuten Kinder sind Sozialhilfeempfänger?**

   Väter .... %

   Mütter .... %

   Angaben nicht möglich ❏

6. **Wie viel Prozent der in den letzten zwölf Monaten betreuten Familien haben Ihrer Einschätzung nach wesentlich geringere finanzielle Ressourcen als der Bevölkerungsdurchschnitt?**

   .... %

   Angaben nicht möglich ❏

7. **Wie schätzen Sie die Wohnverhältnisse der in den letzten zwölf Monaten betreuten Familien ein?**

   sehr günstig .... %

   eher günstig .... %

   eher ungünstig .... %

   sehr ungünstig .... %

   Angabe nicht möglich ❏

8. **Wie schätzen Sie die Wohnlage der in den letzten zwölf Monaten betreuten Familien ein?**

   Der Wohnort liegt in einem bevorzugten Stadtteil .... %

   Durchschnittliche Wohnlage .... %

   Der Wohnort liegt in einem sozialen Brennpunkt .... %

   Angaben nicht möglich ❏

9. **Wie viele der Eltern der in den letzten zwölf Monaten betreuten Kinder sind alleinerziehend?**

   Mütter .... %

   Väter .... %

   Angaben nicht möglich ❏

10. **Wie viele fremdsprachige Familien hat die Einrichtung in den letzten zwölf Monaten betreut?**

    .... %

    Angabe nicht möglich ❏

5.5.3 Indikatoren zum Feststellen des Handlungsbedarfs

	Trifft zu	Trifft eher zu	Trifft eher nicht zu	Trifft nicht zu
Im Rahmen der Arbeit mit den Familien wird auch ihre soziale Lage dokumentiert.	❏	❏	❏	❏
Aufgrund der Dokumentation hat die Einrichtung einen guten Überblick über die Lebensumstände der Familien.	❏	❏	❏	❏
Die langfristige Dokumentation der sozialen Lage der in der Einrichtung betreuten Familien ermöglicht es, die Nutzer/innenstruktur zum Beispiel bei der Personalplanung zu berücksichtigen.	❏	❏	❏	❏
Zielgruppen und Nutzer/innenstruktur der Einrichtung sind den Mitarbeiter/innen bekannt.	❏	❏	❏	❏
Zielgruppen und Nutzer/innenstruktur der Arbeit sind bei Stellen wie Gesundheitsämtern, Ärzten etc. bekannt.	❏	❏	❏	❏
Das Angebot der Einrichtung ist niedrigschwellig konzipiert.	❏	❏	❏	❏
Die Einrichtung stellt sich im Umgang mit den Familien auf deren Lebensumstände und daraus resultierende Bedürfnisse ein.	❏	❏	❏	❏
Die Einrichtung stellt sich im Umgang mit dem Kind auf seine Lebensumstände und daraus resultierende Bedürfnisse ein.	❏	❏	❏	❏
Die Einrichtung dokumentiert die unterschiedlichen Diagnosen und Formen von Behinderung dergestalt, dass daraus primäre Notwendigkeiten bezüglich Ausstattung und Personal ableitbar sind.	❏	❏	❏	❏

Gesamteinschätzung

Die Zusammensetzung der Zielgruppen deckt sich mit der Bedürfnislage, die aus der Bevölkerungsstruktur des Einzugsgebietes ableitbar ist. Angebote der Beratung und Förderung sind entsprechend den Bedürfnissen, Fähigkeiten und der Lebenslage der Nutzer/innen konzipiert.	❏	❏	❏	❏

5.6 Kontakt zur Einrichtung

Unter Kontakt zur Einrichtung sind hier die Erreichbarkeit, die Sprech- und Wartezeiten sowie die Zuweisungswege gefasst. Eine gute Erreichbarkeit der Einrichtung ist eine Grundvoraussetzung für ein familiennahes Angebot. Ebenso wichtig sind flexible Öffnungszeiten der Frühförderstelle sowie die Vermeidung von Wartelisten. Um einen möglichst schnellen Kontakt der Familien zur Einrichtung zu gewährleisten, ist ein hoher Bekanntheitsgrad der Frühförderstelle bedeutsam. Außerdem sind die Zuweisungswege durch andere Fachleute und -dienste bestmöglich zu gestalten.

5.6.1 Erreichbarkeit

Eine gute Erreichbarkeit der Einrichtung sowohl mit dem öffentlichen Personennahverkehr als auch mit dem Auto ist eine der wichtigsten Grundvoraussetzungen für den Kontakt zur Einrichtung. Haben Eltern mit ihren Kindern bei einer ambulanten Förderung erst lange Fahrtzeiten und mehrmaliges Umsteigen mit Rollstühlen oder Kinderwägen hinter sich zu bringen, so ist die Frühförderung für die Familie nur noch sehr schwer in die familiären Alltagsabläufe zu integrieren. Solche Umstände wirken schnell überfordernd und damit demotivierend. Vor diesem Hintergrund erfordert Familiennähe nicht nur die strukturelle Möglichkeit der mobilen Förderung, sondern auch einen leicht zugänglichen Standort. Es ist wichtig, dass sich Frühförderstellen als offene Systeme mit flexiblen Strukturen verstehen, die sich an die regionale Infra- und Bevölkerungsstruktur anpassen. Dabei ist es wichtig mit dem Kostenträger verbindliche Absprachen zur Fahrtkostenübernahme nach § 22 Eingliederungshilfeverordnung (EVO) zu treffen, die gegebenenfalls auch Taxifahrten beinhalten.

5.6.2 Sprech- und Wartezeiten

Ebenso relevant für das Konzept der Familiennähe sind flexible Öffnungszeiten, die der Tatsache Rechnung tragen, dass immer häufiger beide Elternteile eines Kindes berufstätig sind. Sie gewährleisten, dass Vater *und* Mutter in den Frühförderprozess eingebunden werden können. Familien und Rollenaufteilungen haben sich gewandelt. Diesem Wandel müssen sich die Einrichtungen stellen.

Hat eine Kontaktaufnahme stattgefunden, so ist es wünschenswert, die Zusammenarbeit mit der Familie schnellstmöglich zu beginnen. Viele Einrichtungen sehen sich jedoch gezwungen, Wartelisten zu führen. Es gilt zu dokumentieren, ob dies der Fall ist und wie lang diese Listen in der Regel sind, beziehungsweise mit welcher Wartezeit die Familien zu rechnen haben. Innerhalb der Einrichtung sollte Klarheit darüber bestehen, nach welchen Kriterien Wartelisten bearbeitet werden, ob beispielsweise nach Eingangsdatum der Zuweisung oder nach Dringlichkeit vorgegangen wird oder ob noch weitere Aspekte eine Rolle spielen. Auch hier kann es im Einzelfall Diskussionsbedarf im Team geben.

5.6.3 Zuweisungswege und Bekanntheitsgrad

Erste Anlaufstelle für Eltern sind häufig die Kinderärzte, welche die Familie an eine Frühfördereinrichtung vermitteln (vgl. Brackhane; Schluz 1990). Möglich sind aber auch Zuweisungen durch Beratungsstellen, Kinderkliniken, Kindergärten, Gesundheitsämter und andere Institutionen. Ebenso können Familien auf eigene Initiative den Kontakt zur Einrichtung herstellen. Bei einer genauen Dokumentation der Zuweisungswege lässt sich erkennen, aus welchen „Nachbar"- Einrichtungen Zuweisungen erfolgen und aus welchen nicht. Dies kann wiederum Konsequenzen für die Informationspolitik und die Öffentlichkeitsarbeit der Einrichtung nahe legen, denn wenn aus bestimmten Einrichtungen nie Zuweisungen vorliegen, könnte dies unter anderem auf mangelnden Informationsfluss zurückzuführen sein.

5.6.4 Literatur

BRACKHANE, RAINER; SCHLUZ, FRIEDOLF: Frühförderung in NRW. Eine Untersuchung der frühen Hilfen für behinderte und von Behinderung bedrohte Kinder. Ministerium für Arbeit, Gesundheit und Soziales des Landes NRW. Düsseldorf 1990.

PETERANDER, FRANZ; SPECK, OTTO: Unveröff. Abschlussbericht zum Forschungsprojekt „Strukturelle und inhaltliche Bedingungen der Frühförderung". München 1993.

5.6.5 Bestandsaufnahme

1. **Anbindung der Einrichtung an ÖPNV**
   (Bitte Gehminuten von der am nächsten gelegenen Haltestelle bis zur Einrichtung angeben)

Bus	❏	Min
S-Bahn	❏	Min
Straßenbahn	❏	Min
U-Bahn	❏	Min
Zug	❏	Min

2. **Gibt es ausreichend kostenlose Parkplätze für die Familien?**

   ❏ ja   ❏ nein

3. **Bezahlt der Kostenträger gegebenenfalls Taxifahrten oder andere Fahrtkosten der Familie?**

   ❏ ja   ❏ nein

4. **Durch welche Fachpersonen/-dienste erfolgt die Vermittlung?**

	Nie/Selten	Manchmal	Häufig	Sehr häufig/Immer
Kinderarzt/-ärztin	❏	❏	❏	❏
Beratungsstellen	❏	❏	❏	❏
Psychologe/-in	❏	❏	❏	❏
Kinderklinik/Krankenhaus	❏	❏	❏	❏
Regelkindergärten	❏	❏	❏	❏
Heilpädagogische Tagesstätten	❏	❏	❏	❏
Sozialpädiatrische Zentren	❏	❏	❏	❏
Gesundheitsämter	❏	❏	❏	❏
Fachärzte/-ärztinnen	❏	❏	❏	❏
Fachkliniken	❏	❏	❏	❏
Empfehlungen von Eltern, die bereits in der Einrichtung betreut werden	❏	❏	❏	❏

Andere Frühförderstellen	❑	❑	❑	❑
Schulvorbereitende Einrichtungen	❑	❑	❑	❑
Eigeninitiative der Eltern/ anderer Angehöriger (Großeltern)	❑	❑	❑	❑
Frei praktizierende Therapeuten/innen	❑	❑	❑	❑

andere, nämlich

....

....

5. Sind der Frühförderstelle relevante Stellen im Einzugsbereich bekannt, die nie überweisen?

❑ ja   ❑ nein
Wenn ja, welche? ....

6. Wie viele Kinder wurden in den letzten 12 Monaten in die Frühförderung aufgenommen?

....

7. Wie viele Kinder schieden in den letzten 12 Monaten aus der Frühförderung aus?

....

8. Nach welchem Zeitraum scheiden die Kinder aus der Frühförderung aus?

Vorstellung/ Diagnostik + ca. 5 Termine	.... %
1 Jahr	.... %
2 Jahre	.... %
3 Jahre	.... %
4 Jahre	.... %
5 Jahre	.... %
6 Jahre	.... %

9. Zu welchen Zeiten ist die Einrichtung telefonisch zu erreichen?

....

....

....

10. Im Rahmen welcher Kernzeiten können Termine der ambulanten Förderung stattfinden?

....
....

11. Im Rahmen welcher Kernzeiten können Termine der mobilen Förderung stattfinden?

....
....

12. Gibt es eine Warteliste?

❏ ja   ❏ nein

13. Wenn ja, welchen durchschnittlichen Umfang hatte diese in den letzten 12 Monaten?

.... Kinder

14. Gibt es erkennbare Stoßzeiten?

❏ ja   ❏ nein

15. Wenn ja, wie sind diese zu erklären?

....
....
....

16. Wie lang ist die durchschnittliche Wartezeit für die Familien?

bis zum Erstgespräch   .... Wochen
bis Förderbeginn   .... Wochen

17. Gibt es Überbrückungsmaßnahmen?

ja ❏   nein ❏

Wenn ja, welche?

....
....
....

5.6.6 Indikatoren zum Feststellen des Handlungsbedarfs

	Trifft zu	Trifft eher zu	Trifft eher nicht zu	Trifft nicht zu
Die gute Erreichbarkeit der Einrichtung mit dem ÖPNV oder mit dem Auto ist sichergestellt.	❏	❏	❏	❏
Die Öffnungszeiten der Einrichtung sind so flexibel, dass sie dem Alltag der betreffenden Familien gerecht werden können und das Einbeziehen beider Elternteile ermöglichen.	❏	❏	❏	❏
Die Termine mobiler Frühförderung sind so flexibel, dass sie dem Alltag der betreffenden Familien gerecht werden können und das Einbeziehen beider Elternteile ermöglichen.	❏	❏	❏	❏
Die Dokumentation der Zuweisungswege ermöglicht es, nachzuvollziehen von welchen Stellen mit welcher Häufigkeit Zuweisungen erfolgen.	❏	❏	❏	❏
In der Einrichtung werden alle organisatorischen Maßnahmen ergriffen (z.B. gut organisierte Arbeits- und Ablaufpläne), um Wartelisten zu vermeiden.	❏	❏	❏	❏
Die Warteliste der Einrichtung wird übersichtlich und sorgfältig geführt, die Kriterien ihrer Bearbeitung sind den Mitarbeiter/-innen bekannt.	❏	❏	❏	❏
Die Länge der voraussichtlichen Wartezeit sowie die Kriterien zur Bearbeitung der Warteliste sind für die Familien transparent.	❏	❏	❏	❏

Gesamteinschätzung

	Trifft zu	Trifft eher zu	Trifft eher nicht zu	Trifft nicht zu
Die strukturellen Gegebenheiten der Einrichtung erlauben eine unkomplizierte Kontaktaufnahme im Sinne einer optimalen Erreichbarkeit, transparenter Zuweisungswege und möglichst kurzer, ebenfalls transparenter Warteverfahren.	❏	❏	❏	❏

5.7 Außenkontakte

Außenkontakte der Einrichtungen umfassen sowohl die interdisziplinäre Zusammenarbeit mit „Nachbar"-Institutionen als auch die Öffentlichkeitsarbeit und Informationspolitik der Einrichtungen. Die Kooperation der Frühförderstelle mit Kliniken, Fachärzten, Gesundheitsämtern etc. ist nicht nur im Hinblick auf die Zuweisungswege relevant, sondern auch während der Förderung sowie für den Übergang in Folgeeinrichtungen von Bedeutung. Zu diesem Zweck ist es erforderlich, dass die Frühförderstelle sowohl die Öffentlichkeit umfassend über ihre eigene Arbeit informiert als auch selbst über alle Angebote von „Nachbar" – Einrichtungen informiert ist.

5.7.1 Interdisziplinäre Zusammenarbeit

Sowohl bezüglich der Zuweisungswege, als auch während der Dauer der Förderung und im Hinblick auf den Übergang zu weiteren Institutionen (z.B. Schulen), ist die Zusammenarbeit von Frühförderstellen mit „Nachbar"-Einrichtungen notwendig.

Die erste Kontaktaufnahme findet zumeist nach einem Gespräch mit der Hausärztin oder dem Hausarzt statt. Dennoch kommt es auch vor, dass der Kontakt beispielsweise durch Gesundheits- oder Jugendämter, Fachärztinnen und Fachärzte oder Kliniken hergestellt wird. Während des Verlaufs der Frühförderung kann es notwendig werden, mit externen Fachkräften zusammenzuarbeiten, sofern bestimmte Fördernotwendigkeiten nicht von den Mitarbeiterinnen und Mitarbeitern der Einrichtung abgedeckt werden können. Ebenso ist es möglich, beispielsweise Kindergärten aufzusuchen, um dort mit dem Kind zu arbeiten.

Beim Übergang in Folgeeinrichtungen wie Kindergärten, Schulen oder stationäre Dienste ist es wichtig, die Familie und das Kind unterstützend zu begleiten. Informationen über Bedürfnisse und Fähigkeiten des Kindes sowie den bisherigen Förderungsverlauf sollten – wenn eine Entbindung von der Schweigepflicht stattgefunden hat – den Fachkräften der Folgeinstitutionen zur Verfügung gestellt werden.

Um diese Formen der interdisziplinären Zusammenarbeit zu gewährleisten, ist eine gut organisierte Öffentlichkeitsarbeit und Informationspolitik notwendig.

5.7.2 Öffentlichkeitsarbeit und Informationspolitik

Die Öffentlichkeitsarbeit einer Frühförderstelle sollte so konzipiert sein, dass Ratsuchende möglichst früh Informationen über die Einrichtung erhalten können. In diesem Kontext ist es besonders wichtig, dass Hebammen, Beratungsdienste und andere Einrichtungen das Angebot der Frühförderstelle kennen, Kontaktpersonen nennen oder den Kontakt herstellen können. Hierbei sind ein ständiger Informationsaustausch und ein permanentes Aktualisieren der Angaben notwendig. Umgekehrt muss sich die Frühförderstelle auch über Angebote der „Nachbar"-Einrichtungen auf dem laufenden halten, um die Zusammenarbeit mit außenstehenden Fachkräften sinnvoll gestalten zu können. Neben dem flexiblen Austausch aktueller Informationen mit außenstehenden Fachkräften, sollte auch eine übersichtliche, verständliche Broschüre entwickelt werden, die an Eltern und Einrichtungen ausgegeben wird und das Konzept und die Angebote der Einrichtung dokumentiert (vgl. 5.2).

Nicht nur die Fachöffentlichkeit, auch die allgemeine Öffentlichkeit sollte über das Angebot der Frühförderstelle regelmäßig informiert werden. Hier kann mit Lokalzeitungen und lokalen Radio- und Fernsehsendern zusammengearbeitet werden. Da diese Maßnahmen sehr zeitaufwendig sind, wird gegebenenfalls der Einsatz des Trägers notwendig (vgl. Bundesvereinigung Lebenshilfe 1997).

Ein weiterer wichtiger Bestandteil von Informationspolitik und Öffentlichkeitsarbeit sind Veranstaltungen der Frühförderstelle selbst, eventuell in Zusammenarbeit mit anderen Einrichtungen oder Diensten. Dies umfasst zum einen Veranstaltungen, die über die Arbeit der Einrichtung informieren, beispielsweise einen regelmäßigen „Tag der offenen Tür". Darüber hinaus sind aber auch Informationsveranstaltungen für die Eltern über aktuelle fachliche und gesetzliche Entwicklungen sinnvoll.

Eine Dokumentation der Daten über Außenkontakte macht Stärken und Schwachstellen der bisherigen Strukturen der Zusammenarbeit und Öffentlichkeitsarbeit transparent und kann beispielsweise aufzeigen, zu welchen Einrichtungen der Kontakt intensiviert werden sollte und ob Informationsmaterial aktualisiert werden muss.

5.7.3 Literatur

BUNDESVEREINIGUNG LEBENSHILFE (Hg.): Frühe Hilfen. Frühförderung aus Sicht der Lebenshilfe. Marburg 1997.

5.7.4 Bestandsaufnahme

1. **Mit welchen anderen Einrichtungen arbeitet die Frühförderstelle zusammen und in welchem Umfang?**

	Nie/Selten	Manchmal	Häufig	Sehr häufig/Immer
Elternselbsthilfegruppen	❏	❏	❏	❏
Vereine	❏	❏	❏	❏
Familien Entlastender Dienst (FED)	❏	❏	❏	❏
Kinderkliniken	❏	❏	❏	❏
Ärzt/-innen/ Fachärzt/-innen	❏	❏	❏	❏
Allgemeiner Sozialdienst	❏	❏	❏	❏
Schulvorbereitende Einrichtungen	❏	❏	❏	❏
Sonderschulen	❏	❏	❏	❏
Psychosoziale Beratungsstellen	❏	❏	❏	❏
Andere Frühfördereinrichtungen	❏	❏	❏	❏
Heilpäd. Tagesstätten	❏	❏	❏	❏
Pflegeheime und Heime	❏	❏	❏	❏
Sozialpädiatrische Zentren	❏	❏	❏	❏
Regelkindergärten	❏	❏	❏	❏
Integrative Spielgruppen	❏	❏	❏	❏
Kinderkrippen und -horte	❏	❏	❏	❏
Genetische Beratungsstellen	❏	❏	❏	❏
Schwangerschafts-Beratungsstellen	❏	❏	❏	❏
Erziehungsberatungsstellen	❏	❏	❏	❏
Gesundheitsämter				
Freipraktizierende Therapeut/-innen	❏	❏	❏	❏
andere, nämlich				
....	❏	❏	❏	❏
....	❏	❏	❏	❏
....	❏	❏	❏	❏

2. **Auf welche Weise erfolgt ein Informationsaustausch zwischen der Frühförderstelle und anderen Einrichtungen?**

	Nie/ Selten	Manchmal	Häufig	Sehr häufig/ Immer
Öffentliche Veranstaltungen der Frühförderstelle	❏	❏	❏	❏
Persönliche Kontakte der Mitarbeiter/innen	❏	❏	❏	❏
Zusammenarbeit in verschiedenen Arbeitskreisen	❏	❏	❏	❏
Fallbezogene Kooperation	❏	❏	❏	❏
Mitarbeiter/innen der anderen Einrichtungen wenden sich mit Fragen an uns	❏	❏	❏	❏
Austausch auf Tagungen und Fortbildungsveranstaltungen	❏	❏	❏	❏
andere, nämlich				
....	❏	❏	❏	❏
....	❏	❏	❏	❏

3. **In wie viel Prozent der Einzelförderungen wurde in den letzten 12 Monaten mit anderen Einrichtungen zusammen gearbeitet?**

.... %

4. **Nimmt die Frühförderstelle in der Behindertenhilfe Aufgaben wahr, die eigentlich andere Einrichtungen erfüllen müssten?**

❏ ja   ❏ nein

Wenn ja, welche?

....

....

Evaluationsbereich Strukturqualität

5. In welche anderen Einrichtungen gehen Mitarbeiter/innen der Frühförderstelle, um dort mit Kindern zu arbeiten?

	Nie/ Selten	Manchmal	Häufig	Sehr häufig/ Immer
Regelkindergärten	❏	❏	❏	❏
Integrationskindergärten	❏	❏	❏	❏
Heime	❏	❏	❏	❏
Sonderschulen	❏	❏	❏	❏
Heilpädagogische Horte/Krippen	❏	❏	❏	❏
andere, nämlich	❏	❏	❏	❏
....	❏	❏	❏	❏

6. Wie häufig finden Veranstaltungen für Eltern statt?

ca. .... (pro Jahr)

7. Welche Themen stehen dabei im Vordergrund?

	Nie/ Selten	Manchmal	Häufig	Sehr häufig/ Immer
Rechtsfragen	❏	❏	❏	❏
Sozialpolitische Fragen	❏	❏	❏	❏
Erziehungsfragen	❏	❏	❏	❏
Fördermöglichkeiten und Konzepte	❏	❏	❏	❏
Vorstellung aktueller Forschungsergebnisse	❏	❏	❏	❏
andere, nämlich	❏	❏	❏	❏
....	❏	❏	❏	❏

8. Wie häufig finden Veranstaltungen statt, an denen außer den Familien auch andere Interessierte teilnehmen können?

ca. .... (pro Jahr)

9. **Welche Themen stehen dabei im Vordergrund?**

	Nie/ Selten	Manchmal	Häufig	Sehr häufig/ Immer
Vorstellung der Einrichtung, ihrer Ziele und Angebote	❏	❏	❏	❏
Rechtsfragen	❏	❏	❏	❏
Sozialpolitische Fragen	❏	❏	❏	❏
Erziehungsfragen	❏	❏	❏	❏
Vorstellung aktueller Forschungsergebnisse	❏	❏	❏	❏
Fördermöglichkeiten und Konzepte	❏	❏	❏	❏
andere, nämlich	❏	❏	❏	❏
....	❏	❏	❏	❏

10. **Gibt es in der Einrichtung Informationsmaterial über Ziele und Angebote der Einrichtung zum Mitnehmen?**

    ❏ ja   ❏ nein

    Wenn ja, wie oft wird dieses aktualisiert? ....

11. **Finden Informationsveranstaltungen in Kooperation mit anderen Einrichtungen statt?**

    ❏ ja   ❏ nein

    Wenn ja mit welchen?

	Nie/ Selten	Manchmal	Häufig	Sehr häufig/ Immer
Schulen	❏	❏	❏	❏
Kindergärten	❏	❏	❏	❏
Kinderkliniken	❏	❏	❏	❏
Allgemeiner Sozialdienst	❏	❏	❏	❏
Schulvorbereitende Einrichtungen	❏	❏	❏	❏
Sonderschulen	❏	❏	❏	❏
Psychosoziale Beratungsstellen	❏	❏	❏	❏
Heilpäd. Tagesstätten	❏	❏	❏	❏

Pflegeheime und Heime	❏	❏	❏	❏
Jugendämter	❏	❏	❏	❏
Sozialpädiatrische Zentren	❏	❏	❏	❏
Regelkindergärten	❏	❏	❏	❏
Integrative Spielgruppen	❏	❏	❏	❏
Kinderkrippen und -horte	❏	❏	❏	❏
Genetische Beratungsstellen	❏	❏	❏	❏
Schwangerschaftsberatungsstellen	❏	❏	❏	❏
Gesundheitsämter	❏	❏	❏	❏
Erziehungsberatungsstellen	❏	❏	❏	❏
Andere Frühfördereinrichtungen	❏	❏	❏	❏

andere, nämlich

.... ❏ ❏ ❏ ❏

.... ❏ ❏ ❏ ❏

12. Findet eine Zusammenarbeit mit Ausbildungsstätten (Hochschulen etc.) statt?

ja ❏   nein ❏

Wenn ja, in welcher Form?

....
....
....

13. Findet eine Weitergabe von Informationen an die allgemeine Öffentlichkeit durch lokale Medien (Funk, Fernsehen, Zeitung) statt?

❏ ja   ❏ nein

Wenn ja, durch welche?

....
....
....

14. Wie hoch sind die finanziellen Mittel, die der Einrichtung für den Bereich Öffentlichkeitsarbeit zur Verfügung stehen?

.... DM

15. Welche zeitlichen Ressourcen stehen für die Öffentlichkeitsarbeit im Monat zur Verfügung?

.... Std

16. Muss die Öffentlichkeitsarbeit mit dem Einrichtungsträger abgesprochen werden?

ja❏   nein❏

5.7.5 Indikatoren zum Feststellen des Handlungsbedarfs

	Trifft zu	Trifft eher zu	Trifft eher nicht zu	Trifft nicht zu
Die Frühförderstelle arbeitet den Bedürfnissen und Fähigkeiten der Kinder und der Familien entsprechend mit den relevanten „Nachbar"-Einrichtungen intensiv zusammen.	❏	❏	❏	❏
Aktuelle und grundlegende Informationen über Angebote und Ziele der Frühförderstelle liegen allen relevanten „Nachbar"-Einrichtungen vor.	❏	❏	❏	❏
In der Einrichtung wurde eine übersichtliche, informative Broschüre entwickelt, die an andere Institutionen und Eltern ausgegeben werden kann.	❏	❏	❏	❏
Die Einrichtung ist über Angebote von „Nachbar"-Einrichtungen umfassend informiert.	❏	❏	❏	❏
Informationen über die und von der Einrichtung werden mit Hilfe des Trägers auch den lokalen Medien zur Verfügung gestellt.	❏	❏	❏	❏
Die Einrichtung führt regelmäßig Informationsveranstaltungen für die Eltern durch.	❏	❏	❏	❏
Die Einrichtung führt regelmäßig öffentliche Veranstaltungen für alle Interessierten durch.	❏	❏	❏	❏
Die Daten über die Außenkontakte der Einrichtung werden sorgfältig dokumentiert und regelmäßig analysiert.	❏	❏	❏	❏
Gesamteinschätzung Die Frühförderstelle macht ihre Ziele und Angebote für Eltern, „Nachbar"-Einrichtungen und die allgemeine Öffentlichkeit transparent und ist im Gegenzug über die Ziele und Angebote anderer Einrichtungen stets informiert.	❏	❏	❏	❏

5.8 Leitung

> Die Leitung einer Frühförderstelle trägt die Verantwortung für alle dienstlichen und fachlichen Aspekte der Arbeit. Neben der Konzeptionalisierung und der Öffentlichkeitsarbeit ist eine zentrale Aufgabe der Leitung die Führung der Mitarbeiterinnen und Mitarbeiter. Um den umfassenden Aufgaben gerecht werden zu können, sollte die Leitung in entsprechendem Umfang freigestellt werden und regelmäßig an Fortbildungen und Supervision teilnehmen.

Der Aufgabenbereich in einer Einrichtung, bei dem es in erster Linie um die Aufsicht über die Einhaltung formaler Bedingungen durch die Mitarbeiterinnen und Mitarbeiter geht, wird mit "Leiten" bezeichnet. Leiten heißt z.B., arbeitsvertragliche Regelungen zu vereinbaren und ihre Einhaltung sicherzustellen sowie Vereinbarungen mit Kostenträgern auszuhandeln und für ihre Einhaltung zu sorgen. In vielen Frühförderstellen werden Leitungsaufgaben noch nicht in der Form wahrgenommen, wie es eigentlich ihrer Bedeutung entspricht. Eine Leitungsfunktion sowie die deutliche Beschreibung der Leitungsaufgaben bilden jedoch eine Grundvoraussetzung für eine qualitätsvolle Binnenstruktur einer Frühfördereinrichtung. In Einrichtungen mit nur wenigen Mitarbeiterinnen und Mitarbeitern ist auch die gemeinsame Erfüllung von Leitungsaufgaben als Team denkbar. Voraussetzung sind hier die eindeutige Verteilung der Zuständigkeiten und verbindliche Absprachen.

Die Leitung einer Frühfördereinrichtung trägt die Verantwortung für die gesamte Frühförderstelle, d.h. für die dienstlichen und fachlichen Aspekte der Arbeit sowie insgesamt für die einrichtungsinterne Entwicklung und Umsetzung des Leitbildes und der Konzeption (vgl. 5.2). Die Leitung bewegt sich an einer entscheidenden Schnittstelle zwischen Träger, Frühförderstelle und Öffentlichkeit. In diesem Zusammenhang ist auch eine vertrauensvolle Zusammenarbeit der Leitung mit dem Geschäftsführer und dem Betriebsrat einer Frühförderstelle von Bedeutung. Weitere Aufgaben sind die Öffentlichkeitsarbeit sowie das Sicherstellen von Supervision und Fortbildung.

Darüber hinaus bedeutet Leitung die Führung der Mitarbeiterinnen und Mitarbeiter bzw. des Teams. Dies stellt hohe Anforderungen an die persönliche Qualifikation der Leitung. Regelmäßige Fortbildung im Bereich Management und Führung sowie Supervision sind daher notwendig. Grundsätzlich ist zu berücksichtigen, dass ein kooperativer, demokratischer Führungsstil bei entsprechender Umsetzung und entsprechenden situativen Bedingungen eher geeignet ist, bei den Mitarbeiterinnen und Mitarbeitern die notwendige Motivation, Kreativität und Eigeninitiative zu stärken und für die Qualitätsentwicklung der Frühförderstelle zu nutzen, als hierarchisch-autoritäre Führungspraktiken (vgl. Schädler 1999). Eine umfassende Untersuchung von Peterander und Speck (1993, 137) hat gezeigt, dass ein positives Führungsverhalten der Leitung einen starken Einfluss auf alle Bereiche der Frühförderarbeit zeigt. Über ein gutes Arbeitsklima hinaus fördert ein positives Führungsverhalten das Entstehen erwünschter organisationaler Strukturen, die Durchführung interner Fortbildungen, Form und Inhalt der Teamsitzungen sowie das positive Empfinden der Mitarbeiterinnen und Mitarbeiter allgemein. Vor diesem Hintergrund sollten die Mitarbeiterinnen und Mitarbeiter bei der Besetzung der Leitung Mitsprachemöglichkeiten haben. Um die Qualität im Bereich der Einrichtungs- bzw. Teamleitung zu evaluieren ist auch eine schriftliche Befragung der Mitarbeiterinnen in Bezug auf die Leitung sinnvoll (vgl. 9.2).

Die für die Leitungsaufgaben erforderliche Freistellung richtet sich nach der Größe der Einrichtung und dem Umfang ihres Leistungsangebotes. Es ist Aufgabe des Trägers der Frühförderstelle, die notwendigen Frei- und Entscheidungsräume für die Leitung von Frühförderung zu schaffen und zu sichern. Das Anforderungsprofil für die Leitung sowie die jeweiligen Verantwortungsbereiche und Kompetenzen sind in einer Stellenbeschreibung festzulegen (vgl. 9.4).

5.8.1 Literatur

BUNDESVEREINIGUNG LEBENSHILFE (Hg.): Frühe Hilfen. Frühförderung aus Sicht der Lebenshilfe. Marburg 1997.

SCHÄDLER, JOHANNES: Qualitätssicherung und Organisationsentwicklung in Einrichtungen für Menschen mit geistiger Behinderung. Unveröff. Manuskript 1999.

PETERANDER, FRANZ; SPECK, OTTO: Unveröff. Abschlussbericht zum Forschungsprojekt „Strukturelle und inhaltliche Bedingungen der Frühförderung". Ludwig-Maximilians-Universität München 1993.

5.8.2 Bestandsaufnahme

1. **Gibt es in der Einrichtung eine Leitungsperson?**

   ❏ ja   ❏ nein

   Wenn ja:
   ❏ m   ❏ w

   Wenn nein, warum nicht?

   ....
   ....
   ....

2. **Welche berufliche (Zusatz-)Qualifikationen hatte die Leitungsperson bei ihrer Einstellung?**

   ....
   ....
   ....
   ....

3. **Hat die Leitung gleichzeitig die Teamführung?**

   ❏ ja   ❏ nein

4. **Mit wie viel Prozent der wöchentlichen Arbeitszeit wird die Leitungsperson für Leitungs- und Managementaufgaben freigestellt?**

   .... %

5. **Wird diese Leitungsfreistellung durch den Kostenträger finanziert?**

   ja   ❏
   nein   ❏
   anteilig   ❏

   Wenn nein, warum nicht?

   ....
   ....
   ....

6. Gibt es für die Leitung eine Stellenbeschreibung?

❏ ja   ❏ nein

7. Haben die Mitarbeiter/innen Mitspracherechte bei der Besetzung der Leitung?

❏ ja   ❏ nein

Wenn ja, welche Mitarbeiter/innen?

....
....
....

Wenn ja, in welcher Form erfolgt die Mitsprache?

....
....
....

8. Besucht die Leitungsperson regelmäßig Fortbildungen zu den Themen Management und Führung?

❏ ja   ❏ nein

Wenn ja, welche?

....
....
....

Wenn nein, warum nicht?

....
....
....

5.8.3 Indikatoren zum Feststellen des Handlungsbedarfs

	Trifft zu	Trifft eher zu	Trifft eher nicht zu	Trifft nicht zu
Es gibt eine offiziell ernannte Leitungsperson in der Einrichtung.	❑	❑	❑	❑
Die Leitungsaufgaben sind eindeutig und schriftlich formuliert.	❑	❑	❑	❑
Die Leitung wird vom Träger in ausreichendem Umfang freigestellt, um alle Leitungsaufgaben erfüllen zu können.	❑	❑	❑	❑
Die Leitungsperson nimmt regelmäßig an Fortbildungen zu den Bereichen Management und Führung teil.	❑	❑	❑	❑
Die Leitungsperson nimmt regelmäßig an fachlichen Fortbildungen teil.	❑	❑	❑	❑
Die Mitarbeiter/innen werden in die Entscheidungen zur Besetzung der Leitung einbezogen.	❑	❑	❑	❑
Gesamteinschätzung Die Leitung der Einrichtung wird nach den genannten Qualitätskriterien gestaltet.	❑	❑	❑	❑

5.9 Personalqualität

> Eine qualifizierte und interdisziplinär ausgerichtete Personalstruktur stellt einen wesentlichen Baustein der Strukturqualität einer Frühfördereinrichtung dar. Um eine gute Personalqualität bereitzustellen, sind über die Berufsausbildungen der Mitarbeiterinnen und Mitarbeiter hinaus regelmäßige Fort- und Weiterbildungen sowie Supervision und Teamarbeit notwendig.

5.9.1 Berufsausbildungen der Mitarbeiterinnen und Mitarbeiter

Eine wesentliche Aufgabe der Mitarbeiterinnen und Mitarbeiter einer Frühfördereinrichtung besteht darin, gemeinsam ein „Bild" des Kindes und seiner Familie mit ihren Aktivitäten, ihren Kompetenzen und Problemen im Alltag und im Lebensumfeld zu entwickeln und daraus für das Kind einen fachlich begründeten Förderplan zu erarbeiten.

Das Personal einer Frühförderstelle muss sich daher im Sinne der Interdisziplinarität und der Ganzheitlichkeit aus unterschiedlichen Berufsgruppen zusammensetzen. Die Beteiligung der Bereiche Pädagogik, Psychologie, Medizin und Sozialpädagogik sollte in der Personalstruktur der Einrichtung verankert oder durch Kooperationsverträge mit externen Fachkräften gesichert werden. Sinnvoll ist eine Ergänzung des Fachpersonals durch Verwaltungskräfte, Praktikantinnen und Praktikanten und Zivildienstleistende.

Hierbei ist besonders bei Neueinstellungen von Fachkräften, aber auch bei Praktikantinnen und Praktikanten auf eine umfassende, unterstützende Einarbeitung zu achten.

5.9.2 Fort- und Weiterbildung

Nicht nur bei Neueinstellungen sind die Qualifikationen des Personals zu berücksichtigen, sondern auch den bereits angestellten Mitarbeiterinnen und Mitarbeitern muss die Möglichkeit zur Fort- und Weiterbildung gegeben werden. Die Komplexität des Prozesses der Frühförderung, in dem sich die Mitarbeiterinnen und Mitarbeiter stets unterschiedlichen Aufgabenstellungen gegenüber sehen, führt häufig zu der Erkenntnis, dass eine hohe Spezialisierung in dem einen oder anderen Teilbereich für die Gesamtqualität des Förderprozesses nicht hinreichend ist. So sind zum Beispiel Logopädinnen und Logopäden oder Bewegungstherapeutinnen und -therapeuten oft ebenso mit Fragen der Elternberatung konfrontiert wie Sozialarbeiterinnen und Sozialarbeiter oder eine hohe Anzahl fremdsprachiger Familien macht entsprechende Weiterbildungen notwendig. Hieran zeigt sich auch, dass die Frage nach dem Erwerb von Zusatzqualifikationen nicht nur im Interesse der einzelnen Mitarbeiterin oder des einzelnen Mitarbeiters liegt, sondern zentrale Aufgabe des ganzen Teams ist (vgl. Peterander 1996c).

5.9.3 Supervision

Um sinnvolle interdisziplinäre Teamarbeit leisten zu können, muss ein Frühförderteam mehr sein als die Summe seiner Mitglieder. Supervisionen bieten zum einen die Möglichkeit der individuellen persönlichen und fachlichen Weiterentwicklung und können darüber hinaus maßgeblich dazu beitragen, die Zusammenarbeit im Team, die Zufriedenheit der Mitarbeiterinnen und Mitarbeiter sowie die Abläufe und Ergebnisse der Arbeit zu optimieren. Ebenso ist Supervision ein wichtiges Instrument um Formen, Konzepte und Inhalte der eigenen Arbeit sowie der Arbeit der Frühförderstelle zu reflektieren und vor diesem Hintergrund die fachlichen Kompetenzen und die Zusammenarbeit im Team weiter zu entwickeln. Zu beachten ist hierbei die freiwillige Bereitschaft der Mitarbeiterinnen und Mitarbeiter zur Teilnahme an der Supervision. Es ist unter anderem eine Aufgabe der Leitung, die Mitarbeiterinnen und Mitarbeiter zur Teilnahme an solchen Maßnahmen zu motivieren.

5.9.4 Teamarbeit

Um eine sinnvolle, effektive Teamarbeit zu fördern und die konstruktive Zusammenarbeit aller Beteiligten voranzutreiben, sind bestimmte strukturelle Maßnahmen notwendig. Hierzu zählen regelmäßige, möglichst wöchentliche Teamsitzungen. Ebenso wichtig ist aber auch die Teilnahme an darüber hinausgehenden Terminen wie interne Fortbildungen oder Fallbesprechungen. Die Beratung der Mitarbeiterinnen und Mitarbeiter untereinander sollte gefördert werden. Ein entspanntes Arbeitsklima kann nur erreicht werden, wenn Möglichkeiten und Freiräume geschaffen werden, um sich auszutauschen, um Konflikte in einem angemessenen Rahmen zu lösen und dem Gesprächs- bzw. Beratungsbedarf im Team Rechnung zu tragen.

5.9.5 Literatur

PETERANDER, FRANZ: Neue Fragen zu einem alten Thema: Qualitätssicherung und -entwicklung in der Frühförderung. In: Opp, G.; Freytag, A.; Budnik, I. (Hg.): Heilpädagogik in der Wendezeit. Luzern 1996c.

5.9.6 Bestandsaufnahme

1. **Wie viel festangestelltes Fachpersonal arbeitet in der Einrichtung, welche Berufe und welches Stundenkontingent haben diese Mitarbeiter/innen?**
(ZQ=Zusatzqualifikation)

Beruf	m	w			
Dipl. Heilpädagoge/-in	❑ m	❑ w	Anzahl	Stundenzahl	ZQ ....
Dipl. Pädagoge/-in	❑ m	❑ w	Anzahl	Stundenzahl	ZQ ....
Ergotherapeut/-in	❑ m	❑ w	Anzahl	Stundenzahl	ZQ ....
Heilerziehungspfleger/-in	❑ m	❑ w	Anzahl	Stundenzahl	ZQ ....
Dipl. Sozialpädagoge/-in	❑ m	❑ w	Anzahl	Stundenzahl	ZQ ....
Erzieher/-in	❑ m	❑ w	Anzahl	Stundenzahl	ZQ ....
Arzt/Ärztin	❑ m	❑ w	Anzahl	Stundenzahl	ZQ ....
Kinderkrankenschwester/-pfleger	❑ m	❑ w	Anzahl	Stundenzahl	ZQ ....
Krankengymnast/-in	❑ m	❑ w	Anzahl	Stundenzahl	ZQ ....
Kunsttherapeut/-in	❑ m	❑ w	Anzahl	Stundenzahl	ZQ ....
Kinder- und Jugend-Psychotherapeut/-in	❑ m	❑ w	Anzahl	Stundenzahl	ZQ ....
Logopäde/-in	❑ m	❑ w	Anzahl	Stundenzahl	ZQ ....
Dipl. Sozialarbeiter/-in	❑ m	❑ w	Anzahl	Stundenzahl	ZQ ....
Motopäde/-in	❑ m	❑ w	Anzahl	Stundenzahl	ZQ ....
Musiktherapeut/-in	❑ m	❑ w	Anzahl	Stundenzahl	ZQ ....
Dipl. Psychologe/-in	❑ m	❑ w	Anzahl	Stundenzahl	ZQ ....
Psychomotoriktherapeut/-in	❑ m	❑ w	Anzahl	Stundenzahl	ZQ ....
Sonderpädagoge/-in	❑ m	❑ w	Anzahl	Stundenzahl	ZQ ....
staatl. anerkannte/r Heilpädagoge/in	❑ m	❑ w	Anzahl	Stundenzahl	ZQ ....
andere, nämlich					
....	❑ m	❑ w	Anzahl	Stundenzahl	ZQ ....
....	❑ m	❑ w	Anzahl	Stundenzahl	ZQ ....

2. **Wie viele Mitarbeiter/innen mit befristeten Verträgen arbeiten in der Einrichtung, welche Berufe und welches Stundenkontigent haben diese Mitarbeiter/innen?**

Beruf	m	w			
Dipl. Heilpädagoge/-in	❑ m	❑ w	Anzahl	Stundenzahl	ZQ ....
Dipl. Pädagoge/-in	❑ m	❑ w	Anzahl	Stundenzahl	ZQ ....
Ergotherapeut/-in	❑ m	❑ w	Anzahl	Stundenzahl	ZQ ....
Heilerziehungspfleger/-in	❑ m	❑ w	Anzahl	Stundenzahl	ZQ ....
Dipl. Sozialpädagoge/-in	❑ m	❑ w	Anzahl	Stundenzahl	ZQ ....

Erzieher/-in ❑ m ❑ w Anzahl .... Stundenzahl .... ZQ ....

Arzt/Ärztin ❑ m ❑ w Anzahl .... Stundenzahl .... ZQ ....

Kinderkrankenschwester/-pfleger ❑ m ❑ w Anzahl .... Stundenzahl .... ZQ ....

Krankengymnast/-in ❑ m ❑ w Anzahl .... Stundenzahl .... ZQ ....

Kunsttherapeut/-in ❑ m ❑ w Anzahl .... Stundenzahl .... ZQ ....

Kinder- und Jugend-
Psychotherapeut/ -in ❑ m ❑ w Anzahl .... Stundenzahl .... ZQ ....

Dipl. Sozialarbeiter/-in ❑ m ❑ w Anzahl .... Stundenzahl .... ZQ ....

Logopäde/-in ❑ m ❑ w Anzahl .... Stundenzahl .... ZQ ....

Motopäde/-in ❑ m ❑ w Anzahl .... Stundenzahl .... ZQ ....

Musiktherapeut/-in ❑ m ❑ w Anzahl .... Stundenzahl .... ZQ ....

Dipl. Psychologe/-in ❑ m ❑ w Anzahl .... Stundenzahl .... ZQ ....

Psychomotoriktherapeut/-in ❑ m ❑ w Anzahl .... Stundenzahl .... ZQ ....

Sonderpädagoge/-in ❑ m ❑ w Anzahl .... Stundenzahl .... ZQ ....

staatl. anerkannte/r
Heilpädagoge/in ❑ m ❑ w Anzahl .... Stundenzahl .... ZQ ....

andere, nämlich

.... ❑ m ❑ w Anzahl .... Stundenzahl .... ZQ ....

.... ❑ m ❑ w Anzahl .... Stundenzahl .... ZQ ....

3. **Wie hoch ist der Anteil der Mitarbeiter/innen mit befristeten Verträgen prozentual?**

   .... %

4. **Sind Vertragsverlängerungen möglich?**

   ❑ ja ❑ nein ❑ nicht vorhersehbar

   Wenn ja, für wie lange?

   ....

5. **Welche weiteren Mitarbeiter/innen arbeiten in der Einrichtung mit welchem Stellenkontingent?**

   Praktikanten/innen ❑ Anzahl .... Stundenzahl ....

   Zivildienstleistende ❑ Anzahl .... Stundenzahl ....

   Verwaltungspersonal ❑ Anzahl .... Stundenzahl ....

   Hausmeister/-in ❑ Anzahl .... Stundenzahl ....

   Reinigungspersonal ❑ Anzahl .... Stundenzahl ....

   andere, nämlich

   .... ❑ Anzahl .... Stundenzahl ....

   .... ❑ Anzahl .... Stundenzahl ....

6. Gibt es Honorarkräfte?

❏ ja ❏ nein

Wenn ja, welche Qualifikationen haben diese?

Qualifikation .... Stundenzahl ....
Qualifikation .... Stundenzahl ....
Qualifikation .... Stundenzahl ....

7. Wurden in der Einrichtung im letzten Jahr interne Fortbildungsmaßnahmen durchgeführt?

❏ ja ❏ nein

Wenn ja, wie viele?

....

Zu welchen Themenbereichen?

....
....

Wer führte diese durch?

Teamleitung	❏
Mitarbeiter/innen	❏
Auswärtige Referent/innen	❏
Zusammenarbeit in Arbeitskreisen	❏

andere, nämlich

....
....
....

8. Zu welchen Themen wurden in den letzten 12 Monaten Weiter-/Fortbildungsmaßnahmen von Mitarbeiter/innen welcher Professionen besucht?

Gesprächsführung	❏ Prof.: ....
Elternarbeit	❏ Prof.: ....
Konfliktmanagement	❏ Prof.: ....
Umgang mit schwierigen Fördersituationen	❏ Prof.: ....
Kooperation im Team	❏ Prof.: ....
Möglichkeiten der Förderung kindlichen Sozialverhaltens	❏ Prof.: ....

Förderung der Motorik	❑ Prof.: ....
Familientherapie	❑ Prof.: ....
Förderung der Wahrnehmung	❑ Prof.: ....
Förderung der Sprachentwicklung	❑ Prof.: ....
Förderung des Gehörs	❑ Prof.: ....
Systemische Familienberatung	❑ Prof.: ....
Verfahren bei Problemen der Eltern-Kind-Interaktion	❑ Prof.: ....
Verhaltenstherapie	❑ Prof.: ....
Supervision	❑ Prof.: ....
Sach- und Rechtsfragen	❑ Prof.: ....
Theoretische Grundzüge der Psychologie und Pädagogik	❑ Prof.: ....
Medizinische Fragen	❑ Prof.: ....
Spieltherapie	❑ Prof.: ....
Zugangsweisen zum Kind	❑ Prof.: ....
Beziehungsgestaltung	❑ Prof.: ....
Qualitätssicherung, -entwicklung, -management	❑ Prof.: ....
andere, nämlich	
....	❑ Prof.: ....
....	❑ Prof.: ....
....	❑ Prof.: ....

9. Wie hoch sind die für Weiterbildung zur Verfügung stehenden finanziellen Mittel der Einrichtung?

.... pro Jahr

10. An wie vielen Arbeitstagen im Jahr können Mitarbeiter/innen bezahlte Fortbildungen besuchen?

.... Tage

11. Welche Kosten übernimmt die Einrichtung?

Kursgebühren	❑
Reisekosten	❑
Übernachtung	❑
Tagungsgelder	❑
andere, nämlich	

....

....

12. Findet in der Einrichtung regelmäßig eine externe Supervision statt?

❑ ja ❑ nein

13. Findet regelmäßig interne Supervision statt?

❑ ja ❑ nein

14. Welche Formen von Supervision haben in der Einrichtung in den letzten 12 Monaten wie häufig stattgefunden?

- **Gruppensupervision**
  - im Gesamtteam ❑ Häufigkeit ....
  - im Fachteam ❑ Häufigkeit ....
  - im interdisziplinärem Arbeitsteam ❑ Häufigkeit ....
- **Einzelsupervisionen**
  - Teilnahme an externer Gruppensupervision ❑ Häufigkeit ....
- andere, nämlich
  - .... ❑ Häufigkeit ....
  - .... ❑ Häufigkeit ....

15. Wie viele Mitarbeiter/innen nahmen in den letzten 12 Monaten in welcher Form Supervision in Anspruch?

- Gruppensupervision
  - im Gesamtteam — Anzahl ....
  - im Fachteam — Anzahl ....
  - im interdisziplinärem Arbeitsteam — Anzahl ....
- Einzelsupervisionen — Anzahl ....
  - Teilnahme an externer Gruppensupervision — Anzahl ....
- andere, nämlich
  - .... Anzahl ....
  - .... Anzahl ....

16. Wie viel Prozent der Mitarbeiter/innen nehmen durchschnittlich an Teamsitzungen teil?

.... %

17. **Wie häufig sind kooperierende Fachkräfte (auch Personen, die außerhalb der Einrichtung tätig sind) an den Teamsitzungen beteiligt?**

    nie/selten ❏
    manchmal ❏
    häufig ❏
    immer ❏

18. **Wie viele Teamsitzungen finden pro Monat statt?**

    ....

19. **Wie lange dauern diese im Durchschnitt?**

    .... Min.

20. **Welche Themen werden behandelt?**

	Nie/Selten	Manchmal	Häufig	Sehr häufig/Immer
Vorstellung und Diskussion von Fällen	❏	❏	❏	❏
Neueinstellungen	❏	❏	❏	❏
Erstellen von Förderplänen	❏	❏	❏	❏
Demonstration von Arbeits- und Vorgehensweisen durch einzelne Mitarbeiter/innen	❏	❏	❏	❏
Gespräche über Gefühle und Belastungen der Mitarbeiter/innen	❏	❏	❏	❏
Diskussion zu relevanten Forschungsergebnissen	❏	❏	❏	❏
Gegenseitige Supervision	❏	❏	❏	❏
Koordination der Einzelmaßnahmen	❏	❏	❏	❏
Amtliche Mitteilungen	❏	❏	❏	❏
Organisations- und Arbeitspläne	❏	❏	❏	❏
Zugangsweisen zum Kind	❏	❏	❏	❏
Zusammenarbeit mit Eltern	❏	❏	❏	❏
Berichte über besuchte Fortbildungen	❏	❏	❏	❏
andere, nämlich	❏	❏	❏	❏
....	❏	❏	❏	❏

21. Finden einrichtungsinterne Besprechungen außerhalb der Teamsitzungen statt?

❏ ja ❏ nein

Wenn ja, welche?

....
....

Wer nimmt an diesen teil?

....
....

Wie häufig finden sie statt?

....
....

Wie lange dauern sie im Schnitt?

....
....

22. Wer ist innerhalb der Einrichtung für die Einarbeitung neuer Mitarbeiter/innen, bzw. Praktikant/innen zuständig?

....
....

23. Nach welchen Kriterien wird dies entschieden?

....
....

5.9.7 Indikatoren zum Feststellen des Handlungsbedarfs

	Trifft zu	Trifft eher zu	Trifft eher nicht zu	Trifft nicht zu
Die Einrichtung hat eine Personalstruktur innerhalb derer die Bereiche Pädagogik, Psychologie, Medizin und Sozialpädagogik dem Einrichtungskonzept entsprechend adäquat vertreten sind.	❏	❏	❏	❏

	Trifft zu	Trifft eher zu	Trifft eher nicht zu	Trifft nicht zu
Die Mitarbeiter/innen verfügen über Fremdsprachenkenntnisse, die den jeweiligen Bedürfnissen der Nutzer/innen entsprechen.	❏	❏	❏	❏
Die Qualifikationen der Mitarbeiter/innen sind im Einklang mit den Bedürfnissen der Zielgruppen, beziehungsweise der Nutzerinnen und Nutzer.	❏	❏	❏	❏
Die Einrichtung arbeitet dort, wo der Bedarf nicht vom eigenen Personal abgedeckt werden kann, mit einem festen Stamm externer Fachkräfte zusammen.	❏	❏	❏	❏
In der Einrichtung arbeiten Verwaltungskräfte in ausreichendem Umfang.	❏	❏	❏	❏
Teambesprechungen an denen alle Mitarbeiter/innen teilnehmen finden regelmäßig statt. Ergebnisse werden übersichtlich und nachvollziehbar protokolliert.	❏	❏	❏	❏
Die kooperierenden externen Fachkräfte werden bei Bedarf in die Teambesprechungen integriert.	❏	❏	❏	❏
Im Team wird erarbeitet, welche Fort- und Weiterbildungen notwendig sind.	❏	❏	❏	❏
Die Teilnahme an entsprechenden Veranstaltungen in ausreichendem Umfang wird ermöglicht.	❏	❏	❏	❏
Im Team wird erarbeitet, welche Formen von Supervision notwendig und erwünscht sind.	❏	❏	❏	❏
Die entsprechende Supervision wird in ausreichendem Umfang ermöglicht.	❏	❏	❏	❏
Der Etat für Fort- und Weiterbildung ist hoch genug, um den Handlungsnotwendigkeiten der Einrichtung zu entsprechen.	❏	❏	❏	❏
Der Etat für Supervision ist hoch genug, um den Handlungsnotwendigkeiten der Einrichtung zu entsprechen.	❏	❏	❏	❏

Gesamteinschätzung

	Trifft zu	Trifft eher zu	Trifft eher nicht zu	Trifft nicht zu
Die Einrichtung stellt durch entsprechende Maßnahmen eine qualitativ hochwertige, interdisziplinär ausgerichtete Personalstruktur her und erhält diese.	❏	❏	❏	❏

5.10 Organisation und Ablauf

> Die Organisationsstruktur einer Frühfördereinrichtung sollte den spezifischen lokalen und regionalen Strukturen sowie den beteiligten Institutionen und Personen gerecht werden. Sie ist entsprechend der unterschiedlichen Bedürfnisse der Kinder und Familien in hohem Maß flexibel und familiennah zu gestalten. Für die eigene Klärung der Aufgaben und Kompetenzen sowie für die Information nach außen empfiehlt sich eine Darstellung der Organisationsstrukturen in Form eines Organigramms.

Einrichtungen der Frühförderung arbeiten mit sehr unterschiedlichen Organisationsformen. Diese sind abhängig von den jeweiligen Trägerschaften, den verschiedenen Leistungsangeboten und Arbeitsweisen, der regionalen Verteilung sowie von den spezifischen lokalen und regionalen Entstehungsbedingungen und –hintergründen. Es ist davon auszugehen, dass keine spezifische Organisationsstruktur als vorbildlich oder allgemein wegweisend bezeichnet werden kann. Vielmehr kommt es darauf an, Formen und Organisationen der Zusammenarbeit herauszubilden, welche den spezifischen lokalen und regionalen Strukturen sowie den beteiligten Institutionen und Personen Rechnung tragen (vgl. Brackhane; Schluz 1990).

Die Arbeitsweisen des offenen Systems Frühförderung ergeben sich aus den spezifischen Erfordernissen der jeweiligen Familien. Erfahrungen in zahlreichen Frühförderstellen in Deutschland haben gezeigt, dass familiennahe Frühförderung am wirksamsten über örtliche, regionale Frühförderstellen angeboten werden kann. Um allen Familien eine problemlose Inanspruchnahme zu ermöglichen, d.h. um mögliche Hemmschwellen abzubauen, sollen Frühförderstellen vom Standort, von ihrer Bezeichnung her und in ihrer Organisation (Telefon – Nummer, Briefkopf u.a.) neutral sein, auch wenn ein Behindertenverband Träger dieser Einrichtung ist. Die Organisationsstruktur einer Frühfördereinrichtung ist in hohem Maße flexibel und familiennah zu gestalten. Die Entscheidung, ob mobil oder ambulant gearbeitet wird, ist für jede Familie in Abstimmung mit den Eltern individuell zu treffen. Grundsätzlich sind beide Arbeitsweisen anzubieten. Hohe Flexibilität ist auch in der Gestaltung der interdisziplinären Kooperation erforderlich. Die Organisationsstrukturen der praktischen Vorgehensweisen müssen sich dabei an den interdisziplinär geklärten Zielen orientieren und nicht an fachlichen Hierarchien.

Umfang, Art, Dauer und Häufigkeit der Frühförderung sind je nach individuellem Bedarf des Kindes und seiner Familie flexibel zu gestalten. Grundsätzlich ist in der Planung und Durchführung der Grundsatz zu berücksichtigen, dass eine möglichst kleine Anzahl von Fachkräften unmittelbar mit dem Kind und der Familie arbeitet, um die Familie durch die Vielfalt der Kontaktpersonen nicht zu überfordern und um nicht mehr als erforderlich in die Lebenswelt der Familien einzugreifen. Um die Förderung entsprechend der unterschiedlichen Bedürfnisse der Kinder und ihrer Familien gestalten zu können, ist auch eine flexible Handhabung der Fördereinheiten erforderlich. Eine Fördereinheit sollte beinhalten:

- Vorbereitung
- Anfahrt/ Abfahrt
- Arbeit mit dem Kind
- Elternberatung und -anleitung
- Nachbereitung
- Dokumentation
- Gruppenarbeit
- Teamarbeit, Teambesprechungen
- Supervision
- Koordinierende Aufgaben
- Organisatorische Aufgaben (z.B. Presse- und Öffentlichkeitsarbeit u.a.)

Der durchschnittliche wöchentliche Zeitaufwand für eine pädagogische Fördereinheit beträgt erfahrungsgemäß durchschnittlich 170 Minuten (vgl. Lebenshilfe, Landesverband NRW 1994).

Frühförderung ist vor allem „Einzelfallhilfe", d.h. Einzelförderung eines behinderten oder von Behinderung bedrohten Kindes. Für bestimmte Situationen und Gegebenheiten sind jedoch auch Gruppenformen sinnvoll, so z.B. für Kinder, die zu ersten sozialen und kommunikativen Kontakten geführt werden sollen (vgl. Bundesvereinigung Lebenshilfe 1997). Auch für die Zusammenarbeit mit den Eltern sind variable Arbeitsformen anzubieten. Dabei sind neben Gruppenformen wie Eltern-Kind-Gruppen und Eltern(selbsthilfe)gruppen vor allem institutionalisierte

Strukturen und Angebote von Bedeutung, welche eine Mitsprache der Eltern an der Arbeit der Frühförderstelle ermöglichen. Die Wahrnehmung und Verfolgung gemeinsamer Interessen kann z.B. im Rahmen von Elternabenden oder Elternräten erfolgen (vgl. 6.5.2).

Für die Kooperation mit „Nachbar" – Einrichtungen gilt es, klare Vorgehensweisen und Strukturen abzusprechen. Dieses ist besonders wichtig für den Übergang eines Kindes in Nachfolgeeinrichtungen wie z.B. in Kindergärten oder Schulen.

Damit Frühförderstellen ihre im Gesamtkonzept (vgl. 5.2) verankerten Leitgedanken und Ziele umsetzen können, ist es erforderlich, dass sie sich zu diesem Zwecke eine interne Organisationsstruktur geben. Diese legt formal fest, welche Mitarbeiter und Mitarbeiterinnen welche Aufgaben übernehmen, wer welche Befugnisse hat und in welcher Art und Weise die zahlreichen Aufgaben zu erfüllen sind. Hierfür sind eindeutige Stellenbeschreibungen für alle Mitarbeiterinnen und Mitarbeiter einschließlich der Verwaltungskräfte erforderlich (vgl. 9.4; 9.5).

Aufgrund des komplexen Aufgabenfeldes wird die Arbeit einer Frühförderstelle durch eine Vielzahl von Umgebungsfaktoren beeinflusst, z.B. durch die Einrichtungen und Dienste mit denen sie kooperiert, durch die Familien und durch den Kostenträger. Diese Einflussfaktoren verändern sich stetig. Mitarbeiterinnen und Mitarbeiter von Frühförderstellen sehen sich z.B. stetig wechselnden Anforderungen in der individuellen Arbeit mit den unterschiedlichen Familien gegenüber. Der Personenkreis der zu betreuenden Kinder verändert sich (vgl. 5.5), und auch die Rechts- und Finanzierungsgrundlagen der Arbeit sind dem Wandel unterlegen (vgl. 5.3).

In diesem Kontext wird die Arbeit in der Frühförderung von zahlreichen, nicht vorhersehbaren situativen Bedingungen bestimmt, auf welche die Mitarbeiterinnen und Mitarbeiter adäquat reagieren, d.h. auch Entscheidungen treffen müssen. Eine gute Organisationsstruktur muss diesen Anforderungen gerecht werden, d.h. flexibel und anpassungsfähig sein. Hieraus ergibt sich die Forderung nach einer Enthierarchisierung, d.h. die Übertragung von Verantwortungs- und Entscheidungskompetenzen auf alle Mitarbeiterinnen und Mitarbeiter. Hierbei ist zu berücksichtigen, dass bei der Delegation von Kompetenzen immer auch der erforderliche Informationsstand gegeben und der genaue Entscheidungs- und Handlungsspielraum geklärt werden muss.

Grundsätzlich ist zu empfehlen, die formale Organisationsstruktur in Form eines „Organigramms" graphisch darzustellen (vgl. 9.6). Eine solche Darstellung erleichtert innerhalb der Frühförderstelle die Klärung der Aufgaben und Kompetenzen einzelner Personen und ist eine wichtige Grundlage für die Einarbeitung neuer Mitarbeiterinnen und Mitarbeiter sowie für die Information Außenstehender (vgl. Schädler 1999).

5.10.1 Literatur

BUNDESVEREINIGUNG LEBENSHILFE (Hg.): Frühe Hilfen. Frühförderung aus Sicht der Lebenshilfe. Marburg 1997.

BRACKHANE, RAINER; SCHLUZ, FRIEDOLF: Frühförderung in NRW. Eine Untersuchung der frühen Hilfen für behinderte und von Behinderung bedrohte Kinder. Minister für Arbeit, Gesundheit und Soziales des Landes NRW. Düsseldorf 1990.

LEBENSHILFE LANDESVERBAND NRW (Hg.): Rahmenempfehlung zur Frühförderung.1994.

SCHÄDLER, JOHANNES: Qualitätssicherung und Organisationsentwicklung in Einrichtungen und Diensten für Menschen mit geistiger Behinderung. Unveröff. Manuskript 1999.

5.10.2 Bestandsaufnahme

1. **Die Fachkräfte in der Einrichtung arbeiten**

	Päd.	*Therap.*
ambulant	.... %	.... %
mobil	.... %	.... %

2. **Gibt es Gruppenförderungen?**

   ja ❏   nein ❏

   Wenn ja, welche?

   ....
   ....
   ....
   ....

3. **Gibt es für die Einrichtung ein Organigramm?**

   ja ❏   nein ❏

4. **Liegen für alle Mitarbeiter/innen einschließlich der Verwaltungskräfte eindeutige Stellenbeschreibungen vor?**

   ja ❏   nein ❏

5.10.3 Indikatoren zum Feststellen des Handlungsbedarfs

	Trifft zu	Trifft eher zu	Trifft eher nicht zu	Trifft nicht zu
Die Einrichtung ist vom Standort, in ihrer Bezeichnung und ihrer Organisation behinderungsneutral.	❏	❏	❏	❏
Die Organisations- und Ablaufstruktur der Einrichtung liegt in Form eines Organigramms schriftlich vor.	❏	❏	❏	❏
Es liegen für alle Mitarbeiterinnen und Mitarbeiter eindeutige Stellenbeschreibungen vor.	❏	❏	❏	❏
Alle Aufgaben und Verantwortungen sind klar formuliert, den Mitarbeiter/innen zugewiesen und bekannt.	❏	❏	❏	❏
Es gibt institutionalisierte Angebote, die Eltern eine Mitsprache an der Frühförderarbeit ermöglichen.	❏	❏	❏	❏
Die Fördereinheiten können für jede Familie inhaltlich und im Umfang flexibel gestaltet werden.	❏	❏	❏	❏
Es sind für jede Familie grundsätzlich ambulante und mobile Angebote möglich.	❏	❏	❏	❏
Gesamteinschätzung Organisation und Ablauf in der Einrichtung entsprechen den spezifischen lokalen und regionalen Strukturen und lassen sich in der Arbeit mit den Familien sowie in der Kooperation mit anderen Fachleuten und -diensten flexibel gestalten.	❏	❏	❏	❏

6. Evaluationsbereich Prozessqualität

Unter Prozessqualität ist die wirksame Umsetzung von Handlungskonzepten zu verstehen. Eine Grundvoraussetzung für eine gute Prozessqualität einer Frühförderstelle ist die disziplinübergreifende Verständigung und Einigung bezüglich der zentralen Leitlinien der Einrichtung, welche sich an den aktuellen fachlichen Leitlinien der Behindertenhilfe (z.B. Autonomie und Selbstbestimmung) bzw. an den Grundpostulaten der Frühförderung (z.B. Familienorientierung) ausrichten müssen.

Darüber hinaus müssen für jede Disziplin in der Frühförderung spezifische Handlungskonzepte vorliegen, welche im Einklang mit den Leitlinien stehen. Das individuelle fachliche Handeln der Mitarbeiterinnen und Mitarbeiter ist danach zu beurteilen, ob es gelingt, die verschiedenen Handlungskonzepte in Orientierung an den zentralen Leitlinien im täglichen fachlichen Handeln wirksam umzusetzen.

In Anbetracht der Komplexität des offenen Systems Frühförderung kommt der Prozessqualität im Kontext der Qualitätssicherung eine herausragende Bedeutung zu. Gleichzeitig erscheint es gerade auf dieser Ebene besonders schwierig, Standards zu formulieren, ihre Umsetzung zu dokumentieren und zu beurteilen, zumal es hierbei um soziale Prozesse geht, deren Qualität sich weniger an objektiven Maßstäben messen lässt, sondern vielmehr der subjektiven Wahrnehmung und Beurteilung der Beteiligten unterliegt.

Im Rahmen der Prozessqualität in der Frühförderung sind alle diagnostischen, therapeutischen und pädagogischen Methoden und Verfahren der Förderung des Kindes und der Zusammenarbeit mit den Eltern und mit anderen Einrichtungen zu evaluieren.

Ein grundlegendes Kriterium für Qualität bei der Durchführung unterschiedlicher Maßnahmen ist die Beziehungsgestaltung, denn die Vermittlung und der Dialog sind wesentliche Wirkkomponenten von Förderung, Therapie und Beratung in der Frühförderung (vgl. Leyendecker 1998). Die Frage der Beziehungsqualität stellt sich mehrfach, nämlich bei den kindbezogenen Leistungen ebenso wie bei der Kooperation der Fachleute mit den Eltern.

Ein weiteres Element von Prozessqualität ist die Ausgestaltung der Kooperation im Team und der Zusammenarbeit mit externen Fachleuten und Einrichtungen.

Schließlich geht es im Kontext der Prozessqualität auch um Planung und Dokumentation der Durchführung aller Maßnahmen. Verbindliche Standards der Dokumentation sind notwendig sowohl für die Kommunikation innerhalb der Frühförderstellen als auch für eine transparente Außendarstellung.

 ## Literatur

LEYENDECKER, CRISTOPH: „Je früher, desto besser?!" Konzepte früher Förderung im Spannungsfeld zwischen Behandlungsakteuren und dem Kind als Akteur seiner Entwicklung. In: Frühförderung Interdisziplinär, 17, 1998, 3-10.

PETERANDER, FRANZ: Neue Fragen zu einem alten Thema: Qualitätssicherung und -entwicklung in der Frühförderung. In: Opp, G.; Freytag, A.; Budnik, I. (Hg): Heilpädagogik in der Wendezeit. Luzern 1996c, 90-103.

 ## 6.1 Erstkontakt und Erstgespräch

> Der Erstkontakt zu einer Frühfördereinrichtung und die darauffolgende Phase bis zum Förderbeginn gestalten sich je nach Einrichtung, Träger und Kostenträger sehr unterschiedlich. Dennoch gibt es auch hier Merkmale, die einrichtungsübergreifend gute Qualität ausmachen, wie z. B. die Niedrigschwelligkeit des Angebotes und die Orientierung an den Bedürfnissen der Nutzerinnen und Nutzer.

Der Begriff Erstkontakt umfasst je nach Einrichtung alle oder einige der folgenden Elemente:

- Erreichbarkeit
- Zuweisungswege
- Antragstellungen
- Diagnose
- Erstgespräch.

Nachdem für den Erstkontakt relevante Fragestellungen nach der Erreichbarkeit und den Zuweisungswegen zur Einrichtung bereits vor dem Hintergrund der Strukturqualität thematisiert

wurden und Fragen der Eingangsdiagnostik in 6.1 bearbeitet werden, geht es im folgenden um die organisatorischen und inhaltlichen Aspekte der Aufnahme in die Frühförderung.
Die organisatorischen Abläufe vom ersten Telefonat oder persönlichen Gespräch mit den Eltern bis zur ersten Fördereinheit gestalten sich je nach Frühfördereinrichtung unterschiedlich. Hier liegt ein Bereich vor, in dem die Heterogenität der Frühförderung deutlich wird. Während im einen Fall die Eltern ihr Kind im Gesundheitsamt untersuchen lassen müssen, gibt es bei anderen Einrichtungen andere Zugangswege: Teilweise ist eine Untersuchung und Diagnose des Haus-/ Kinderarztes ausreichend, die dem jeweiligen Verwaltungsbezirk zugesandt wird, anderenorts findet eine medizinische Diagnose in den Einrichtungen statt, die dann wiederum vom Hausarzt-/ Kinderarzt bestätigt werden muss. Ebenso unterschiedlich stellt sich damit zusammenhängend im Bereich Erstkontakt die Finanzierung dar. Während in einigen Einrichtungen eine erste gemeinsame Sitzung ohne gesonderte Antragstellung in jedem Fall finanziert wird, so ist dies bei anderen Frühförderstellen nicht der Fall. Wieder andere können für dieses erste Kennenlernen, an dessen Ende sich herausstellen könnte, dass die Frühförderstelle der falsche Ansprechpartner ist, sogar mehrere Sitzungen einplanen, deren Finanzierung ohne ärztliche Verordnung garantiert ist. Unterschiedliche Vorgehensweisen müssen nicht gleichzeitig bessere oder schlechtere Qualität implizieren, im Hinblick auf diese Varianzen ist es jedoch wichtig, der Frage nachzugehen, *was* Qualität in diesen Bereichen bedeutet. Dabei ist besonders die Niedrigschwelligkeit und die Orientierung des Angebotes an den Nutzerinnen und Nutzern zu beachten, die es zu sichern bzw. die es anzustreben gilt. Das heißt auch, je unbürokratischer und transparenter sich der organisatorische Ablauf gestaltet desto besser ist dies für eine effektive Hilfe.
Außer den organisatorischen und verfahrenstechnischen Problemen sind auch inhaltliche Fragestellungen im Bereich des Erstkontaktes zu beachten. Erhalten die Eltern Hilfe bei der Beantragung von Frühförderung? Haben die Eltern die Wahl, ob das Erstgespräch zuhause oder in der Einrichtung stattfindet? Wie werden die Eltern über das weitere Vorgehen informiert bzw. in dessen Planung mit einbezogen? Welche Inhalte werden im Erstgespräch thematisiert und welche nicht? Auch hier ist davon auszugehen, dass sehr unterschiedliche Vorgehensweisen praktiziert werden, die abhängig sind von den Bedürfnissen der Eltern. Auch hier muss sich die Arbeit einer Frühförderstelle an den Leitlinien Niedrigschwelligkeit des Angebotes und Nutzerinnen- und Nutzerorientierung messen lassen. Müssen Eltern sich erst mit vielen Formularen und Anträgen auseinandersetzen, abwarten bis sie von der Einrichtung wieder hören und erfolgt erst dann das erste ausführliche Gespräch, so ist dies mit den genannten Leitlinien nicht vereinbar. Eine kurze Zeitspanne zwischen dem ersten, meist telefonischen Kontakt, und dem Erstgespräch ist unabdingbar.
Zu den beteiligten Personen am Erstgespräch gehören zunächst die Eltern, die der Frühförderin bzw. dem Frühförderer ihre Anliegen mitteilen. Bezüglich der Räumlichkeiten, in denen das Erstgespräch erfolgt, ist zu beachten, dass den Eltern freizustellen ist, ob das Gespräch in der Einrichtung oder in ihrem Zuhause stattfinden soll. Wichtig ist es grundsätzlich, einen Ort zu finden, der ein ruhiges Gespräch in angenehmer Atmosphäre ermöglicht. Ebenso sinnvoll ist es, die Dauer des zu führenden Gespräches klar zu begrenzen, so dass alle Beteiligten sich darauf einstellen können. Für die Fachkraft kann es wichtig sein, eine Art „Leitfaden" mit in das Gespräch zu nehmen, innerhalb dessen festgehalten ist, welche Punkte von Seiten der Einrichtung besprochen werden sollen, welche Informationen gegeben werden müssen und welche Informationen die Fachkraft erhalten möchte. Das Erstgespräch hat eine stark weichenstellende Funktion in Bezug auf den Verlauf der Förderung (vgl. Prutzer 1989). Hier hat die Fachkraft die Möglichkeit, ihre Arbeitsform darzustellen, Empathie und Anerkennung der elterlichen Kompetenzen zu signalisieren und gegenseitige Erwartungen zu klären. Die Eltern sollten durch das Erstgespräch in die Lage versetzt werden, sich ein Bild zu machen von Möglichkeiten und Grenzen sowie den Arbeitsweisen der Frühförderung, das weitere Vorgehen und die Rollenverteilung im Prozess Frühförderung kennenzulernen sowie Wünsche und Erwartungen formulieren zu können. Seinen Abschluss finden sollte das Erstgespräch in einer Zusammenfassung der ausgetauschten Informationen und Inhalte sowie der Planung der weiteren Vorgehensweise (vgl. Prutzer 1989). Es kann vorkommen, dass während des Erstgespräches deutlich wird, dass für das Anliegen der Familie die Frühfördereinrichtung nicht der richtige Ansprechpartner ist. In diesem Fall muss die Fachkraft in der Lage sein, die Eltern bezüglich anderer Stellen (z.B. Erziehungsberatung) kompetent zu beraten und weiter zu verweisen.
Die gesamte Orientierungsphase bedarf einer sorgfältigen Dokumentation im Rahmen derer Formulare, Anträge, Abläufe und Informationen aller Art sowie deren Quelle (Testergebnisse, In-

formation der Eltern etc.) klar verständlich, nicht nur für die einzelne Mitarbeiterin oder den einzelnen Mitarbeiter, festgehalten werden (zu Dokumentation vgl. 6.7). Ein Schema wie sich der Verlauf vom ersten, meist telefonischen Kontakt bis zum Übergang in die kontinuierliche Förderung darstellt, ist für eine Einrichtung im Hinblick auf die Klärung von Abläufen und Vorgehensweisen sicherlich sinnvoll. Nicht zu vergessen ist hierbei aber, dass Qualität in sozialen Dienstleistungen sich immer sowohl aus objektivierbaren als auch aus subjektiven Elementen zusammensetzt und damit im Bereich des Erstkontaktes und Erstgesprächs immer abhängig ist von individuellen familiären Faktoren und Bedarfslagen, die berücksichtigt werden müssen.

Das interne Klären von Abläufen darf im Sinne qualitätsvoller Arbeit nicht zu bürokratisiertem und schematischem Vorgehen führen, dass dem Einzelfall nicht mehr gerecht wird.

6.1.1 Literatur

PRUTZER, INGE: Förderungsbegleitende Elternarbeit. In: Speck, Otto (Hg.): Fortschritte der Frühförderung entwicklungsgefährdeter Kinder. München, Basel 1989, 115-122.

LOHL, WERNER: Aufbau der Qualitätssicherung in Beratungsstellen. Bonn 1997.

6.1.2 Bestandsaufnahme

1. **Bei telefonischer Kontaktaufnahme durch die Eltern, wen treffen diese am Telefon an?**

   Anrufbeantworter ❏
   Verwaltungskraft ❏
   Schreibkraft ❏
   Sozial-medizinische/r Assistent/in ❏
   Fachkraft aus dem Team ❏
   Leitung ❏
   andere, nämlich

   ....

2. **Falls der erste telefonische Kontakt nicht mit einer Fachkraft stattfindet, in welchem Rahmen findet der erste Kontakt zu einer solchen statt?**

   möglichst zeitnaher telefonischer Rückruf durch eine Fachkraft ❏
   anders, nämlich

   ....
   ....

3. **Wie groß ist die Zeitspanne zwischen telefonischem Erstkontakt und dem Erstgespräch?**

   ca. .... Tage

4. **Wer vereinbart den Termin für das Erstgespräch?**

   Verwaltungskraft ❏

   Schreibkraft ❏

   Sozial-medizinische/r Assistent/in ❏

   Fachkraft aus dem Team ❏

   Leitung ❏

   anders, nämlich:

   ....

   ....

5. **Welche Informationen erhalten Eltern im Rahmen des ersten Telefonats bzw. des Erstgespräches?**

	Telefonischer Erstkontakt	Erstgespräch
Weiteres Vorgehen zur Antragstellung	❏	❏
Weiteres Vorgehen von Seiten der Einrichtung	❏	❏
Informationen zu Finanzierungsfragen	❏	❏
Ziele und Möglichkeiten der Frühförderung	❏	❏
Informationen zur Einrichtung	❏	❏
Informationen zur Warteliste	❏	❏
Informationen zu Unterstützungsmöglichkeiten bei der Antragstellung	❏	❏

6. **Wird ein Erstgespräch ohne gesonderte ärztliche Verordnung auf jeden Fall refinanziert?**

   ja ❏   nein ❏

7. **Werden weitere Sitzungen zur Orientierung refinanziert?**

   ja ❏   nein ❏

   Wenn ja, wie viele?   ....

8. **Von welcher Stelle muss vor Förderungsbeginn ein Gutachten vorliegen, damit eine Kostenübernahme stattfinden kann?**

	Pädagogische Maßnahmen	Therapeutische Maßnahmen
Gesundheitsamt	❑	❑
SPZ	❑	❑
Hausarzt/Hausärztin	❑	❑
Kinderarzt/Kinderärztin	❑	❑
Mediziner/in in der Einrichtung selbst	❑	❑

anders, nämlich

....

9. **Wie erfolgt die Beantragung der Kostenübernahme beim örtlichen Sozialhilfeträger?**

Die Eltern wenden sich direkt an das Sozialamt	❑
Die Frühförderstelle wendet sich im Namen der Eltern an das Sozialamt	❑
Frühförderstelle und Eltern wenden sich gemeinsam an das Sozialamt	❑

anders, nämlich:

....

....

10. **Wie lang ist der Zeitraum von der Antragstellung bis zur Zusage oder Ablehnung der Kostenübernahme durch das Sozialamt?**

ca. .... Wochen

11. **Wie lang ist der Zeitraum von der Antragstellung bis zur Zusage oder Ablehnung der Kostenübernahme bei den Krankenkassen?**

ca. .... Wochen

12. **Welche Hilfen erhalten Eltern durch die Einrichtung bei der Beantragung von Frühförderung?**

keine	❑
Begleitung zu Ämtern	❑
Hilfe beim Ausfüllen von Formularen	❑
Unterstützung bei Problemen mit den zuständigen Ärzten/Ärztinnen	❑

Unterstützung bei Problemen mit dem Sozialhilfeträger ❑

andere, nämlich

....

....

13. Bei wem liegt die Entscheidung, ob das Erstgespräch ambulant oder mobil durchgeführt wird?

Kind	❑
Eltern	❑
zuständige Fachkraft	❑

andere, nämlich

....

....

14. Wie wird über die Anwesenheit des Kindes beim Erstgespräch entschieden?

	Nie/Selten	Manchmal	Häufig	Sehr häufig/Immer
nach Rücksprache mit den Eltern	❑	❑	❑	❑
nach Alter des Kindes	❑	❑	❑	❑
nach Örtlichkeit (ambulant/mobil)	❑	❑	❑	❑
nach organisatorischen Erwägungen	❑	❑	❑	❑

anders, nämlich

....

....

15. Werden die Eltern in die Planung des weiteren Vorgehens miteinbezogen?

❑ ja, in Form von ....

❑ nein, diese Entscheidungen liegen bei der Fachkraft

16. Welche (weiteren) Inhalte werden im Erstgespräch thematisiert?

	Nie/ Selten	Manchmal	Häufig	Sehr häufig/ Immer
Klären des Antragsverfahrens	❏	❏	❏	❏
Information über die Einrichtung und ihre Kooperationspartner/innen	❏	❏	❏	❏
Arbeitsweise der Fachkraft	❏	❏	❏	❏
Entwicklung des Kindes	❏	❏	❏	❏
Kennenlernen der Elternperspektive	❏	❏	❏	❏
Klären gegenseitiger Erwartungen	❏	❏	❏	❏
Planen des weiteren Verlaufes	❏	❏	❏	❏
Thematisierung von Rollenverteilungen	❏	❏	❏	❏
Aktuelle Situation von Kind und Familie	❏	❏	❏	❏
Soziale Situation der Familie	❏	❏	❏	❏
Allgemeine Fragen der Eltern	❏	❏	❏	❏
Anamnese	❏	❏	❏	❏
Beratung bezüglich weiterer Stellen (z.B. Erziehungsberatung, Eheberatung)	❏	❏	❏	❏

weitere, nämlich

....

....

17. Findet das Erstgespräch innerhalb eines festgelegten Zeitrahmens statt?

❏ ja, folgende Länge gilt als Richtmaß .... Min.

❏ nein, das Ende ist offen

6.1.3 Indikatoren zum Feststellen des Handlungsbedarfs

	Trifft zu	Trifft eher zu	Trifft eher nicht zu	Trifft nicht zu
Die grundlegenden Schritte, die vom Erstkontakt (telefonisch oder persönlich) bis zum Übergang in die konkrete Förderung notwendig sind, sind für alle Mitarbeiter/innen der Einrichtung transparent.	❑	❑	❑	❑
Im Rahmen der institutionell festgelegten Verfahrensschritte gibt es ausreichend Spielraum, um individuelle familiäre und situative Faktoren zu berücksichtigen.	❑	❑	❑	❑
Das genaue Vorgehen vom Erstkontakt bis zum Übergang in die Förderung wird zusammen mit den Eltern besprochen und geplant.	❑	❑	❑	❑
Im Rahmen des Erstgespräches werden die Erwartungen und Probleme der Eltern erfragt und besprochen.	❑	❑	❑	❑
Im Rahmen des Erstgespräches werden Erwartungen der Fachkraft geklärt und besprochen.	❑	❑	❑	❑
Wird im Rahmen des Erstgespräches deutlich, dass die Frühförderstelle nicht der richtige Ansprechpartner für die Anliegen der Familie ist, sind alle Fachkräfte in der Lage bezüglich anderer Stellen kompetent zu beraten und zu verweisen.	❑	❑	❑	❑
Alle Abläufe, Informationen und Inhalte der Zeitspanne vom ersten Kontakt bis zum Förderungsbeginn werden übersichtlich und sorgfältig dokumentiert und im Team besprochen.	❑	❑	❑	❑
Alle Abläufe, Informationen und Inhalte der Zeitspanne vom ersten Kontakt bis zum Förderungsbeginn werden übersichtlich und sorgfältig dokumentiert und mit den Eltern besprochen.	❑	❑	❑	❑
Gesamteinschätzung Die Einrichtung unternimmt alle erforderlichen Anstrengungen, um den Erstkontakt bis zum Übergang in die Förderung als niedrigschwelliges, unbürokratisches, nutzer/innenorientiertes und fachlich kompetent begleitetes Vorgehen zu gestalten.	❑	❑	❑	❑

6.2 Diagnostik

> Die Diagnostik bildet eine zentrale Grundlage der Prozessqualität in der Frühförderung. Um Frühe Hilfen angemessen und fachgerecht anbieten zu können, ist es erforderlich, die bisherige Entwicklung eines Kindes sowie seine gesamte Lebenssituation genau zu kennen. Diagnostik in der Frühförderung ist unter Beteiligung aller Fachdisziplinen und der Eltern als ein permanenter Prozess zu gestalten, innerhalb dessen Ergebnisse im Sinne einer Förderdiagnostik fortlaufend aktualisiert werden.

6.2.1 Grundverständnis und diagnostischer Prozess

Diagnostik in der Frühförderung darf keine „Feststellungsdiagnostik" sein, die von der „Norm" abweichende Funktionen bzw. Dysfunktionen erfasst und festschreibt, sondern Diagnostik steht unter den zentralen Leitgedanken der Ganzheitlichkeit, Familienorientierung, Interdisziplinarität und systemischen Orientierung und ist grundsätzlich als Förderdiagnostik zu verstehen. Das bedeutet:

- Die Diagnostik darf sich nicht auf eine Überprüfungsperiode beschränken, sondern ist ein Prozessgeschehen, innerhalb dessen jede Diagnose, auch im Kontext der Förderung, überprüft und gegebenenfalls revidiert wird.
- Nicht ausschließlich Merkmale des Kindes und deren Ausprägungen sind Gegenstand der Diagnostik, sondern im Sinne einer alltagsorientierten Diagnostik ist das gesamte Bedingungsgefüge seines Lebens zu berücksichtigen, d.h. die Situation in der Familie und in weiteren Lebensfeldern (z.B. Kindergarten), die Interaktionen mit den Hauptbezugspersonen usw.
- Die Diagnostik ist ausgerichtet auf konkrete Veränderungsziele, die mit der pädagogischen oder therapeutischen Arbeit angestrebt werden, d.h. die diagnostischen Aussagen dienen als Hypothesen über Art und Ursache der Beeinträchtigung und über den derzeitigen Entwicklungsstand des Kindes, aus denen der Beratungs- und Förderbedarf abgeleitet wird.

Vor dem Hintergrund aktueller Erkenntnisse im Hinblick auf die Autonomie des Kindes (vgl. 6.4) ist davon auszugehen, dass jedes Verhalten, so auffällig es dem außenstehenden Betrachter auch erscheinen mag, aus der Perspektive des Kindes Ausdruck seiner Konstruktion von Wirklichkeit ist. Daher ist grundsätzlich das kindliche „So-Sein" zu akzeptieren, jede Art von Äußerungen, jede eigene Handlung als aus der Perspektive des Kindes subjektiv sinnvoll anzuerkennen. Aus einem solchen Blickwinkel verbietet es sich, „auffälliges" Verhalten als Merkmal des Kindes aufgrund einer Behinderung oder Entwicklungsstörung anzusehen, sondern das Verhalten ist grundsätzlich im Kontext der individuellen Biografie und der aktuellen Lebenssituation zu verstehen und zu interpretieren.

Eine grundlegende Voraussetzung ist das Bemühen um eine Beziehung zum Kind (vgl. 6.4.), um sich dessen Wirklichkeit anzunähern. Dazu gehört auch, die Befindlichkeit des Kindes, seine „Tagesverfassung" zum Zeitpunkt der diagnostischen Maßnahmen bei der Interpretation der Ergebnisse zu berücksichtigen.

Eltern sind als Partner am gesamten diagnostischen Prozess zu beteiligen. Das setzt voraus, dass das diagnostische Verfahren für die Eltern transparent ist und Eltern dieses gegebenenfalls auch ablehnen können.

Diagnostik als Prozess begleitet die gesamte Förderung eines Kindes mit den Elementen Eingangs-, Verlaufs- und Abschlussdiagnostik. Am Anfang des diagnostischen Prozesses steht die Eingangsdiagnostik im Sinne einer ersten Einschätzung des Entwicklungsstandes und des Förderbedarfs eines Kindes. Diese Phase der Eingangsdiagnostik sollte grundsätzlich von zwei Mitarbeiterinnen und Mitarbeitern durchgeführt werden. Die Finanzierung muss unabhängig von einer ärztlichen Verordnung sichergestellt sein, auch wenn das Ergebnis zeigt, dass kein Förderbedarf vorliegt oder eine andere Einrichtung zuständig ist. Der gesamte diagnostische Prozess von der Eingangs- bis zur Abschlussdiagnostik ist offen, d.h. die Auswahl und Zusammensetzung der diagnostischen Verfahren sind jeweils für den Einzelfall zu treffen. Dabei ist vorab zu prüfen, ob sie für das Kind und die Eltern zumutbar sind.

6.2.2 Ärztliche Diagnostik

Die ärztliche Diagnostik als ein wesentlicher Teil interdisziplinärer Frühförderung wird jedem pädagogischen oder therapeutischen Bemühen zeitlich vorangestellt. Sie ist unerlässlich sowohl bei Kindern, deren senso- oder psychomotorische Auffälligkeiten auf organischen, hirnorganischen oder körperlichen Ursachen beruhen als auch bei Kindern, deren Auffälligkeiten vermutlich auf psychosoziale Bedingungen zurückzuführen sind und die deshalb überwiegend pädagogische Hilfe benötigen. Auch hier müssen im Vorfeld organische Ursachen differentialdiagnostisch ausgeschlossen werden. Im Rahmen der ärztlichen Diagnostik sind der Entwicklungsstand des Kindes zu bestimmen, eine drohende Behinderung zu erkennen und nach Ursachen zu suchen. In diesen diagnostischen Zusammenhang gehören auch die ärztlichen Vorsorgeuntersuchungen während der frühen Kindheit (U1-U9) zur frühzeitigen Identifizierung einer Gefährdung der Entwicklung bzw. von eindeutigen Schädigungen. Unter Umständen ist es erforderlich, dass der Arzt, die Ärztin weitere Spezialuntersuchungen einleitet.

Als Aufgaben des Mediziners innerhalb der Diagnostik lassen sich nennen:

- Feststellen von Entwicklungsstörungen
- Medizinische Diagnose
- Auffinden der Ursache einer Entwicklungsstörung
- Erheben von entwicklungsneurologischen Befunden
- Beurteilen des psychomotorischen Entwicklungsstandes
- Mitteilung der Diagnose, der therapeutischen Möglichkeiten und der Prognose an die Eltern
- Beraten der Eltern
- Verordnen medizinisch-therapeutischer Maßnahmen

Wenn im Team der Frühförderstelle keine medizinische Fachkraft vertreten ist, muss die Frühförderstelle für jedes Kind die medizinischen Befunde einholen. Dabei ist immer auf den Datenschutz zu achten, d.h. es muss grundsätzlich eine schriftliche Entbindung der Schweigepflicht vorliegen.

6.2.3 Medizinisch-therapeutische Diagnostik

Im Rahmen der medizinisch-therapeutischen Diagnostik erfolgt eine vertiefende und erweiterte Diagnostik in berufsgruppenspezifischen Zielbereichen der Physiotherapie, der Logopädie und der Ergotherapie. In der physiotherapeutischen Diagnostik geht es um die Überprüfung des Bewegungssystems (Gelenke, Knochen, Muskeln), der Bewegungsentwicklung und der Bewegungskontrolle. Die Diagnostik der Ergotherapie beinhaltet die Ermittlung von Fähigkeiten und Schwierigkeiten bezogen auf die Alltagsbewältigung und Handlungskompetenz im motorisch-funktionellen, sensomotorisch-perzeptiven, neuropsychologisch-kognitiven und im psychosozialen Bereich. In der logopädischen Diagnostik werden Informationen in den Bereichen Stimme (inkl. Atmung), Sprechen (inkl. Hören), Sprache, Nahrungsaufnahme (inkl. Schlucken) ermittelt.

6.2.4 Pädagogisch-psychologische Diagnostik

Pädagogisch-psychologische Diagnostik ist immer ein Teil früher Förderung und Erziehungshilfen, und sie steht im Zusammenhang mit jeder einzelnen pädagogischen Intervention. Das bedeutet, dass diagnostisches Vorgehen und Förderung nicht voneinander zu trennen sind. Pädagogisch-psychologische Diagnostik geht in der Frühförderung über klassische Diagnoseverfahren hinaus, d.h. als Methoden sind solche Verfahren vorzuziehen, deren Daten direkt Ansatzpunkte für eine pädagogische und therapeutische Intervention liefern. Die Datengewinnung sollte in und aus Alltags- und Spielsituationen erfolgen und von der Eigenaktivität des Kindes ausgehen. Dabei sind die entwicklungspsychologischen Gegebenheiten jüngerer Kinder zu berücksichtigen, d.h. die diagnostischen Aufgaben müssen in den aktuellen ganzheitlichen Bedeutungszusammenhang des Kindes eingebracht werden und den kindlichen „Egozentrismus" im Handeln und Denken sowie das Bedürfnis des Kindes nach einer „sicheren Basis" berücksichtigen (vgl. Kautter; Wiegand 1995).

Im Rahmen der Eingangsdiagnostik sollte eine ausführliche Anamnese erhoben werden, die Auskunft gibt über die Lebensgeschichte des Kindes und seiner Eltern, d.h. über die Problemstellung, über bisherige Fördermaßnahmen, über den Entwicklungsverlauf des Kindes, die Lebensumstände von Kind und Familie usw. Für die Erhebung der Anamnese im Gespräch mit den Eltern sind Techniken der Gesprächsführung erforderlich. Grundsätzlich ist zu empfehlen, den Eltern die Richtung der Gespräche in Anamnesen und Explorationen zu überlassen (vgl. Bölling-Bechinger 1998). Gegebenenfalls kann auch die Verwendung eines Anamneseschemas in Form von Fragebögen, welche die Eltern zu Hause in Ruhe ausfüllen können, sinnvoll sein.

Für eine erste Einschätzung des Entwicklungsstandes des Kindes ist die Anwendung entwicklungsnormativer Verfahren wie Screeningverfahren und Entwicklungstests und -tabellen sinnvoll, wenn sie aus einer förderdiagnostischen Perspektive erfolgt. Als valide Testverfahren sind u.a. zu empfehlen:

- Münchener Funktionelle Entwicklungsdiagnostik (MFED 1 und 2)
- Hannover-Wechsler-Intelligenztest für das Vorschulalter (HAWIVA)
- Psycholinguistischer Entwicklungstest (PET)
- Motoriktest für vier- bis sechsjährige Kinder – MOT 4-6
- Frostig-Entwicklungstest der visuellen Wahrnehmung (FEW)
- Heidelberger Sprachentwicklungstest (HSET)
- Snijders & Snijders-Oomen: Nichtverbale Intelligenztestreihe
- Wiener-Entwicklungs-Test (WET)
- Kaufman-Assessment Battery for Children (K-ABC)

Die Durchführung der genannten Verfahren setzt eine entsprechende Qualifikation seitens der Fachpersonen voraus. (Da keines dieser Testverfahren als gänzlich kulturunabhängig betrachtet werden kann, sind Ergebnisse bei Kindern aus anderen Kulturkreisen entsprechend vorsichtig zu interpretieren.)

Als grundlegende Methode der pädagogisch-psychologischen Diagnostik ist die Verhaltens- und Spielbeobachtung des Kindes in gelenkter und freier Situation zu sehen, welche wichtige Hinweise auf dessen aktuellen Entwicklungsstand gibt. Über die Beobachtung des Kindes hinsichtlich seiner sensumotorischen, sozial-emotionalen und kognitiven Entwicklung hinaus ist die Erfassung der Interaktionsprozesse zwischen dem Kind und seinen Hauptbezugspersonen bedeutend für die Entwicklung des Kindes und die zu planenden Interventionen (vgl. Bölling-Bechinger 1998). Um diese Interaktionsprozesse beobachten und ihre Qualität beurteilen zu können, ist es erforderlich, dass die Mitarbeiterinnen und Mitarbeiter sich hierfür durch entsprechende Fortbildungen qualifizieren.

Für die Beobachtung von Interaktionsprozessen und für andere Verfahren in der diagnostischen Phase ist die Anwendung von Videoaufzeichnungen als Dokumentationshilfe und als Basis für den Dialog mit den Eltern häufig sinnvoll. Hierfür sind eine entsprechende technische Ausstattung und zeitliche Rahmenbedingungen notwendig.

Im Einzelfall ist eine Ergänzung durch motodiagnostische Verfahren zur Erfassung motorischer Verhaltens- und Leistungsphänomene sinnvoll. Im Sinne einer förderungsorientierten Motodiagnostik sollten dabei motometrische und motoskopische Vorgehensweisen ineinander greifen (vgl. Tietze-Fritz 1992).

6.2.5 Interdisziplinäre Gestaltung

Ärztliche, medizinisch-therapeutische und pädagogisch-psychologische Diagnostik ergänzen einander. Die Ergebnisse der jeweiligen Disziplinen müssen unter den Fachleuten ausgetauscht werden und bilden die gemeinsame Grundlage für die Diagnoseerstellung. Eine interdisziplinäre Diagnostik ist Voraussetzung dafür, dass funktionelle, interaktionelle und psychodynamische Aspekte in einem ganzheitlichen Zusammenhang berücksichtigt werden können (vgl. Jawad 1987).

Die unterschiedlichen diagnostischen Beiträge von Fachleuten und Eltern sind in interdisziplinären Fallbesprechungen jeweils darzustellen und im Hinblick auf fachlich und ethisch zu verantwortende praktische Maßnahmen zu gewichten. Die Information über die diagnostischen Ergebnisse der Untersuchungen und Beobachtungen sollten in einem sorgfältig vorbereiteten Informations- und Beratungsgespräch stattfinden, an dem alle am Diagnoseprozess Beteiligten teilnehmen. Innerhalb des Gespräches ist nicht nur das Diagnoseergebnis als solches zu diskutieren, sondern auch die Wahl der Interventionen sowie die Bedeutung der Diagnose für die Zukunft des Kindes und für die ganze Familie. Das Gelingen eines solchen Gespräches setzt voraus, dass die Fachleute zu einem kommunikativen Dialog mit den Eltern bereit sind und Erfahrungen in personenzentrierter Gesprächsführung haben (vgl. Bölling-Bechinger 1998).

6.2.6 Literatur

ARBEITSSTELLE FRÜHFÖRDERUNG BAYERN: Leistungsbeschreibung der interdisziplinären Frühförderung an Frühförderstellen. München 1998.

BÖLLING-BECHINGER, HILTRUD: Frühförderung und Autonomieentwicklung. Diagnostik und Interventionen auf personenzentrierter und bindungstheoretischer Grundlage. Heidelberg 1998.

BUNDSCHUH, KONRAD: Heilpädagogische Psychologie. München, Basel 1992.

JAWAD, SADI: Modelle interdisziplinärer Arbeit in der Frühförderung. In: Frühförderung interdisziplinär, 4, 1987, 170-179.

KAUTTER, HANSJÖRG; WIEGAND, HANS-SIEGFRIED: Plädoyer für eine von der Eigentätigkeit des Kindes ausgehende Diagnostik in der Frühförderung. In: Kautter, H. et. al.: Das Kind als Akteur seiner Entwicklung. Heidelberg 1995, 200-214.

KÜHL, JÜRGEN: Junge Kinder in der Frühförderung – Entwicklung zwischen Beeinträchtigung und Autonomie. In: Kühl, Jürgen (Hg.): Autonomie und Dialog: Kleine Kinder in der Frühförderung. München, Basel 1999, 11-19.

TIETZE-FRITZ, PAULA: Handbuch der heilpädagogischen Diagnostik. Dortmund 1992.

6.2.7 Bestandsaufnahme

1. **Wie viel Zeit steht insgesamt für die Eingangsdiagnostik zur Verfügung?**

   .... Min./Fördereinheiten

2. **Was beinhaltet die Eingangsdiagnostik?**

Erstkontakt am Telefon	❏	.... Min.
Erstgespräch	❏	.... Min.
Dokumentation des Erstgesprächs	❏	.... Min.
Zusammentragen und Sichten externer Diagnosen	❏	.... Min.
Diagnostische Phase	❏	.... Min.
Auswertung	❏	.... Min.
Vorstellung der Ergebnisse im Team	❏	.... Min.
Elterngespräch	❏	.... Min.
Gutachtenerstellung	❏	.... Min.
anderes, nämlich		
....		.... Min.
....		.... Min.
....		.... Min.

3. **Wie werden die einzelnen Bausteine der Eingangsdiagnostik finanziert?**

Erstkontakt am Telefon	....
Erstgespräch	....
Dokumentation des Erstgesprächs	....
Zusammentragen und Sichten externer Diagnosen	....
Diagnostische Phase	....
Auswertung	....
Vorstellung der Ergebnisse im Team	....
Elterngespräch	....
Gutachtenerstellung	....
anderes, nämlich	

   ....

   ....

4. **Wird die Eingangsdiagnostik auch refinanziert, wenn im Anschluss keine Frühförderung stattfindet?**

   ja ❑

   nein ❑

   teilweise ❑,

   folgende Elemente werden nicht finanziert:

   Erstkontakt am Telefon ❑

   Erstgespräch ❑

   Dokumentation des Erstgesprächs ❑

   Zusammentragen und Sichten externer Diagnosen ❑

   Diagnostische Phase ❑

   Auswertung ❑

   Vorstellung der Ergebnisse im Team ❑

   Elterngespräch ❑

   Gutachtenerstellung ❑

   anderes, nämlich

   ....

   ....

5. **Wie viele Mitarbeiter/innen sind im Einzelfall an der Eingangsdiagnostik beteiligt?**

   ....

6. **Nach welchen Kriterien wird entschieden, welche Mitarbeiter/innen die Eingangsdiagnostik durchführen?**

   zeitliche Kapazitäten ❑

   fachliche Qualifikation ❑,

   wenn ja, welche? ....

   andere, nämlich

   ....

   ....

7. **Gibt es einen Anamnesebogen, den Eltern zu Hause ausfüllen können?**

   ja ❑   nein ❑

8. Welche Disziplinen sind innerhalb der Einrichtung an der Diagnostik beteiligt?

	Nie/Selten	Manchmal	Häufig	Sehr häufig/Immer
Pädagogik	❏	❏	❏	❏
Psychologie	❏	❏	❏	❏
Sozialarbeit	❏	❏	❏	❏
Ergotherapie	❏	❏	❏	❏
Physiotherapie	❏	❏	❏	❏
Logopädie	❏	❏	❏	❏
Motopädie	❏	❏	❏	❏
Medizin	❏	❏	❏	❏

9. Welche Disziplinen sind durch externe Fachleute beteiligt?

	Nie/Selten	Manchmal	Häufig	Sehr häufig/Immer
Pädagogik	❏	❏	❏	❏
Psychologie	❏	❏	❏	❏
Sozialarbeit	❏	❏	❏	❏
Ergotherapie	❏	❏	❏	❏
Physiotherapie	❏	❏	❏	❏
Logopädie	❏	❏	❏	❏
Motopädie	❏	❏	❏	❏
Medizin	❏	❏	❏	❏

10. Welche diagnostischen Verfahren und Methoden werden in der Frühförderstelle im gesamten diagnostischen Prozess eingesetzt?

- **Ärztliche Verfahren:**

……

……

……

- **Pädagogisch-psychologische Verfahren:**
  ....
  ....
  ....

- **Physiotherapeutische Verfahren:**
  ....
  ....
  ....

- **Logopädische Verfahren:**
  ....
  ....
  ....

- **Motopädische Verfahren:**
  ....
  ....
  ....

- **Ergotherapeutische Verfahren:**
  ....
  ....
  ....

11. Werden Videoaufzeichnungen als Dokumentationshilfen verwendet?

Bei der Eingangsdiagnostik	ja ❏	nein ❏
Bei der Verlaufsdiagnostik	ja ❏	nein ❏
Bei der Abschlussdiagnostik	ja ❏	nein ❏

12. Mitarbeiter/innen welcher Profession nehmen am Informations- und Beratungsgespräch zum Abschluss der Eingangsdiagnostik mit den Eltern teil?

....
....
....

13. Wird bei der Entlassung der Kinder eine Abschlussdiagnostik durchgeführt?

ja ❑   nein ❑

Wenn ja, wer führt die Abschlussdiagnostik durch?

....
....
....

6.2.8 Indikatoren zum Feststellen des Handlungsbedarfs

	Trifft zu	Trifft eher zu	Trifft eher nicht zu	Trifft nicht zu
Die Diagnostik wird als Förderdiagnostik gestaltet, d.h. als ein Prozess, innerhalb dessen jede Diagnose überprüft und ggf. revidiert wird.	❑	❑	❑	❑
Die diagnostische Vorgehensweise berücksichtigt auch die Situation des Kindes in der Familie, im Kindergarten und anderen relevanten Lebensfeldern sowie die Interaktion des Kindes mit den Hauptbezugspersonen.	❑	❑	❑	❑
Die Fachleute bemühen sich um eine „verstehende Diagnostik", d.h. Verhaltensweisen des Kindes werden immer im Kontext seiner Biografie und seiner aktuellen Gesamtsituation interpretiert.	❑	❑	❑	❑
Am Diagnoseprozess werden alle Fachdisziplinen gleichwertig beteiligt.	❑	❑	❑	❑
Eltern werden am gesamten diagnostischen Prozess beteiligt, die diagnostischen Verfahren sind für sie transparent.	❑	❑	❑	❑
An der Eingangsdiagnostik sind grundsätzlich zwei Mitarbeiter/innen beteiligt.	❑	❑	❑	❑
Entwicklungsdiagnostische Verfahren werden nur von Fachleuten mit entsprechenden Qualifikationen durchgeführt und ausgewertet.				
Alle Ergebnisse der einzelnen Fachdisziplinen werden in interdisziplinären Fallbesprechungen zusammengestellt und bilden die gemeinsame Grundlage für die Diagnosestellung.	❑	❑	❑	❑
Am Ende der Frühförderung wird eine Abschlussdiagnostik durchgeführt, die Ergebnisse werden sorgfältig dokumentiert.	❑	❑	❑	❑

Gesamteinschätzung
Die Diagnostik wird unter Berücksichtigung des gesamten Lebenszusammenhanges des Kindes und seiner Familie als ein ständiger förderungsbegleitender Prozess interdisziplinär gestaltet. Auf Grundlage der Ergebnisse werden die anzustrebenden Förderziele und -maßnahmen mit allen Beteiligten abgestimmt und fortlaufend aktualisiert und dokumentiert.

Trifft zu	Trifft eher zu	Trifft eher nicht zu	Trifft nicht zu
❏	❏	❏	❏

6.3 Förderung und Therapie

> Förderung und Therapie des Kindes im Prozess der Frühförderung orientieren sich an den Kompetenzen und der Autonomie des Kindes und seiner Familie. Die spezifische Situation des Kindes in der Familie, der Familie insgesamt und die wechselseitigen Beziehung zum weiteren Lebensumfeld werden im Sinne einer ökologisch-systemischen Herangehensweise in die Planung und Durchführung des Förderprozesses einbezogen. In diesem Kapitel werden Aufgabenfelder und Ansätze der verschiedenen Fachdisziplinen dargestellt.

Therapie- und Förderkonzepte haben sich ursprünglich aus einer naturwissenschaftlich-medizinischen Denkweise entwickelt, welche die Annahme nahelegte, zu jeder richtigen Diagnose gebe es die richtige Therapie, die zur „Heilung" führen würde. Diese sehr lineare Betrachtungsweise von Entwicklungsprozessen und die damit verbundene Defizitorientierung ist mittlerweile weitgehend zugunsten einer kompetenzorientierten Perspektive überwunden. Im Zuge des Paradigmenwechsels zu einer ökologisch-systemischen Betrachtungsweise (vgl. Schlack 1989) steht heute im Mittelpunkt jeglicher Förderung und Therapie vor allem das Kind mit seiner Persönlichkeit, seinen subjektiv sinnvollen Handlungen, seiner Einbindung in das familiäre Beziehungsgeflecht und weitere Lebensfelder (z.B. Kindergarten) sowie deren Bezug zueinander. Die Frage, die sich die Mitarbeiterinnen und Mitarbeiter in der Frühförderung stellen müssen, ist nicht die Frage nach der besten Behandlungsmethode, sondern die Frage danach, für welche Person in ihrer Situation welche Hilfe geeignet ist. Den Ausgangspunkt der Frühförderung bilden die Eigenkräfte des Kindes, die es zu stärken, zu unterstützen und zu entwickeln gilt.

Das Augenmerk der Mitarbeiterinnen und Mitarbeiter der Frühförderung ist nicht mehr primär auf die Behinderung und ihre Symptome gerichtet.
Eine interdisziplinäre, qualitätsvolle Arbeit in der Förderung verbindet die Bereiche Pädagogik, Psychologie, Sozialarbeit sowie Therapie und Medizin. In diesem Zusammenhang muss geklärt werden, ob die möglichen Förder- und Therapieformen einer Einrichtung im speziellen Fall geeignet sind, eine den Bedürfnissen des Kindes und der Familie entsprechende wirkungsvolle Frühförderung unter zumutbaren Bedingungen zu gewährleisten (vgl. Lohl 1997). Desweiteren müssen sich die Mitarbeiterinnen und Mitarbeiter im Laufe eines Förderprozesses immer wieder den Fragen stellen, welche Förderziele welche Förderbausteine bedingen, ob die Förderung tatsächlich von einer ganzheitlichen Sicht auf das Kind ausgeht, ob die Abstimmung der einzelnen Berufsgruppen schlüssig ist und ob eine optimale Umsetzung der Förderung gewährleistet ist, bzw. was dem im Wege steht (vgl. Peterander 1996). Unter diesen Aspekten ist unter anderem zu beachten, ob eine sinnvolle Förderung durch nur eine Mitarbeiterin oder einem Mitarbeiter gewährleistet werden kann, was unter Gesichtspunkten wie Kontinuität, Verlässlichkeit und Vertrauen zu begrüßen wäre, oder ob die Beteiligung mehrerer Fachkräfte (bspw. aus Pädagogik *und* Therapie) im Einzelfall sinnvoller ist. Ebenfalls nicht zu unterschätzen ist die Möglichkeit von nicht auflösbaren Spannungen oder Konflikten zwischen einer Familie und der zuständigen Fachkraft. Kennen die Eltern Möglichkeiten, mit solchen Schwierigkeiten umzugehen? Sind ihnen Lösungsmöglichkeiten außer dem Abbruch der Förderung bekannt? Hier soll nicht einer Beliebigkeit Vorschub geleistet werden, indem beim geringsten Konflikt die Fachkraft gewechselt wird. Konflikte im Verlauf der Förderung sind größtenteils nicht vermeidbar und oft auch notwendig. Wichtig ist aber, dass Eltern in einer in ihren Augen verfahrenen Fördersituation andere Auswege kennen als den, der Einrichtung fern zu bleiben.

6.3.1 Pädagogische Förderung des Kindes

Die pädagogische Frühförderung zielt darauf ab, das Kind in der Entwicklung und Entfaltung seiner Persönlichkeit sowie seiner Fähigkeiten durch pädagogische Maßnahmen zu unterstützen. Besonders wichtig hierbei ist es, zuallererst mit dem Kind und seiner Situation vertraut zu werden. In der Begegnung mit dem Kind muss Raum geschaffen werden für das eigene Handeln des Kindes, wobei seine Experimentierfreude und Neugier angeregt bzw. unterstützt werden. Das Kind wird in den individuell primär bedeutsamen Entwicklungsbereichen im Rahmen alltäglicher Handlungsfelder und im Spiel gefördert. Kommunikationsbereitschaft und -fähigkeit werden ebenso unterstützt wie Konzentrationsfähigkeit und Ausdauer. Von besonderer Wichtigkeit ist aber auch das Schaffen von Situationen, in denen das Kind sich selbst und sein Tun positiv erlebt und Gelegenheit hat, Lebensfreude und Selbstbestätigung zu erfahren (vgl. Lebenshilfe 1996).

Pädagogische Hilfen beeinflussen und berühren in besonderem Maße den familiären Bereich und sind in ihrer Realisierung auf partnerschaftliche Zusammenarbeit mit den Eltern angewiesen (vgl. 6.5). Die Mitarbeiterinnen und Mitarbeiter müssen sich darüber klar sein, dass sie eigene Wertvorstellungen und Normen in die Familie hineintragen, daher ist in der pädagogischen Arbeit ein besonders hohes Maß an Reflexion der eigenen Rolle und der damit verbundenen Vorstellungen und Handlungen notwendig. Ein unreflektiertes Übertragen der eigenen Überzeugungen der Pädagogin oder des Pädagogen ist für alle Beteiligten als kontraproduktiv anzusehen (vgl. Lebenshilfe 1997).

6.3.2 Psychologie im Förderprozess

Die psychologischen Fachkräfte im Förderprozess sind maßgeblich daran beteiligt, die gegenwärtige Situation des Kindes, seine Entwicklung und seine Handlungen zu verstehen und diese den Eltern sowie anderen Mitarbeiterinnen und Mitarbeitern verständlich zu machen. Ebenso beobachten und analysieren die psychologischen Fachkräfte das familiäre Bedingungsgefüge und die Interaktionsprozesse der Familienmitglieder untereinander sowie mit weiteren Lebensfeldern. Eine besonders wichtige Rolle spielen die psychologischen Fachkräfte in der Eingangs- und Förderdiagnostik (vgl. 6.2.4). Darüber hinaus ist es Aufgabe der Psychologinnen oder Psychologen „die einzelnen Fachdiagnostiken und -beobachtungen im Blick auf die Gesamtsituation und auf das Gesamtverstehen des Kindes im Umfeld seiner Familie zusammenzuführen" (Lebenshilfe 1997, 30).Weitere Arbeitsbereiche liegen in der Elternberatung bezüglich der Auseinandersetzung mit der Behinderung des Kindes sowie der Unterstützung der anderen Mitarbeiterinnen und Mitarbeiter und der Zusammenarbeit im Team. Peterander und Speck haben ermittelt, dass eine gute psychologische Fundierung der Frühförderarbeit eine hohe Bedeutung für ein positives Arbeitsklima sowie für eine intensive Elternbeteiligung hat (vgl. Peterander; Speck 1993).

6.3.3 Beratungsaufgaben der Sozialarbeit

Familienorientiert arbeitende Frühförderung rückt die Familie mit ihren spezifischen Bedürfnissen, ihrem kulturellen Hintergrund und ihrer sozialen Lage in den Mittelpunkt des Handelns. Aufgaben der Sozialarbeit umfassen vor allem die Beratung der Eltern in rechtlicher, finanzieller und organisatorischer Hinsicht. Um besondere finanzielle Hilfen für das Kind und die Familie zu erlangen, sind rechtliche Bestimmungen die Basis, welche die Kenntnis unterschiedlicher Gesetze und Paragraphen notwendig macht. Als Laie ist es ohne Unterstützung überaus schwierig, solche finanziellen Hilfen zu beantragen und zu erhalten. Desweiteren wird im Bereich der Sozialarbeit über unterstützende Dienste wie Haushaltshilfen, Kuren, Erholungsmaßnahmen und Familienentlastende Dienste informiert, beziehungsweise bei deren Beantragung geholfen.

Sollte die Gesamtsituation der familiären Umstände als für die Entwicklung des Kindes sehr ungünstig eingeschätzt werden und Anlass zur Intervention sein, so arbeitet die Sozialarbeit im Sinne der sozialpädagogischen Familienhilfe mit dem Ziel, die Familie insgesamt zu stärken und zu festigen, Entlastung zu organisieren und strukturelle Veränderungen anzustreben (vgl. Lebenshilfe 1997).

Wichtiges Ziel der Sozialarbeit in der Frühförderung ist die Stärkung des Zusammenhalts und vor allem der Autonomie der Familie. Die Hilfe aus dem Bereich der Sozialarbeit ist immer Hilfe zur Selbsthilfe und sollte mit der Zeit immer weniger notwendig sein.

Eine gute sozialberaterische Grundlage der Arbeit in der Frühförderung geht einher mit einem hohen Stellenwert der Elternarbeit und entsprechend häufigen Durchführungen von Elternveranstaltungen (vgl. Peterander; Speck 1993).

6.3.4 Einbindung von Medizin und Therapie

Pädagogik und Medizin bieten in der Frühförderung sich gegenseitig ergänzende Dienste an. Dabei stellt die Medizin im interdisziplinären System Frühförderung sowohl fachlich-inhaltlich als auch in Bezug auf die Finanzierung der Frühförderung einen elementaren Baustein dar. Aufgaben der Medizin in der Frühförderung liegen darin, Entwicklungsverzögerungen festzustellen, organische Schädigungen zu erkennen und gegebenenfalls eine medikamentöse oder therapeutische Behandlung zu planen und zudem darin möglicherweise organische Faktoren auszuschließen. Darüber hinaus müssen die Mitglieder des Frühförderteams nicht nur über die ärztliche Diagnose, sondern auch über Medikamente, die das Kind einnimmt, deren Wirkungen und Nebenwirkungen sowie Änderungen in der Medikation informiert werden. Der übliche Ausgangspunkt der kurativen Medizin ist das Vorliegen einer funktionellen Störung, aufgrund derer nach einer zugrunde liegenden organischen Ursache geforscht wird und die durch ihre Symptomatik zu sozialen oder emotionalen Beeinträchtigungen führen kann (vgl. Haas 1991). Die diesem Bezugsrahmen indizierten Therapien stehen im Prozess der Frühförderung in enger Wechselwirkung mit dem pädagogischen und psychologischen Angebot. Die jeweiligen Abstimmungsprozesse sind sehr sorgfältig durchzuführen, um eine widerspruchsfreie, ganzheitliche und interdisziplinäre Förderung zu gewährleisten.

6.3.5 Spezifisch ärztliche Aufgaben

Eine Ärztin bzw. ein Arzt im Frühförderteam hat unterschiedliche Aufgabenfelder. Zum einen umfasst dies die medizinische Diagnose, die pädiatrische Befunderhebung und eventuell daran anschließend eine medizinische Behandlung. Auch wenn keine medizinisch-organische Einordnung der Entwicklungsbeeinträchtigungen möglich ist, ist eine weitere regelmäßige Beobachtung von ärztlicher Seite unabdingbar.
Eine weitere Aufgabe liegt in der Elternberatung. Hier ist, eventuell zusammen mit einer Pädagogin oder einem Pädagogen, die Diagnose zu vermitteln. Wichtig ist es, Fragen der Eltern zu Verursachung und Prognose ernst zu nehmen und sorgfältig zu beantworten, wobei das Hauptaugenmerk der Eltern nicht auf die Defizite und Probleme, sondern auf die Möglichkeiten und Fähigkeiten des Kindes gelenkt werden sollte.
Die Ärztin oder der Arzt sollte in das Frühförderteam eingebunden sein und Informationen, die den Gesundheitszustand, die Belastbarkeit oder Anfälligkeiten des Kindes betreffen, an das Team weitergeben. Dies erfordert die Entbindung von der Schweigepflicht durch die Eltern.
Weitere Aufgaben der Medizin hinsichtlich der Frühförderung sind die Verbesserung der Effektivität der Früherkennung von Entwicklungsauffälligkeiten, die Verbesserung der medizinischen Diagnostik und die Evaluierung und Weiterentwicklung funktioneller Therapiemethoden (vgl. Haas 1991).

6.3.6 Therapien für das Kind

Alle therapeutischen Fördermaßnahmen haben das Ziel, das Kind in seinen bereits erworbenen Fähigkeiten zu unterstützen und darauf aufbauend die weitere Entwicklung zu fördern und Einschränkungen zu überwinden. Hierbei ist die Persönlichkeit des Kindes zu respektieren, seine Reaktionen sind zu beobachten und Zeichen von Abwehr grundsätzlich ernst zu nehmen. Ebenso müssen Zeichen von Ablehnung bei den Eltern gegenüber bestimmten Therapiemethoden ernst genommen und berücksichtigt werden. Die am häufigsten eingesetzten Therapien sind Physiotherapie, Ergotherapie und Logopädie. Innerhalb dieser Therapieformen gibt es viele verschiedene Konzepte unterschiedlicher Schwerpunktsetzung und Vorgehensweisen. Es muss bei der Auswahl immer darauf geachtet werden, dass die gewählten Vorgehensweisen sich an den Leitlinien von Autonomie, Ganzheitlichkeit und der Respektierung der Persönlichkeit des Kindes und der Eltern orientieren und der Konzeption der Einrichtung entsprechen. Die Therapieangebote der Einrichtung sollten darüber hinaus die medizinisch indizierte Behandlung sicherstellen.

6.3.7 Literatur

BUNDESVEREINIGUNG LEBENSHILFE: Frühe Hilfen. Frühförderung aus Sicht der Lebenshilfe. Marburg 1997.

BUNDESVEREINIGUNG LEBENSHILFE: Leistungsvereinbarungen für Frühförderstellen. Marburg 1996.

HAAS, GERHARD: Aufgaben und Möglichkeiten der Medizin im Rahmen interdisziplinärer Frühförderung. In: Trost, Rainer; Walthes, Renate (Hg.): Frühe Hilfen für entwicklungsgefährdete Kinder. Frankfurt a.M.1991, 79-90.

LOHL, WERNER: Aufbau der Qualitätssicherung in Beratungsstellen. Bonn 1997.

PETERANDER, FRANZ; SPECK, OTTO: Abschlussbericht zum Forschungsprojekt „Strukturelle und inhaltliche Bedingungen der Frühförderung". München 1993.

PETERANDER, FRANZ: Neue Fragen zu einem alten Thema: Qualitätssicherung und –entwicklung in der Frühförderung In: Opp, Günther; Freytag, Andreas; Budnik, Ines (Hg): Heilpädagogik in der Wendezeit. Luzern 1996c, 90-103.

 ### 6.3.8 Bestandsaufnahme

1. **Wenn die Wahl zwischen ambulanter und mobiler Förderung besteht, nach welchen Kriterien wird die Wahl des Förderortes getroffen?**

   fachliche Erwägungen ❏
   zeitliche Kapazitäten ❏
   Wunsch der Eltern ❏
   Wunsch des Kindes ❏
   anders, nämlich ....
   ....

2. **Welche Methoden bzw. Elemente der Methoden der Entwicklungsförderung werden in der Einrichtung angewandt?**

	Nie/ Selten	Manchmal	Häufig	Sehr häufig/ Immer
Wahrnehmungsförderung	❏	❏	❏	❏
Psychomotorik	❏	❏	❏	❏
Spieltherapie	❏	❏	❏	❏
Sensorische Integrationstherapie	❏	❏	❏	❏
Basale Stimulation	❏	❏	❏	❏
Mundtherapie	❏	❏	❏	❏
Esstherapie	❏	❏	❏	❏
Musiktherapie	❏	❏	❏	❏
Kunsttherapie	❏	❏	❏	❏
Montessori-Pädagogik	❏	❏	❏	❏
Spielanbahnung	❏	❏	❏	❏
Snoezelen	❏	❏	❏	❏
Heilpädagogische Übungsbehandlung	❏	❏	❏	❏
KG nach Bobath	❏	❏	❏	❏
KG nach Vojta	❏	❏	❏	❏
Sprachanbahnung	❏	❏	❏	❏
Konduktive Förderung nach Petö	❏	❏	❏	❏

andere, nämlich

.... ❏ ❏ ❏ ❏

.... ❏ ❏ ❏ ❏

3. **Haben Fachkräfte der Einrichtung für spezifische Methoden spezielle Zusatzqualifikationen** (*z.B. Montessori-Diplom o.ä.*)?

   ja ❏

   nämlich

   ....

   ....

   ....

   nein ❏

4. **Ist die Förderung alltagsbezogen, d.h. lassen sich die Inhalte von Förderung und Therapie in den Alltag des Kindes innerhalb seiner verschiedenen Lebensfelder (Familie, Kindergarten etc.) transferieren?**

Nie/Selten	Manchmal	Häufig	Sehr häufig/Immer
❏	❏	❏	❏

5. **Von wie vielen Personen werden die Fördereinheiten mit dem Kind durchgeführt?**

   Verschiedene Personen führen die Fördereinheiten durch

Nie/Selten	Manchmal	Häufig	Sehr häufig/Immer
❏	❏	❏	❏

   a) **Wenn verschiedene Personen Fördereinheiten durchführen, sind das in der Regel**

   höchstens   zwei   ❏

                  drei   ❏

                  mehr, nämlich   ....

   b) **Wenn mehrere Personen mit einem Kind Fördereinheiten durchführen, sind das:**

   Personen derselben Fachdisziplin:

Nie/Selten	Manchmal	Häufig	Sehr häufig/Immer
❏	❏	❏	❏

Personen aus verschiedenen Fachdisziplinen:

	Nie/ Selten	Manchmal	Häufig	Sehr häufig/ Immer
	❏	❏	❏	❏

c) Wenn mehrere Personen aus derselben Fachdiziplin Fördereinheiten mit dem Kind durchführen, geschieht dies aus folgenden Gründen

....

....

....

6. **Wenn immer nur eine Person die Fördereinheiten mit dem Kind durchführt, wie wird die Interdisziplinarität im Förderverlauf sichergestellt?**

Teambesprechungen	❏
Fallberatungen	❏
Teilnehmende Beobachtung weiterer Mitarbeiter/innen	❏
Hospitationen	❏
Supervision	❏

anders, nämlich

....

....

....

7. **Wenn mehrere Personen mit einem Kind Fördereinheiten durchführen, wie wird sichergestellt, dass das Kind ein vertrauensvolles Verhältnis zu den Beteiligten entwickeln kann?**

Zunächst arbeitet nur eine Person mit dem Kind, bevor weitere Personen Teilbereiche der Förderung übernehmen	❏
Alle Beteiligten planen viel Zeit für die Entwicklung eines Vertrauensverhältnisses ein	❏

andere Verfahren, nämlich

....

....

8. **Anhand welcher Kriterien wird geklärt, welche Person/en mit dem Kind arbeitet/arbeiten?**

Spezifische Bedürfnisse des Kindes und der Familie	❏
Arbeitsauslastung der einzelnen Mitarbeiter/innen	❏

Qualifikation der Mitarbeiter/innen ❏

anders, nämlich

....

....

9. In welchem Rahmen erhält die Fachkraft gegebenenfalls Unterstützung bei der Reflexion und Modifikation von Förderverlauf und Förderplan?

Teamsitzungen ❏

Kollegiale Fallberatung ❏

Supervision ❏

Gespräche mit externen Fachkräften ❏

Elterngespräche ❏

andere, nämlich ....

10. Nehmen die Eltern an den Fördereinheiten teil?

	Nie/Selten	Manchmal	Häufig	Sehr häufig/Immer
	❏	❏	❏	❏

11. Nach welchen Kriterien fällt die Entscheidung darüber, ob und wann die Eltern teilnehmen?

Wunsch des Kindes ❏

Wunsch der Eltern ❏

Fachliche Erwägungen ❏

andere, nämlich

....

....

....

12. Wer fällt die Entscheidung über die Teilnahme der Eltern?

	Nie/Selten	Manchmal	Häufig	Sehr häufig/Immer
Die Eltern selbst	❏	❏	❏	❏
Der/die jeweilige Mitarbeiter/in	❏	❏	❏	❏
Eltern und Fachkraft gemeinsam	❏	❏	❏	❏

13. Werden weitere Familienangehörige (z.B. Geschwister) in den Förderprozess miteinbezogen?

	Nie/Selten	Manchmal	Häufig	Sehr häufig/Immer
	❑	❑	❑	❑

14. Wer entscheidet über die Teilnahme weiterer Familienangehöriger?

	Nie/Selten	Manchmal	Häufig	Sehr häufig/Immer
Die Familie	❑	❑	❑	❑
Der / Die jeweilige Mitarbeiter/in	❑	❑	❑	❑
Familie und Fachkraft gemeinsam	❑	❑	❑	❑

15. Wo befindet sich das Kind, während Elterngespräche in der Einrichtung stattfinden?

	Nie/Selten	Manchmal	Häufig	Sehr häufig/Immer
Mit anwesend	❑	❑	❑	❑
Im Kindergarten	❑	❑	❑	❑
Zuhause	❑	❑	❑	❑
Wird in der Zeit von einer anderen Fachkraft betreut	❑	❑	❑	❑
anders, nämlich	❑	❑	❑	❑

16. Gibt es außer der Person, die mit dem Kind arbeitet Fachkräfte, die darüber hinaus für die Beratung und Unterstützung der jeweiligen Eltern zuständig sind?

ja ❑   wenn ja, welche Profession ?

Sozialarbeiter/in ❑

Psycholog/in ❑

Pädagog/in ❑

nein ❑

17. Nach welchen Kriterien wird festgelegt, wer die Elternberatung im Einzelfall übernimmt?

Bedürfnisse der Familie ❏

Arbeitsauslastung der Mitarbeiter/innen ❏

Qualifikation der Mitarbeiter/innen ❏

andere, nämlich

....

....

18. Was umfassen Gespräche mit den Eltern?

	Nie/ Selten	Manchmal	Häufig	Sehr häufig/ Immer
Beratung in Erziehungsfragen	❏	❏	❏	❏
Praktische Hinweise zu Erziehung und Förderung des Kindes	❏	❏	❏	❏
Auseinandersetzung mit Behinderung (Akzeptanz/Coping)	❏	❏	❏	❏
Reflexion des bisherigen Förderverlaufes	❏	❏	❏	❏
Feed-back der Eltern an die Fachkraft	❏	❏	❏	❏
Soziale Situation der Familie	❏	❏	❏	❏
Finanzielle Beratung	❏	❏	❏	❏
Organisatorische Beratung	❏	❏	❏	❏
Begleitung zu Ämtern	❏	❏	❏	❏
Unterstützung bei der Beantragung weiterer Dienste	❏	❏	❏	❏
Gemeinsame Planung des weiteren Vorgehens	❏	❏	❏	❏
anders, nämlich	❏	❏	❏	❏
....	❏	❏	❏	❏

Evaluationsbereich Prozessqualität

19. Kommt es vor, dass ein/e Mitarbeiter/in die Familie wechselt?

	Nie/ Selten	Manchmal	Häufig	Sehr häufig/ Immer
	❑	❑	❑	❑

Wenn ja, aus welchen Gründen?

	Nie/ Selten	Manchmal	Häufig	Sehr häufig/ Immer
Mutterschutz	❑	❑	❑	❑
Erziehungsurlaub	❑	❑	❑	❑
Krankheit	❑	❑	❑	❑
organisatorische Gründe	❑	❑	❑	❑
fachliche Qualifikation	❑	❑	❑	❑
Die Familie kommt mit der Fachkraft nicht zurecht	❑	❑	❑	❑
Die Fachkraft kommt mit der Familie nicht zurecht	❑	❑	❑	❑
andere Gründe, nämlich				
....	❑	❑	❑	❑
....	❑	❑	❑	❑

20. An wen wendet sich eine Familie, wenn sie Schwierigkeiten mit der zuständigen Fachkraft hat?

Es gibt eine Person im Team, die
speziell für solche Probleme
Ansprechpartner/in ist: ❑   nämlich (Profession) ....

aus welchen Gründen wurde diese Person für diese Aufgabe bestimmt?
....
....

An die Leitung:
❑, aus folgenden Gründen
....
....

An die betreffende Fachkraft selbst
❑, aus folgenden Gründen
....
....

An andere
❏ nämlich
....
....

21. Ist den Eltern transparent, an wen sie sich in einem solchen Fall wenden können?

Ja, Eltern werden zu Förderbeginn darauf hingewiesen ❏

nämlich durch ....

Nein ❏

22. Wie wird mit einem Wunsch der Eltern, die Fachkraft zu wechseln, umgegangen?

Die Weiterarbeit mit einer anderen Person wird nach einer
Besprechung mit den Eltern und im Team ermöglicht ❏

Der Wunsch wird nicht berücksichtigt, ❏

weil..

....

anders, nämlich ❏

....

....

23. In welchen Bereichen sind kooperierende psychologische Fachkräfte (*intern oder extern, z.B. mit Kooperationsvertrag*) in den jeweiligen Förderprozess eingebunden?

	Nie/Selten	Manchmal	Häufig	Sehr häufig/Immer
Eingangsdiagnostik	❏	❏	❏	❏
Zwischengutachten	❏	❏	❏	❏
Abschlussdiagnostik	❏	❏	❏	❏
Elterngruppen	❏	❏	❏	❏
Elternberatung	❏	❏	❏	❏
Konkrete Förderung	❏	❏	❏	❏
Verhaltenstherapeutische Maßnahmen	❏	❏	❏	❏
Psychoanalytische Maßnahmen	❏	❏	❏	❏
Verhaltensbeobachtung	❏	❏	❏	❏
Beratung der Kolleg/innen im Team	❏	❏	❏	❏
andere, nämlich				
....	❏	❏	❏	❏
....	❏	❏	❏	❏

24. Sind kooperierende Ärzte in den jeweiligen Förderprozess eingebunden?

    ja, Arzt/Ärztin ist Teil des Teams ☐

    ja, und zwar folgendermaßen ☐

    ....

    ....

    nein, sie werden im Zweifelsfall kurzfristig hinzugezogen ☐

25. Werden Informationen von ärztlicher Seite über Gesundheitszustand evtl. Medikationen etc. des einzelnen Kindes beim weiteren Vorgehen berücksichtigt?

    ja ☐

    nein, uns fehlen solche Informationen meistens ☐

6.3.9 Indikatoren zum Feststellen des Handlungsbedarfs

	Trifft zu	Trifft eher zu	Trifft eher nicht zu	Trifft nicht zu
Grundlage jedes Förderprozesses bildet das Vertrautwerden mit dem Kind und seiner spezifischen Situation.	☐	☐	☐	☐
Das Kind wird in seiner Einbindung in das familiäre Beziehungsgeflecht sowie seinen wechselseitigen Beziehungen zu weiteren Lebensfeldern gesehen.	☐	☐	☐	☐
Die Fachkräfte achten die in der Familie geltenden Normen und Werte und berücksichtigen diese als Faktoren bei der Erziehung des Kindes.	☐	☐	☐	☐
Die Mitarbeiter/innen achten darauf, die Autonomie des Kindes und seiner Eltern zu wahren und zu unterstützen.	☐	☐	☐	☐
Die (internen oder externen) psychologischen Fachkräfte stellen ihre spezifischen Kenntnisse dem Team sowie den Eltern zur Verfügung.	☐	☐	☐	☐
Die Fachkräfte sehen die Familie im Zusammenhang mit ihrem sozio-kulturellen und ökonomischen Hintergrund und lebensweltlichen Kontext.	☐	☐	☐	☐
Die sozialarbeiterischen Anteile der Arbeit unterstützen und aktivieren die Kompetenz der Familie durch Beratung und Begleitung.	☐	☐	☐	☐

	Trifft zu	Trifft eher zu	Trifft eher nicht zu	Trifft nicht zu
Das sozialarbeiterische Handeln stärkt die Eigenverantwortung und Eigeninitiative der Familie und nimmt sich mit der Zeit immer weiter zurück.	❑	❑	❑	❑
Widerstände des Kindes werden respektiert und analysiert.	❑	❑	❑	❑
Medizinisch-therapeutische Maßnahmen tragen zur Überwindung von Funktionsstörungen und Entwicklungsverzögerungen bei und helfen dem Kind, seine Fähigkeiten besser zu integrieren und einzusetzen.	❑	❑	❑	❑
Die medizinisch-therapeutische Förderung ist eingebunden in das ganzheitliche Vorgehen.	❑	❑	❑	❑
Qualität und Umfang der medizinisch-therapeutischen Angebote der Frühförderstelle und/oder ihrer Kooperationspartner/innen stellen medizinisch indizierte Behandlungen sicher.	❑	❑	❑	❑
Sollten die Grundrechte des Kindes innerhalb der Familie verletzt werden, leitet die Frühförderstelle angemessene Maßnahmen ein, um diese wieder sicherzustellen.	❑	❑	❑	❑

Gesamteinschätzung

Durch sorgfältige Abstimmungsprozesse zwischen Pädagogik, Psychologie, Sozialarbeit, Medizin und Therapie wird unter Achtung der Autonomie von Kind und Familie ein ganzheitlicher Förderplan erstellt und ein koordiniertes Angebot bereitgestellt.	❑	❑	❑	❑

6.4 Beziehungsgestaltung mit dem Kind

> Bei der Prozessqualität in der Frühförderung mit Bezug auf kindbezogene Leistungen geht es vor allem um die Qualität der direkten Begegnung zwischen Fachleuten und Kind, d.h. um die Qualität der Beziehungsgestaltung. Grundsätzlich gilt es bei der Förderung und Therapie des Kindes, seine Autonomie zu achten und zu unterstützen und seine Eigenaktivtäten im Dialog aufzugreifen.

Bei der Ermittlung der Qualität der Prozesse von Förderung und Therapie des Kindes stellt sich grundsätzlich auch die Frage nach der Wirksamkeit von Frühförderung generell. Auf diese Problematik wird im Kapitel zur Ergebnisqualität (vgl. 7.1) näher eingegangen. Für die Frage nach der erfolgreichen Umsetzung der Handlungskonzepte ist jedoch in diesem Kontext bereits interessant, dass sich in den Ergebnissen verschiedener Studien der Hinweis darauf findet, dass „Erfolge" letztlich weniger durch die Wahl der richtigen Methoden bestimmt werden, sondern vielmehr von der Art und Weise der Vermittlung der Förderung abhängig sind. Das heißt, es ist davon auszugehen, dass es vor allem die Qualität der Beziehung, des Dialoges zwischen den Fachleuten und dem Kind ist, welche eine gute Förderung und Therapie ausmacht (vgl. Leyendecker 1998). Eine kontinuierliche, verlässliche und stabile Beziehung zum Kind ist eine Grundvoraussetzung für die Wirksamkeit von Fördermaßnahmen. Um eine solche Beziehung aufbauen zu können, ist es erforderlich, dass zu Beginn der Frühförderung ausreichend Förderstunden in erster Linie dem Kennenlernen des Kindes dienen. Häufig ist es sinnvoll, Förderstunden im Sinne einer „ritualisierten Kontinuität" (Leyendecker) zu gestalten. „Schwierig ist eine Förderung, die uneindeutig ist, Ambivalenzen vermittelt, Diskontinuität beinhaltet, Brüche, Wechsel und Unsicherheiten erleben lässt." (Leyendecker 1998, 8) Als zentrale Leitlinien einer qualitätsvollen Beziehungsgestaltung sind bei Förderung und Therapie des Kindes vor allem die Selbstbestimmung und Autonomie des Kindes zu berücksichtigen und im gemeinsamen Dialog weiterzuentwickeln.

6.4.1 Selbstbestimmung und Autonomie

Im Bemühen darum, das Kind in der Fördersituation als kompetenten und eigenaktiven Interaktionspartner wahrzunehmen und seine Fähigkeiten in den Mittelpunkt zu stellen, muss der zentrale Leitgedanke für eine wirksame Umsetzung aller Handlungskonzepte die Selbstbestimmung und Autonomie des Kindes sein.

Selbstbestimmung ist ein Wesensmerkmal aller Menschen, d.h. menschliche Entwicklung ist grundsätzlich auf Zuwachs an Autonomie ausgerichtet (vgl. Hahn 1994). Dies gilt auch für Kinder, deren Entwicklung beeinträchtigt ist.

Jeder Mensch besitzt die Fähigkeit, sich selbst zu organisieren und zu regulieren. Diese Fähigkeit zur Selbstorganisation und Selbstgestaltung wird von den chilenischen Neurobiologen Maturana und Varela als „Autopoiese" bezeichnet (1987). Diese Erkenntnis lässt die Annahme zu, dass auch Kinder mit Entwicklungsauffälligkeiten und Behinderungen im Sinne autonomer Systeme ihre Eigengesetzlichkeit, ihre subjektive Wahrnehmung und Wirklichkeit konstruieren und in diesem Kontext ihre Entwicklung aktiv vorantreiben. Für die Förderung und Therapie hat dies grundlegende Konsequenzen: Fachleute können das Kind nicht von außen zielorientiert und planbar beeinflussen, sondern nur das Kind selbst kann Veränderungen bewirken, die von Fachleuten lediglich angestoßen werden. Vor diesem Hintergrund sind alle Maßnahmen der Förderung und Therapie als Angebote zu verstehen; welche Angebote allerdings hilfreiche Veränderungen bewirken, entscheidet letztlich das Kind aufgrund seiner Eigenstruktur.

Alle Maßnahmen sollten das Ziel verfolgen, die Selbstbestimmung und Autonomie des Kindes zu unterstützen und zu erweitern, unabhängig vom Ausmaß der jeweiligen Beeinträchtigungen. Auch Kinder mit schwersten Behinderungen haben Autonomieräume, die es in der Frühförderung zu nutzen gilt. Vor diesem Hintergrund sind folgende Aspekte bei der Planung und Durchführung der Maßnahmen zu beachten:

- Bei jedem Kind sind grundsätzlich Entwicklungstendenz und Entwicklungsaktivität vorhanden. Es ist wichtig zu beobachten und zu berücksichtigen, welche Entwicklungen das Kind selbst anstrebt.
- Alle Maßnahmen der Förderung und Therapie sind als Angebote zu verstehen. Dabei sollte man sich dessen bewusst sein, dass Angebot immer auch Auswahl bedeutet und durch diese Auswahl potentielle andere Erfahrungsmöglichkeiten ausgeschlossen werden. Die Gefahr, dass das Angebot nicht adäquat ist zu den Bedürfnissen des Kindes, ist immer gegeben.
- Selbstbestimmung meint vor allem Entscheidungsautonomie, das „Prinzip Entscheidenlassen" (Hahn 1994) bedeutet, dass in der Fördersituation grundsätzlich mehrere Möglichkeiten anzubieten sind, zwischen denen das Kind wählen kann, auch in kleinsten Angelegenheiten.

6.4.2 Dialog

Das im vorherigen Absatz Gesagte erfordert als wesentliches Merkmal der Beziehungsgestaltung zwischen Fachleuten und Kind den Dialog. Wenn davon auszugehen ist, dass jedes Kind „Akteur seiner Entwicklung" und Konstrukteur seiner Wirklichkeit mit eigenen Lösungswegen ist, dann müssen sich Fachleute in der Fördersituation in einen Dialog mit dem Kind begeben, um sich der subjektiven Befindlichkeit und Wahrnehmung des Kindes anzunähern und seine Lösungswege zum Ausgangspunkt aller Maßnahmen zu machen. Ergebnisse aus der Säuglingsforschung belegen, dass Säuglinge bereits den Drang und die Fähigkeit zur sozialen Interaktion mitbringen, hierfür aber Bezugspersonen benötigen, die in spezifischer Weise einen Dialog mit ihnen aufnehmen. Auch Kinder mit Entwicklungsbeeinträchtigungen verfügen über diese Kompetenz, Beziehungen aufzubauen und Dialoge zu gestalten. Sie werden jedoch häufiger missverstanden. Daher ist es Aufgabe von Mitarbeiterinnen und Mitarbeitern in der Frühförderung, im Rahmen des Dialoges mit dem Kind alle Verhaltensweisen des Kindes als prinzipiell sinnhaft anzuerkennen und als Ausdruck seiner aktuellen subjektiven Wirklichkeit zu begreifen. Grundsätzlich ist jedem Verhalten eine Bedeutung beizumessen, dies gilt um so mehr bei Kindern, die sich aufgrund ihrer Beeinträchtigungen verbal nicht mitteilen können und deshalb besonders auf das Verstehen ihrer nonverbalen Ausdrucksweisen seitens der Interaktionspartner angewiesen sind. Auch sog. Stereotypien und Automatismen sind auf ihre Bedeutung hin zu analysieren. Durch die Anerkennung einer Bedeutung wird jedes Verhalten des Kindes zu einer potentiellen Interaktionsmöglichkeit, dadurch erhält das Kind eine die Interaktion mitgestaltende Kraft, es kann autonom handeln. Für die Anwendung von Methoden und Konzepten in Förderung und Therapie bedeutet Dialog den Verzicht auf Stimulation mit Reizen, die aus dem jeweiligen Bedeutungs- und Beziehungskontext herausgerissen sind. Das heißt, dass die spezifischen Bewegungsformen und Kommunikationsmöglichkeiten des Kindes aufzugreifen und alle Aktivitäten an diesen Verhaltensweisen des Kindes auszurichten sind.

In diesem Zusammenhang ist es auch wichtig, dem Kind Kommunikationsangebote zu machen, die seinen Möglichkeiten entsprechen (z.B. körpernahe Kommunikation). Hierfür sind umfassende Kenntnisse über Möglichkeiten der (unterstützten) Kommunikation für nichtsprechende Kinder erforderlich.

Grundsätzlich ist mit Blick auf die Beziehungsgestaltung zum Kind die persönliche Grundhaltung dem Kind gegenüber entscheidend. Die Auseinandersetzung mit dem eigenen Menschenbild, mit der Sichtweise von Behinderung ist besonders in der Betreuung von Kindern mit schweren Behinderungen erforderlich.

Um Qualität in der Beziehung zum Kind zu entwickeln und zu sichern, muss diese permanent reflektiert und dokumentiert werden.

Qualitätskriterien für die Beziehungsgestaltung zum Kind zu formulieren und zu evaluieren, stellt sich als besonders schwierig dar, zumal es um menschliche Qualitäten und interaktive Prozesse geht, für die sich kaum verbindliche Standards definieren lassen.

Dennoch ist es möglich und wichtig, in einer Frühförderstelle zu überprüfen, welchen Stellenwert die Beziehungsgestaltung zum Kind in der täglichen Arbeit einnimmt und welche Bemühungen im Hinblick auf eine qualitätsvolle Beziehungsgestaltung unternommen werden.

6.4.3 Literatur

BUNDESVEREINIGUNG LEBENSHILFE: Leistungsvereinbarungen für Frühförderstellen. Marburg 1996.

HAHN, MARTIN: Selbstbestimmung im Leben, auch für Menschen mit geistiger Behinderung. In: Geistige Behinderung, 3, 1994, 81-94.

KÜHL, JÜRGEN (Hg.): Autonomie und Dialog. Kleine Kinder in der Frühförderung. München, Basel 1999.

LEYENDECKER; CHRISTOPH: „Je früher, desto besser?!" Konzepte früher Förderung im Spannungsfeld zwischen Behandlungsakteuren und dem Kind als Akteur seiner Entwicklung. In: Frühförderung Interdisziplinär, 17, 1998, 3-10.

MATURANA, HUMBERTO R., VARELA, FRANCISCO J.: Der Baum der Erkenntnis. Bern, München 1987.

SCHLACK, HANS GEORG: Intervention bei Entwicklungsstörungen. Bewertete Übersicht. In: Monatsschrift für Kinderheilkunde 142, 1994, 180-184.

WAGNER, MICHAEL: Menschen mit geistiger Behinderung – Gestalter ihrer Welt. Bad Heilbronn 1995.

6.4.4 Bestandsaufnahme

1. **In welcher Form erfolgt eine Reflexion über die Beziehung der Mitarbeiter/innen zum Kind?**

	Nie/ Selten	Manchmal	Häufig	Sehr häufig/ Immer
Eigene Reflexion im Anschluss an die Förderung	❏	❏	❏	❏
Im Team	❏	❏	❏	❏
Mit den Eltern	❏	❏	❏	❏
Im Rahmen von Einzelsupervision	❏	❏	❏	❏
Im Rahmen von Gruppensupervision	❏	❏	❏	❏

2. **In welcher Form wird die Beziehungsgestaltung zum Kind dokumentiert?**

	Nie/ Selten	Manchmal	Häufig	Sehr häufig/ Immer
Förderprotokolle	❏	❏	❏	❏
Persönliche Aufzeichnungen	❏	❏	❏	❏
Entwicklungsberichte/ Gutachten	❏	❏	❏	❏
Abschlussdokumentation	❏	❏	❏	❏

3. **Welche Fortbildungen zu Themen der Beziehungsgestaltung (z.B. Autonomie und Selbstbestimmung, Kommunikation o.ä.) sind in der letzten drei Jahren von wievielen Mitarbeiterinnen und Mitarbeitern welcher Profession besucht worden?**

Thema der Fortbildung	Jahr	Mitarbeiter/in/ Profession	Anzahl
....	....	....	....
....	....	....	....
....	....	....	....
....	....	....	....
....	....	....	....

4. **Werden persönliche Grundhaltungen in bezug auf (schwerste) Behinderung im Team reflektiert und diskutiert?**

Nie/ Selten	Manchmal	Häufig	Sehr häufig/ Immer
❏	❏	❏	❏

6.4.5 Indikatoren zum Feststellen des Handlungsbedarfs

	Trifft zu	Trifft eher zu	Trifft eher nicht zu	Trifft nicht zu
Verhaltensweisen, Stimmungen und Eigenschaften eines Kindes werden nicht nur durch seine Behinderung erklärt, sondern im Kontext seiner individuellen Lebenssituation interpretiert.	❏	❏	❏	❏
Ausgangspunkt aller Maßnahmen bildet die Wirklichkeit des Kindes. Die Annäherung an diese Wirklichkeit erfolgt durch umfassende Beobachtungen und im Dialog mit dem Kind.	❏	❏	❏	❏
Alle Förderstunden werden für kindliches Zeiterleben überschaubar gestaltet und mit kindgemäßen Ritualen angefangen, durchgeführt und beendet.	❏	❏	❏	❏
Die Beziehungsgestaltung zu den Kindern wird von allen Mitarbeiter/innen regelmäßig reflektiert und diskutiert.	❏	❏	❏	❏
Die Eigenaktivität des Kindes, seine Bewegungen und Ausdrucksweisen bilden den Ausgangspunkt für alle Angebote.	❏	❏	❏	❏
Die Mitarbeiter/innen verfügen über umfassende und aktuelle Kenntnisse im Hinblick auf (nonverbale) Kommunikationsmöglichkeiten.	❏	❏	❏	❏
Es werden regelmäßig Fortbildungen zu Themen der Beziehungsgestaltung besucht.	❏	❏	❏	❏
Ziel aller Fördermaßnahmen ist die Erweiterung und Stärkung der Autonomie des Kindes, unabhängig von der Art und Schwere einer Behinderung.	❏	❏	❏	❏

Gesamteinschätzung

Die Beziehungsgestaltung mit dem Kind hat einen hohen Stellenwert in Förderung und Therapie und wird kontinuierlich reflektiert und dokumentiert. Die Eigenaktivität und die Autonomie des Kindes sind Ausgangspunkt und Ziel aller Maßnahmen.	❏	❏	❏	❏

6.5 Zusammenarbeit mit den Eltern

Die partnerschaftliche Zusammenarbeit mit den Eltern ist ein unverzichtbarer Bestandteil einer qualitätsvollen Frühförderung. Sie sind gleichberechtigt an allen Überlegungen zur Planung und Durchführung von Fördermaßnahmen zu beteiligen. Darüber hinaus ist es erforderlich, spezielle Elternangebote zu machen und den Eltern Mitsprache an der Arbeit der Frühförderung einzuräumen.
Voraussetzung für eine solche Zusammenarbeit ist ein verändertes professionelles Selbstverständnis in Richtung einer assistierenden Rolle der Fachleute zugunsten der Kompetenz und Autonomie der Eltern.

6.5.1 Kooperation

Wesentliches Merkmal einer qualitätsvollen Frühförderung ist die Familienorientierung. Die Familie ist das primäre Entwicklungs- und Interaktionsfeld des Kindes. Interventionen der Frühförderung können nur dann wirksam sein, wenn sie für die Familie in ihr eigenes System integrierbar sind, d.h. die Fachleute müssen ihre Arbeit an der spezifischen Situation jeder Familie ausrichten. Das bedeutet auch das verstärkte Bemühen um die Beteiligung der Väter sowie die Berücksichtigung der Situation der Geschwister.
In der Wahrnehmung der Eltern durch die Fachleute zeichnet sich ein grundlegender Wandel ab mit dem Ergebnis, dass Eltern als gleichberechtigte Partner an der Planung und Durchführung aller Maßnahmen zu beteiligen sind.
Das Einbeziehen der Eltern stellt eine elementare Voraussetzung für die Wirksamkeit der Förderprozesse dar. Studien zeigen, dass Maßnahmen, die auch die Eltern bzw. die Familie einbeziehen, die Entwicklung des Kindes mehr begünstigen als solche, die nur auf das Kind zielen (vgl. Schlack 1994). Als grundlegendes Handlungskonzept für die Zusammenarbeit mit den Eltern ist heute das Kooperationsmodell (vgl. Speck 1989b) anzusehen, d.h. eine partnerschaftliche Beziehung zwischen Eltern und Fachleuten, in der die eigene für die Entwicklung des Kindes bedeutsame Kompetenz der Eltern anerkannt wird.
Grundsätzlich ist es schwierig, Partnerschaftlichkeit zu beschreiben bzw. aus einem Haltungsmodell (vgl. Weiß 1989) konkrete Handlungsanweisungen abzuleiten. Als wichtige Voraussetzung für die erfolgreiche Umsetzung des Kooperationsmodells gelten folgende Aspekte:

- Wichtig ist eine offene Kommunikation zwischen Eltern und Fachleuten, in der sowohl Erwartungen und Wünsche als auch Grenzen ausgesprochen und gegenseitig respektiert werden können.
- Die Entscheidungsfindung sollte immer ein gemeinsamer Prozess sein, d.h. Eltern sind gleichberechtigt an Überlegungen zur Planung und Durchführung aller Fördermaßnahmen zu beteiligen. Für die gemeinsame Zielbestimmung kann es hilfreich sein, explizite Vereinbarungen in Form von „Arbeitsbündnissen" (vgl. Bieber 1996) zu treffen.
- Wichtig ist weiterhin die Transparenz des eigenen Tuns, das bedeutet z.B. den Eltern das jeweilige inhaltliche und organisatorische Konzept deutlich zu machen, die Erwartungen der Eltern zu klären, die eigenen (pädagogischen) Einstellungen zur Kenntnis zu bringen sowie das Erreichen von Förderzielen zu reflektieren (vgl. Pretis 1998b).
- Um die eigenen Kompetenzen der Eltern zu unterstützen und weiterzuentwickeln sowie ihre Rolle in der Frühförderung zu stärken, bietet der Empowermentansatz eine wichtige Handlungsorientierung (vgl. Weiß 1992b). Empowerment bedeutet Selbstbefähigung, Selbstermächtigung und meint den Prozess, innerhalb dessen Eltern ihre eigenen Kompetenzen und Ressourcen entdecken und nutzbar machen. Fachleute in der Frühförderung können diesen Prozess unterstützen, indem sie z.B. gemeinsam mit den Eltern nach Lösungsmöglichkeiten für Probleme in der Lebenswelt der Familie suchen und die Gründung von Elterngruppen anregen und unterstützen.

6.5.2 Spezielle Elternangebote und Mitsprache

Um die Rolle der Eltern in der Frühförderung zu stärken und sie in ihrer Expertenrolle zu unterstützen, ist es notwendig, spezielle Elternangebote zu machen, die über die Elternarbeit in der Fördersituation hinaus gehen. Zu denken ist hier z.B. an Elterngruppen, deren Inhalte und Ziele die Eltern entsprechend ihrer Bedürfnisse und Fähigkeiten bestimmen. Die Aufgabe der Mitarbeiterinnen und Mitarbeiter ist es, entsprechende Ressourcen (Räumlichkeiten, Adressen, Informationsbroschüren usw.) bereitzustellen und in der Rolle eines Mentors, einer Mentorin Prozesse der Selbstorganisation anzuregen.
Darüber hinaus sind als weitergehende Elternangebote Unterstützungen wie Information und Beratung, Hilfen im Alltag, Hilfen im Umgang mit anderen Einrichtungen anzubieten, die un-

mittelbar an den Alltagsproblemen von Eltern und Kindern anknüpfen (vgl. Engelbert 1995).

Für die Stärkung der elterlichen „partizipatorischen Kompetenz" im Sinne einer Teilhabe an Entscheidungsprozessen zur Wahrnehmung und Durchsetzung eigener Interessen sind institutionalisierte Elternangebote notwendig, welche den Eltern die Möglichkeit zur Artikulation ihrer Interessen bieten. Als mögliche Form einer solchen Beteiligung an der Arbeit der Frühförderstelle sind Elternabende oder Elternräte zu nennen. Denkbar ist auch eine Beteiligung der Eltern an Verhandlungen mit Kostenträgern.

Die Forderung nach speziellen Elternangeboten ist umso wichtiger, als nach Ergebnissen einer Studie keines der genannten Angebote bisher als Standardangebot in Frühförderstellen in Nordrhein-Westfalen angesehen werden kann (vgl. Engelbert 1995).

6.5.3 Professionelles Selbstverständnis

Die genannten Aspekte der Beziehungsqualität sowohl in der Förderung und Therapie des Kindes als auch in der Kooperation mit den Eltern stellen hohe Anforderungen an Mitarbeiterinnen und Mitarbeiter einer Frühförderstelle, vor allem an menschliche Qualitäten wie Empathie und Echtheit als Fundament in den Beziehungen zum Kind und seiner Familie. Erforderlich ist eine permanente Selbstüberprüfung, bei der Fachleute sich auch ihre inneren Haltungen und unbewussten Anteile wie Sympathie und Antpathie bewusst machen (vgl. Bundesvereinigung Lebenshilfe 1996). Im Kontext systemischen Denkens und Handelns in der Frühförderung müssen sich Mitarbeiterinnen und Mitarbeiter immer wieder darüber bewusst sein, dass sie selbst ein Teil des Familiensystems werden und entsprechend ihren eigenen Anteil an Schwierigkeiten im Prozess ihrer Arbeit reflektieren.

Die beschriebenen Kriterien für eine partnerschaftliche Kooperation erfordern neben den grundlegenden menschlichen Qualitäten ein spezifisches professionelles Selbstverständnis. Die wesentlichen Tendenzen der Frühförderung zeigen insgesamt eine Entwicklung von dominant professionellen Ansätzen hin zu Konzepten, welche die subjektive Gesamtsituation und die Autonomie der Adressaten in den Mittelpunkt der Bemühungen stellen. In diesem Kontext haben Mitarbeiterinnen und Mitarbeiter in Frühförderstellen eher eine assistierende Rolle. Diese Veränderungen im professionellen Selbstverständnis sind auf Seiten der Fachleute auch mit Verunsicherungen verbunden. Besonders der Empowerment-Ansatz impliziert eine grundlegende Infragestellung des traditionellen professionellen Selbstverständnisses, da es aus dieser Perspektive letztlich immer Ziel aller Bemühungen ist, sich überflüssig zu machen. Gleichzeitig besteht jedoch die Gefahr, Kinder und Eltern durch die Einnahme einer Kompetenzperspektive zu überfordern, es ist deshalb wichtig, neben den Kompetenzen weiterhin auch Bedürfnisse wahrzunehmen und entsprechende Hilfestellungen anzubieten. In Einzelfällen kann es auch erforderlich sein, Entscheidungen zum Schutze des Kindes gegen den Willen von Eltern durchzubringen. Vor diesem Hintergrund ist eine permanente Auseinandersetzung mit dem eigenen professionellen Selbstverständnis erforderlich.

Die fachliche und psychologische Beratung und Begleitung der Eltern in der Frühförderung ist eine komplexe Aufgabenstellung, die hohe Anforderungen an die Qualifikationen der Mitarbeiterinnen und Mitarbeiter stellt. Voraussetzung für diese Aufgabenstellung sind vor allem Fähigkeiten in der Gesprächsführung. Vor diesem Hintergrund sind entsprechende Fortbildungen erforderlich.

6.5.4 Literatur

BIEBER, KATHARINA: Arbeitsbündnisse in der Früherziehung – ein neuer Schritt in Richtung Partnerschaft. In: Frühförderung Interdisziplinär, 15, 1996, 19-27.

ENGELBERT, ANGELIKA: Familienorientierung in Frühförderstellen. Institutionelle Bedingungen der Etablierung von speziellen Elternangeboten und ihre Folgen für die Wahrnehmung der Elternrolle. In: Frühförderung interdisziplinär, 14, 1995, 169-179.

SPECK, OTTO: Das gewandelte Verhältnis zwischen Eltern und Fachleuten in der Frühförderung. In: Speck, O., Warnke, A. (Hg.): Frühförderung mit den Eltern. München, Basel 1989b, 13-20.

SCHLACK, H.G.: Intervention bei Entwicklungsstörungen. Bewertete Übersicht. In: Monatsschrift für Kinderheilkunde 142, 1994, 180-184.

PRETIS, MANFRED: Das Konzept der „Partnerschaftlichkeit" in der Frühförderung. Vom Haltungs- zum Handlungsmodell. In: Frühförderung Interdisziplinär, 17, 1998b, 11-17.

WEIß, HANS: Annäherungen an den Empowerment-Ansatz als handlungsorientiertes Modell in der Frühförderung, in: Frühförderung interdisziplinär, 11, 1992b, 157-169.

6.5.5 Bestandsaufnahme

1. **Liegt der Begleitung und Beratung der Eltern ein gemeinsames Konzept zugrunde?**

   ja ❑   nein ❑

   Wenn ja, welches?

   ....
   ....
   ....

2. **An welchen Maßnahmen sind die Eltern bzw. ein Elternteil in der Frühförderung beteiligt** *(ausgenommen spezielle Elternangebote)*?

	Nie/Selten	Manchmal	Häufig	Sehr häufig/Immer
Pädagogische Förderung	❑	❑	❑	❑
Therapien	❑	❑	❑	❑
Verhandlungen mit den Kostenträgern	❑	❑	❑	❑
Öffentlichkeitsarbeit	❑	❑	❑	❑
Anderes, nämlich				
....	❑	❑	❑	❑
....	❑	❑	❑	❑
....	❑	❑	❑	❑

3. **Gibt es Elterngesprächsgruppen?**

   ja ❑   nein ❑

   Wenn ja,

   a.) Welche Themen werden in den Elterngruppen besprochen?

	Nie/Selten	Manchmal	Häufig	Sehr häufig/Immer
Alltagsprobleme der Eltern	❑	❑	❑	❑
Erziehungsfragen	❑	❑	❑	❑
Belastungen der Familie durch die Behinderung des Kindes	❑	❑	❑	❑

Situation der Geschwister	❏	❏	❏	❏
Themen und Anliegen der Frühförderstelle	❏	❏	❏	❏
Rechtliche/ Finanzielle Fragen	❏	❏	❏	❏
Durchsetzung gemeinsamer Interessen (z.B. gegenüber Behörden/ Behindertenverbänden)	❏	❏	❏	❏
Therapiemethoden	❏	❏	❏	❏
Geselliges Beisammensein	❏	❏	❏	❏

Andere, nämlich

.... ❏ ❏ ❏ ❏
.... ❏ ❏ ❏ ❏
.... ❏ ❏ ❏ ❏
.... ❏ ❏ ❏ ❏

b.) Werden die Elterngruppen von Mitarbeiter/innen begleitet?

ja ❏   nein ❏

Wenn, ja:

c.) Nach welchen Kriterien wird entschieden, von welchen Mitarbeiter/innen?

nach zeitlichen Kapazitäten ❏
nach Profession ❏
welche?

....
....

nach Interesse ❏
die Leitungsperson begleitet die Elterngruppen ❏
andere, nämlich

....
....

d.) Wie viele Eltern nehmen an den Elterngruppen teil?

....

4. Gibt es Eltern-Kind-Gruppen?

ja ❏   nein ❏

Wenn ja:

a.) Wie viele Eltern nehmen daran teil?

....

5. Gibt es einen Elternrat?

ja ❏   nein ❏

Wenn ja:

a.) Wie setzt er sich zusammen?

....
....

b.) Welche Aufgaben und Rechte hat er?

....
....

c.) Wie viele Eltern wirken mit?

....
....

6. Gibt es Elternabende?

ja ❏   nein ❏

Wenn ja,

a.) Welche Themen werden behandelt?

....
....

b.) Welche Mitarbeiter/innen begleiten die Elternabende?

....
....

7. **Gibt es eine spezielle Elternberatung?**

 ja ❏   nein ❏

 Wenn ja, in welcher Form?

 ....
 ....

8. **Gibt es Begleitungshilfen beim Umgang mit anderen Stellen?**

 ja ❏   nein ❏

 Wenn ja,

 a.) Welche Mitarbeiter/innen bieten diese an?

 ....
 ....

9. **In welcher Form werden Eltern über spezielle Elternangebote informiert?**

Im Erstgespräch	❏
Über Aushänge in der Einrichtung	❏
In Broschüren/ Faltblättern	❏
Durch andere Eltern	❏
Durch Informationsveranstaltungen	❏
anders, nämlich	

 ....
 ....

10. **Ist den Eltern eine Mitgliedschaft im Trägerverein möglich?**

 ja ❏   nein ❏

11. **Welche Zusatzqualifikationen haben die Mitarbeiter/innen im Hinblick auf die Zusammenarbeit mit den Eltern** *(Gesprächsführung, Psychotherapie usw.)*?

Profession	Zusatzqualifikation/ besuchte Fortbildung
....	....
....	....
....	....
....	....

6.5.6 Indikatoren zum Feststellen des Handlungsbedarfs

	Trifft zu	Trifft eher zu	Trifft eher nicht zu	Trifft nicht zu
Alle Maßnahmen der Frühförderstelle, d.h. die inhaltlichen und organisatorischen Konzepte sowie persönlichen Überzeugungen der Mitarbeiter/innen werden den Eltern transparent gemacht.	❑	❑	❑	❑
Eltern sind gleichberechtigt an Überlegungen zu Planung und Durchführung aller Fördermaßnahmen beteiligt, es werden explizite Vereinbarungen über Maßnahmen und Ziele der Förderung getroffen.	❑	❑	❑	❑
In der Zusammenarbeit mit den Eltern werden ihre eigenen Kompetenzen und Ressourcen mit dem Ziel der Unabhängigkeit von professioneller Hilfe unterstützt und gestärkt.	❑	❑	❑	❑
Es gibt den Bedürfnissen und Wünschen der Eltern entsprechend ausreichend spezielle Elternangebote.	❑	❑	❑	❑
Inhalte und Ziele von Elterngruppen werden von den Eltern bestimmt. Mitarbeiter/innen unterstützen die Gruppe durch die Bereitstellung von Ressourcen.	❑	❑	❑	❑
Für die Eltern gibt es eine Form der Mitsprache an Entscheidungsprozessen und Durchsetzung eigener Interessen (z.B. Elternrat).	❑	❑	❑	❑
Gesamteinschätzung Die Eltern werden partnerschaftlich an Diagnostik, Förderung und Therapie mit dem Ziel der Autonomie der Familie beteiligt. Es werden ausreichend spezielle Elternangebote sowie Mitsprachemöglichkeiten für Eltern bereitgestellt.	❑	❑	❑	❑

6.6 Kooperation

Kooperation ist ein elementarer Baustein der Arbeit von Frühförderstellen. Um Interdisziplinarität gewährleisten zu können, ist eine gelungene Kooperation innerhalb des Teams sowie mit externen Fachkräften oder anderen Institutionen unabdingbar. Hierbei sind Gruppenprozesse zu beachten und individuelle Handlungsspielräume sowie die Autonomie der Disziplinen zu wahren.

Die interdisziplinäre Herangehensweise ist unverzichtbarer Ausgangspunkt der Frühförderung. Hieraus ergibt sich die Notwendigkeit eines Förderteams, in dem verschiedene Professionen zusammen arbeiten. Ein rein additives Vorgehen beim Erstellen eines interdisziplinären Förderplanes ist jedoch nicht vorteilhaft. Förderpläne müssen gemeinsam erarbeitet, Informationen über die Situation des Kindes zusammengetragen und reflektiert werden, um gemeinsam ein Bild des Kindes und seiner Situation zu entwickeln und daraus Fördernotwendigkeiten und Vorgehensweisen abzuleiten.

Einrichtungen der Frühförderung kooperieren an verschiedenen Schnittstellen zusätzlich mit externen Fachkräften und Institutionen. Zu diesen Schnittstellen zählen die Zuweisungswege, der Förderungsverlauf sowie der Übergang in andere Institutionen.

Auch hier ist darauf zu achten, die Einschätzungen und Kompetenzen aller in die weitere Planung zu integrieren. Dabei muss immer ein Abstimmungsprozess der eigenen Kompetenzen und Ansichten hin zu gemeinsamen (fachlichen) Zielsetzungen im Interesse des Kindes erfolgen (vgl. Weinert 1987), ohne dabei Disziplinen auszuschließen. Nur durch den Erhalt der unterschiedlichen Fachlichkeiten kann Interdisziplinarität erfolgreich zum Tragen kommen (vgl. Speck 1991b). Der fachliche Gewinn der interdisziplinären Kooperation im Einzelfall und in der netzwerkbezogenen Zusammenarbeit liegt darüber hinaus in der Entwicklung bzw. dem Aufgreifen neuer Ideen und Impulse, dem Abgleich fachlicher Einschätzungen, der Sensibilisierung für unterschiedliche Sichtweisen und Herangehensweisen und der Klärung und Teilung von Verantwortlichkeiten.

6.6.1 Kooperation im Team

Kooperation im Team ist ein wesentliches Element qualitativ hochwertiger Frühförderung. Die Abstimmung innerhalb des Teams, bspw. zum Erstellen und Durchführen eines widerspruchsfreien Förderplans, das Klären von Kompetenzen, das Einbringen der eigenen fachlichen Kenntnisse unter Berücksichtigung des spezifischen Förderbedarfes erfordern ein hohes Maß an Kooperationswillen und -fähigkeit der einzelnen Teammitglieder. Hierbei zählen die Kommunikation und die Teilhabe der Mitarbeiterin oder des Mitarbeiters an Entscheidungen zu den wichtigsten Faktoren, mit denen Engagement erreicht und aufrechterhalten werden kann (vgl. Weinert 1987).

Eine wichtige Rolle spielen in diesem Zusammenhang die Teamsitzungen. Das Gelingen dieser Teamsitzungen hängt zum Teil von räumlichen und zeitlichen, also strukturellen Voraussetzungen ab, die bereits im Rahmen der Strukturqualität thematisiert wurden. Inhaltliche Fragen sollten gemeinsam strukturiert und vorbereitet werden. Das Gelingen einer Teamsitzung hängt ebenfalls ab von den Fähigkeiten der Leitung, die Sitzung zu organisieren und durchzuführen, die Beteiligung aller zu gewährleisten und mit auftretenden Konflikten im Team adäquat umgehen zu können. Die Verantwortung für eine fruchtbare Zusammenarbeit im Sinne des Kindes und der Familie liegt aber selbstverständlich auch bei jeder einzelnen Mitarbeiterin und jedem einzelnen Mitarbeiter.

6.6.2 Kooperation mit anderen Fachkräften und Einrichtungen

Bei den Zuweisungswegen, im Verlauf der Förderung und im Übergang zu Folgeeinrichtungen ist die Zusammenarbeit mit weiteren Institutionen und externen Fachkräften ein wesentlicher Bestandteil der interdisziplinären Frühförderung. Wichtig ist es hierbei, die Verantwortlichkeiten innerhalb der Einrichtung zu klären, Zielstrukturen zu vereinbaren und die eigenen Anliegen und Arbeitsweisen für die Kooperationspartnerinnen und -partner transparent zu machen.

Beim Zusammenwirken mit externen Diensten, Einrichtungen und Fachleuten ist zu beachten, dass eine gelungene Kooperation der beteiligten Kooperationspartner und -partnerinnen nur unter Beachtung der Autonomie und der fachlichen Kompetenzen sowie deren Grenzen gelingen kann (vgl. Lohl 1997). Auch in diesem Zusammenhang gilt es wieder, das eigene Rollenverständnis zu reflektieren und die eigenen Kompetenzen zu hinterfragen. Gegenseitige Wertschätzung, Akzeptanz der unterschiedlichen Sichtweisen und der daraus resultierenden Einschätzungen, gemeinsame Entscheidungsfindungsprozesse sowie die Absprache und Einhaltung klarer Vereinbarungen über Organisation und Inhalt der Kooperation sind dabei dringend zu beachten.

6.6.2.1 Fallbezogene Kooperation

Die Grenzen dessen, was die Einrichtung intern zu leisten vermag, müssen im Team erkannt und akzeptiert werden, um indikationsgerecht weitere Fachkräfte hinzuziehen zu können. In der fallbezogenen Kooperation mit externen Diensten ist besonders darauf zu achten, dass ein schlüssiger und widerspruchsfreier Förderplan erarbeitet wird. Die Kooperation soll dabei nicht zur bloßen Addition weiterer Maßnahmen führen, sondern in den Gesamtprozess integriert sein. Dabei ist es wichtig, dass die Situation des Kindes und der Familie, das Vorgehen der Einrichtung und der bisherige Förderverlauf transparent gemacht werden. Die Einbindung der externen Fachkräfte in die Förderung sollte ebenso einhergehen mit der Teilnahme an Teamsitzungen und Besprechungen. Der ständige Informationsaustausch zwischen externen und internen Mitarbeiterinnen und Mitarbeitern muss gewährleistet werden. In diesem Bereich ist es dringend notwendig, Fragen der Schweigepflicht und des Datenschutzes zu klären und zu beachten. Darüber hinaus sollten weitere Vereinbarungen in Kooperationsverträgen festgehalten werden.

6.6.2.2 Netzwerkbezogene Kooperation

Die Netzwerkpflege ist ein wichtiger Aspekt in der Kooperation. Nachdem im Bereich der Strukturqualität mögliche und wichtige Kooperationspartner erfasst wurden (vgl. 5.7), liegt in diesem Abschnitt das Hauptaugenmerk auf den konkreten Möglichkeiten zur Gestaltung der Netzwerkpflege. Zum einen ist auch hier der wechselseitige Austausch von Informationen elementar. Darüber hinaus ist aber auch das persönliche Miteinander wichtig. Einige Einrichtungen der Frühförderung sind eingebunden in sogenannte Helferkonferenzen, in denen unter Beteiligung von Nachbarinstitutionen, wie Jugend- und Gesundheitsämtern sowohl einzelne Fälle als auch generelle Tendenzen oder Probleme diskutiert werden können.

Einen weiteren Rahmen für die netzwerkbezogene Zusammenarbeit können die Gesundheitskonferenzen des Kreises bzw. der Stadt bieten (vgl. Gesundheitsgesetz NRW), innerhalb derer Vertreterinnen und Vertreter der Jugend- und Gesundheitsämter, der entsprechenden Einrichtungen in städtischer oder freier Trägerschaft etc. in gemeinsamem Austausch stehen.

Das Einrichten von Qualitätszirkeln bietet eine weitere mögliche Form der Kooperation. Es handelt sich hierbei um ein zentrales Instrument, um die Kenntnisse und Kompetenzen der unmittelbar an Prozessen Beteiligten zur Lösung von Problemen einzubeziehen (vgl. Häußler 1996). Ursprünglich bezeichnet dieser Begriff eine Gruppe innerhalb einer Einrichtung. Bezogen auf die netzwerkbezogene Kooperation muss er einrichtungsübergreifend erweitert werden. Innerhalb solcher Qualitätszirkel haben die Beteiligten zunächst Gelegenheit, sich selbst vorzustellen. In einem weiteren Schritt können die Fremdbilder, welche die beteiligten Institutionen von einander haben, thematisiert werden, sowie die Schwierigkeiten, den anderen und dessen Problemzugang zu verstehen. Mögliche Formen der besseren Zusammenarbeit werden erarbeitet und im weiteren Verlauf evaluiert und gegebenenfalls modifiziert.

Eine weitere Option im Rahmen der Netzwerkarbeit bieten gegenseitige Fortbildungen zum Beispiel in Kindergärten oder von Kinderärzten und -ärztinnen und Fachberatungen.

Auch hier gilt es Vereinbarungen zu treffen, welche die Rahmenbedingungen der Zusammenarbeit klären. Die zu treffenden Vereinbarungen sollten Klärung schaffen in Fragen der Einladungen, der Regelmäßigkeit von Terminen, der gemeinsamen Arbeitsweisen, der Dokumentation der Gespräche oder Sitzungen sowie der zeitnahen Versendung von Protokollen.

6.6.3 Kommunikationsprozesse

Kommunikation stellt einen äußerst wichtigen Aspekt in den Koordinierungsprozessen der gemeinsamen Aufgaben dar. Schwerpunkte von Kommunikationsprozessen liegen im Austausch und Transfer von Informationen, der Einflussnahme auf Entscheidungen und der Planung und Lenkung von Vorgehensweisen. Hierbei ist zu beachten, dass Informationen nicht nur ausgetauscht oder gesammelt werden, sondern vor allem interpretiert, gewertet und gewichtet werden, um darauf aufbauend Ziele und Handlungsalternativen zu entwickeln (vgl. Weinert 1987).

Die der Zusammenarbeit im Team zugrunde liegenden Kommunikationsprozesse sind ausschlaggebend für eine gute Kooperation und ein positives Arbeitsklima. „Die Qualität der Kommunikation im Frühförderteam ist in hohem Maße von wechselseitigen Beeinflussungsprozessen abhängig was letztlich die Verantwortung des einzelnen für das Gelingen unterstreicht" (Peterander 1996c, 99). Ziele der persönlichen Identität und des eigenen Rollenverständnisses können hier mit den gemeinsamen Zielsetzungen in Konflikt stehen. Solches Konfliktpotential zu erkennen und einzeln sowie in der Gruppe zu reflektieren, trägt entscheidend bei zur Qualität der Kommunikation im Team. Sollte es zu nachhaltigen Störungen im Kommunikationsprozess kommen, so ist dieser zu analysieren und zu verändern; hierbei kann eine Supervision hilfreich sein.

6.6.4 Entscheidungsprozesse

In engem Zusammenhang mit den Kommunikationsprozessen im Team stehen Entscheidungsprozesse. Auch hier ist auf die Beteiligung aller zu achten. Entscheidungsprozesse müssen für alle Mitarbeiterinnen und Mitarbeiter (intern und extern) transparent und beeinflussbar sein. In mehreren Studien (vgl. Weinert 1987) wurde festgestellt, dass die Beteiligung Aller nicht nur positive Auswirkungen auf das Engagement der Mitarbeiterinnen und Mitarbeiter hat (s.o.), sondern dass bestimmte Entscheidungen auch nur in der Gruppe sinnvoll getroffen werden können. Dies trifft zu, wenn:

- viele verschiedene Informationen herbeigeschafft oder ins Gedächtnis gerufen werden müssen

- es sich um die Bewertung unklarer, ungewisser Situationen handelt
- verschiedene Ideen entwickelt werden sollen (vgl. Weinert 1987).

Diese Bedingungen sind im Prozess der Frühförderung zumeist gegeben und die Teilhabe an Entscheidungen hat großen Anteil daran, dass Faktoren, die die Qualität der Förderung positiv beeinflussen wie individuelle Initiative, Motivation, Qualifikation und Verantwortlichkeit gestärkt werden.

Eine große Verantwortung trägt aber auch hier die oder der Einzelne. Es ist nicht immer mühelos möglich, die eigenen Kompetenzen und fachlich-inhaltlichen Überzeugungen zu vertreten, ohne dabei die Kompetenzen der anderen Disziplinen oder den ganzheitlichen, interdisziplinären Ansatz aus den Augen zu verlieren. Individuellen Qualifikationsfaktoren (z.B. fachliche Fähigkeiten) und Persönlichkeitsfaktoren (z.B. Belastbarkeit) kommt hier eine große Bedeutung zu.

6.6.5 Literatur

HÄUSSLER, BERTRAM: Qualitätszirkel und Ansätze von umfassendem Qualitätsmanagement in Rehabilitationskliniken. In: Schott, T. et al. (Hg): Neue Wege in der Rehabilitation. München 1996.

LOHL, WERNER: Aufbau der Qualitätssicherung in Beratungsstellen, Bonn 1997.

PETERANDER, FRANZ: Neue Fragen zu einem alten Thema: Qualitätssicherung und -entwicklung in der Frühförderung. In: Opp; Günther; Freytag, Andreas; Budnik, Ines (Hg.): Heilpädagogik in der Wendezeit. Luzern 1996c.

SPECK, OTTO: System Heilpädagogik. München, Basel 1991b.

WEINERT, ANSFRIED: Lehrbuch der Organisationspsychologie. München;Weinheim 1987.

6.6.6 Bestandsaufnahme

1. **Sind einzelne Fördermaßnahmen für ein Kind inhaltlich und organisatorisch aufeinander abgestimmt?**

Nie/Selten	Manchmal	Häufig	Sehr häufig/Immer
❑	❑	❑	❑

2. **Sind die Verantwortungsbereiche der einzelnen Mitarbeiter/innen klar definiert?**

Ja	Teilweise	Nein
❑	❑	❑

3. **Bieten die Teamsitzungen Zeit und Raum für die Reflexion des Rollenverständnisses der einzelnen Professionen?**

Nie/Selten	Manchmal	Häufig	Sehr häufig/Immer
❑	❑	❑	❑

4. **Wird die Arbeit im Team gemeinsam geplant und verteilt?**

Nie/Selten	Manchmal	Häufig	Sehr häufig/Immer
❑	❑	❑	❑

5. **Besteht über die Konzeption der Einrichtung Einigkeit im Team?**

	Ja	Teilweise	Nein
	❑	❑	❑

6. **Stehen die einzelnen Mitarbeiter/innen im Austausch miteinander?**

	Nie/Selten	Manchmal	Häufig	Sehr häufig/Immer
	❑	❑	❑	❑

7. **Stehen die einzelnen Mitarbeiter/innen im Austausch mit der Leitung?**

	Nie/Selten	Manchmal	Häufig	Sehr häufig/Immer
	❑	❑	❑	❑

8. **Arbeitet die Einrichtung bei der Eingangsdiagnostik mit externen Fachkräften oder Institutionen zusammen?**

   ja ❑   nein ❑

   Wenn ja,

   a.) mit welchen?

   ....
   ....

9. **Arbeitet die Einrichtung im Förderverlauf mit externen Fachkräften oder Institutionen zusammen?**

   ja ❑   nein ❑

   Wenn ja,

   a.) mit welchen?

   ....
   ....

10. **Arbeitet die Einrichtung beim Ausscheiden des Kindes aus der Förderung mit externen Fachkräften oder Institutionen zusammen?**

    ja ❑   nein ❑

    Wenn ja,
    a.) mit welchen?

    ....
    ....

b.) unter welchen Rahmenbedingungen (Kooperationsverträge, Finanzierungsmodalitäten, Berichtswesen)?

....
....
....
....
....

11. Führt die Einrichtung eine Nachbetreuung durch?

Nie/Selten	Manchmal	Häufig	Sehr häufig/Immer
❏	❏	❏	❏

Wenn ja, in welcher Form?

....
....
....

12. Arbeitet die Einrichtung im Rahmen einer Nachbetreuung mit externen Fachkräften oder Institutionen zusammen?

ja ❏   nein ❏

Wenn ja,

a.) mit welchen?

....
....

b.) unter welchen Rahmenbedingungen (Kooperationsverträge, Finanzierungsmodalitäten, Berichtswesen)?

....
....
....
....
....

13. Werden hinzugezogene Fachkräfte an den entsprechenden Teamsitzungen und Entscheidungen beteiligt?

	Nie/Selten	Manchmal	Häufig	Sehr häufig/Immer
	❑	❑	❑	❑

14. Wird der ganzheitliche Ansatz der Förderung durch die externe Kooperation unterstützt?

eher ja ❑

nein, externe Leistungen sind eher schwer in den Förderplan zu integrieren ❑

15. Besteht regelmäßiger persönlicher Kontakt zwischen Mitarbeiter/innen der Einrichtung und Mitarbeiter/innen von Nachbar-Institutionen bzw. externen Fachkräften?

ja ❑   nein ❑

Wenn ja,
a.) zu welchen?

....

....

16. Finden regelmäßige Treffen mit Vertreter/innen von Nachbar-Institutionen statt?

ja ❑   nein ❑

Wenn ja,

a.) Wie sind diese organisiert, und wie häufig finden sie statt?

Helferkonferenzen	❑	....
Qualitätszirkel	❑	....
Gesundheitskonferenzen	❑	....
anders, nämlich	❑	

....

....

17. Finden in Zusammenarbeit mit Nachbar-Institutionen wechselseitige Fortbildungen statt?

	Nie/Selten	Manchmal	Häufig	Sehr häufig/Immer
	❑	❑	❑	❑

a.) Wenn ja, mit welchen?

....

....

6.6.7 Indikatoren zum Feststellen des Handlungsbedarfs

	Trifft zu	Trifft eher zu	Trifft eher nicht zu	Trifft nicht zu
Im Förderteam wird mit Konflikten konstruktiv umgegangen.	❑	❑	❑	❑
Verantwortungsbereiche und Handlungsspielräume der einzelnen Mitarbeiter/innen sind in Form von Stellenbeschreibungen, die nach Bedarf überarbeitet werden, geklärt.	❑	❑	❑	❑
Förderplanung und Reflexion erfolgen im Team.	❑	❑	❑	❑
Mit in Frage kommenden Nachbareinrichtungen werden die jeweils relevanten Inhalte sowie Vorgehensweisen abgesprochen.	❑	❑	❑	❑
Externe Fachkräfte werden in der fallbezogenen Zusammenarbeit in Teamsitzungen und Entscheidungen mit einbezogen.	❑	❑	❑	❑
Die Kooperation im Team sowie mit externen Fachkräften und Institutionen wird auf die individuellen Möglichkeiten und Bedürfnisse des Kindes und seiner Familie in Zusammenarbeit mit den Eltern abgestimmt.	❑	❑	❑	❑
Die Einrichtung arbeitet netzwerkbezogen mit allen relevanten Nachbar-Institutionen zusammen.	❑	❑	❑	❑
Gesamteinschätzung Die Einrichtung gewährleistet eine qualitativ hochwertige Kooperation im Team sowie mit externen Fachkräften und Institutionen.	❑	❑	❑	❑

6.7 Dokumentation

Ein differenziertes und umfassendes Dokumentationssystem zur Erhebung, Speicherung, Auswertung und Nutzung aller relevanten Informationen ist ein wichtiger Bestandteil der Weiterentwicklung der fachlichen Arbeit in Frühförderstellen.
In Anbetracht der Vielfältigkeit vorhandener Informationen ist eine computergestützte Informationsverarbeitung unverzichtbar, um die verschiedenen Datenquellen vernetzen zu können. Grundsätzlich ist bei allen Dokumentationsaufgaben der Datenschutz zu beachten.

Während des gesamten Zeitraums der Betreuung eines Kindes in der Frühförderung sammeln sich vielfältige Informationen über die Entwicklung des Kindes, die familiäre Situation, Förderverläufe, Kooperationen mit anderen Fachleuten und Einrichtungen usw. Für die Weiterentwicklung und Sicherung der Qualität in der Frühförderung im Hinblick auf eine Systematisierung und Professionalisierung der fachlichen Arbeit sind verbindliche Standards der Dokumentation sowohl intra- als auch interinstitutionell unerlässlich. Im Rahmen einer umfassenden und differenzierten Informationsverarbeitung einer Frühförderstelle gilt es, alle relevanten Informationen zu erheben, in auswertbarer Form zu speichern, zu analysieren, auszuwerten und zu präsentieren. Auf diese Weise kann eine Nachvollziehbarkeit der Prozesse bei Diagnostik, Förderung, Therapie und Beratung auf Seiten von Eltern, Kooperationspartnern und Kostenträgern gewährleistet werden.

Für den Gesamtprozess der Qualitätsentwicklung und -sicherung ist sicherzustellen, dass aufgearbeitete Informationsdaten regelmäßig und in aktualisierter Form vorliegen.

Eine umfassende Dokumentation in einer Frühförderstelle erfüllt u.a. folgende Aufgabenbereiche:

- Umfassende und differenzierte Beschreibung der individuellen Situation des Kindes und seiner Familie
- Basis für die Kommunikation im Team
- Konkretisierung und Reflexion des eigenen fachlichen Handelns
- Grundlage für Elterngespräche
- Grundlage für die Erstellung von Gutachten und Entwicklungsberichten
- Grundlage fachlicher, organisatorischer und struktureller Weiterentwicklung
- Datenbasis für Auswertungen von Erfahrungen und Leistungen der Frühförderstelle im Rahmen von Statistiken und Jahresberichten
- Entscheidungshintergrund für wirksamen Mitteleinsatz
- Empirische Grundlage für wissenschaftliche Fragestellungen und fachliche Innovationen

Zu beachten ist, dass der Aufbau und die Pflege eines umfassenden Informationssystems erhebliche Kapazitäten beanspruchen können, welche die verfügbaren Ressourcen mancher Frühförderstellen überschreiten. Deshalb ist in der Praxis immer wieder zu prüfen, ob tatsächlich nur relevante Daten erfasst werden, d.h. ob es tatsächlich sinnvoll ist, bestimmte Daten zu sammeln und zu verwalten. Vor der Einführung neuer Dokumentationsverfahren sollten alle Beteiligten klären, was bereits in der Frühförderstelle dokumentiert wird, auf welche der Informationen verzichtet werden kann, um unnötige Dokumentationsaufgaben zu vermeiden, und welche Informationen bezogen auf definierte Standards ergänzend dokumentiert werden müssen.

Ein Dokumentationssystem muss zur jeweiligen Arbeitsweise einer Frühförderstelle passen, d.h. die Tätigkeiten und Arbeitsweisen dürfen nicht von „außen" vorgegebenen Dokumentationsformen angepasst werden.

6.7.1 Erhebung der Informationen

Für die Erhebung von Informationen gibt es in Frühförderstellen eine Vielzahl eingesetzter Verfahren wie Anamnesebögen, Entwicklungsskalen und -tests, Elternfragebögen, Fragebögen zur Familiensituation usw. Nach Peterander sind allerdings die meisten Verfahren zur Erfassung des kindlichen Entwicklungsstandes sowie die eingesetzten familiendiagnostischen Verfahren im Hinblick auf eine differenzierte und umfassende Informationserhebung nicht ausreichend. In der Entwicklung von frühförderspezifischen Erhebungsverfahren zu kind-, eltern- und familienbezogenen Aspekten liegt daher ein wichtiges zukünftiges Aufgabenfeld (vgl. Peterander 1995).

Zur Vereinheitlichung der Verfahren zur Datenerhebung ist die Entwicklung und Einführung identischer Dokumentationsunterlagen erforderlich, dieses bedeutet auch, dass eine gemeinsame Terminologie in der Dokumentation eingeführt wird. Es empfiehlt sich die Anfertigung von Checklisten im Sinne von Formularen, anhand derer spezifische Schritte bzw. Fragestellungen abgehakt werden und somit die Erhebung von „Kerndaten" gewährleistet wird (z.B. Gesprächsleitfaden für das Erst- bzw. Abschlussgespräch, Checklisten für Anamnese usw.). Gleichzeitig ist darauf zu achten, dass ausreichend Flexibilität für spezifische Daten im Einzelfall gegeben ist. Außerdem sind alle erforderlichen Formblätter zur Unterschrift für die Eltern einheitlich bereitzustellen (z.B. Entbindung von der Schweigepflicht bzw. Einverständnis mit der Weitergabe von Information an andere Stellen).

6.7.2 Speicherung und Auswertung von Informationen

Die in den verschiedenen Verfahren der Datenerhebung gewonnenen Informationen müssen in auswertbarer Form gespeichert werden. Eine Dokumentation in Form von Karteikartensystemen, Formularen usw. ist allerdings nicht ausreichend effektiv, da die Fülle der aufzunehmenden Informationen zu groß ist, der gezielte Rückgriff auf sie schwierig ist, die Daten nicht aufbereitet sind, zeitlich weiter zurückliegende Informationen kaum genutzt werden und eine Vernetzung der unterschiedlichen Informationsquellen nur sehr eingeschränkt möglich ist. Wertvolle Informationen gehen auf diese Weise sowohl für den Einzelfall wie für das gesamte System der Frühförderung verloren (vgl. Peterander 1995). Vor diesem Hintergrund ist die Anwendung Neuer Technologien erforderlich. Mit Hilfe von speziellen computergestützten Dokumentationssystemen können einmal erhobene Informationen auf unterschiedliche Weise geordnet, ausgewertet und für verschiedene Fragestellungen herangezogen werden. Alle Informationen sind jederzeit einfach und schnell verfügbar. Außerdem können Zusammenhänge und Vernetzungen zwischen unterschiedlichen Informationen sichtbar gemacht werden und im Hinblick auf verschiedene Aufgabenstellungen genutzt werden (z.B. Diagnostik- und Gutachtenerstellung, Elterngespräche, Kommunikation im Team).

Mit Blick auf die Individualität der Ausgestaltung der fachlichen Arbeit in der Frühförderung bezogen auf das einzelne Kind und seine Familie sowie die unterschiedlichen Vorgehensweisen der verschiedenen Disziplinen ist es erforderlich, dass die Computerprogramme ausreichend flexibel für individuelle Ergebnisse sind. Es empfiehlt sich, einen Kern an Informationen zu verankern, der jederzeit eine Berücksichtigung zusätzlicher Fragestellungen, Sonderauswertungen und veränderter Bedingungen ermöglicht. Ein solches Programm ist z.B. an der Universität München entwickelt worden. Der Einsatz des „Münchener Analyse und Lernsystem" (MAL) in der Praxis zeigt positive Erfahrungen. „Mit seiner Hilfe können bereits heute mit vergleichbar geringem zeitlichen und ökonomischen Aufwand im Zusammenwirken von Forschung und Praxis frühförderspezifische Analyse-, Lern- und Beratungssysteme entwickelt und getestet werden. Ein wichtiger Vorteil dieser Arbeiten kann in der Möglichkeit gesehen werden, Informationsverarbeitungs- und Lernkonzepte zu entwickeln, die Fachleuten bei der Anwendung in hohem Maße eine eigene Entscheidungsfreiheit an die Hand geben und ihnen aktives, selbstverantwortliches und selbstreflexives Handeln ermöglichen" (Peterander 1995, 165).

Eine grundlegende strukturelle Voraussetzung für den sinnvollen Einsatz von EDV-Systemen ist eine an der Anzahl der Mitarbeiterinnen und Mitarbeiter gemessenen ausreichende Ausstattung mit entsprechenden Computern und Programmen sowie die Schulung aller Mitarbeiterinnen und Mitarbeiter in der Anwendung der Programme.

6.7.3 Datenschutz

In der Frühförderung sind grundsätzlich die Datenschutzbestimmungen, so wie sie das Sozialgesetzbuch vorsieht, einzuhalten. Nach § 35 Abs.1 SGB I unterliegen personenbezogene Daten dem „Sozialgeheimnis", d.h. sie dürfen nur unter bestimmten Voraussetzungen erhoben und an Dritte weitergegeben werden.

Die Erhebung und Verwendung personenbezogener Daten ist nur insoweit erlaubt, wie dies für einen bestimmten Zweck unbedingt erforderlich ist. Dabei gilt der Grundsatz der Verhältnismäßigkeit. Für die Arbeit in Frühförderstellen ist es häufig unumgänglich, auch persönliche Informationen über Kinder und ihre Eltern an anderen Personen und Institutionen weiterzugeben (z.B. an externe Therapeuten und an die Frühförderung anschließende Einrichtungen). Für diese Zwecke muss von den Eltern bzw. Erziehungsberechtigten grundsätzlich eine Entbindung von der Schweigepflicht, d.h. die Einverständniserklärung für die Weitergabe von Informationen schriftlich eingeholt werden.

Ferner sind alle Informationen organisatorisch und technisch zu schützen, so dass sie dem Zugriff unbefugter Dritter entzogen bleiben. Innerhalb der Einrichtung ist eindeutig zu klären, welche Personen Zugang zu welchen Dokumenten haben, d.h. die Informationen sind in solche aufzugliedern, die in der Frühförderung allgemein zugänglich sind und solchen, die in der persönlichen Verantwortung der einzelnen Mitarbeiterinnen und Mitarbeiter verbleiben. Sicherlich können die Datenschutzbestimmungen durch die Beachtung formeller Vorgaben eingehalten werden; in der täglichen Arbeit einer Frühförderstelle ist darüber hinaus grundsätzlich zu achten „auf eine „Kultur" des Austausches mit und über Kinder und Familien, die insgesamt von Achtung und Respekt getragen sein muss" (Höck, Thurmair 1999, 124).

6.7.4 Literatur

HÖCK, SABINE; THURMAIR, MARTIN: Eine Basisdokumentation für die Frühförderung. In: Arbeitsstelle Frühförderung Bayern (Hg.): Kind sein und behindert. Bericht vom Münchener Symposium Frühförderung 1998. München 1999, 123-139.

PETERANDER, FRANZ: Verarbeitung der Informationsvielfalt – Perspektiven einer Weiterentwicklung der Frühförderung. In: Frühförderung interdisziplinär 14, 1995, 160-168.

PETERANDER, FRANZ: Neue Medien in der Frühförderung: Perspektiven für Forschung und Praxis. In: Peterander, Franz ; Speck, Otto. (Hg.): Frühförderung in Europa. München, Basel 1996b, 145-157.

PIRSCHEL, REINHARD: DATEV in der pädagogischen Frühförderung. Nachdenken über Möglichkeiten, Probleme und Grenzen von Automatisierungshilfen. In: Frühförderung interdisziplinär, 15, 1996, 124-131.

6.7.5 Bestandsaufnahme

1. **Welches Dokumentationssystem wird in der Frühförderstelle verwendet?**
   (Mehrfachnennung möglich)

   Handschriftliche/ maschinenschriftliche Dokumentation
   (Karteikarten, Formulare usw.) ❏

   Datenverarbeitung am PC mit gängigen Programmen (MS Word, MS Excel) ❏

   Spezielles Computerprogramm ❏

   Nämlich ....

2. **Wann ist das Dokumentationssystem zum letzten Mal auf seine Effektivität (werden relevante Informationen erhoben?) und seine Effizienz (wird die Dokumentation ökonomisch geführt?) überprüft bzw. im Team diskutiert worden?**

   vor........Monaten/ Jahren

3. **Welche Informationen werden in der Einrichtung erhoben und in welcher Form dokumentiert?**

	Form der Dokumentation
Medizinische Befunde/ärztliche Diagnosen	❏ ....
Eingangsdiagnostische Ergebnisse im Hinblick auf den Entwicklungsstand des Kindes zu Beginn der Förderung	❏ ....
Entwicklungskräfte des Kindes (Kommunikation, Aktivität usw.)	❏ ....
Familiäre Situation (soziale Situation, ökonomische Belastungen, Erziehungsstil, Stressbewältigung usw.)	❏ ....
Anliegen der Eltern und ihre Sorgen mit dem Kind	❏ ....
Erwartungen der Eltern an die Frühförderung	❏ ....
Externe Therapien und Förderung	❏ ....
Förderverläufe	❏ ....
Zwischenbilanz der Förderung:	
Einschätzung des Förderverlaufes durch die Fachkraft	❏ ....
Einschätzung des Förderverlaufes durch die Eltern	❏ ....
Kooperation mit anderen Fachleuten und Einrichtungen	❏ ....
Abschlussdiagnostische Informationen:	
Ergebnisse in Bezug auf die Familie	❏ ....
Zufriedenheit der Eltern mit der Frühförderung	❏ ....
Weiterempfehlungen/ Vermittlungen	❏ ....
anderes, nämlich	

   ....
   ....

4. Welche Formulare und Checklisten werden verwendet?

Aufnahmebogen/ Personalblatt ❏

Gesprächsleitfaden/Protokoll für das Erstgespräch ❏

Leitfaden für die Anamnese (Mitarbeiter/innen) ❏

Anamnesefragebogen für Eltern ❏

Entbindung von der Schweigepflicht ❏

Förderplan ❏

Förderprotokolle ❏

Tätigkeitsnachweise ❏

Abrechnungsbögen ❏

andere, nämlich

....

....

6.7.6 Indikatoren zum Feststellen des Handlungsbedarfs

	Trifft zu	Trifft eher zu	Trifft eher nicht zu	Trifft nicht zu
Das Dokumentationssystem der Frühförderstelle ermöglicht eine umfassende und differenzierte Beschreibung des gesamten Entwicklungsstandes des Kindes und seiner familiären Situation.	❏	❏	❏	❏
Das Dokumentationssystem ermöglicht die schnelle und einfache Erstellung von Statistiken und Jahresberichten.	❏	❏	❏	❏
Eine Vernetzung der unterschiedlichen Informationsquellen ist möglich und erlaubt eine Auswertung der Daten unter verschiedenen Fragestellungen.	❏	❏	❏	❏
Die Dokumentation ist daraufhin überprüft worden, ob alle relevanten Daten erhoben werden.	❏	❏	❏	❏
Es ist überprüft worden, ob unnötige Dokumentationsaufgaben vermieden werden.	❏	❏	❏	❏
Alle Mitarbeiter/innen verwenden vergleichbare Dokumentationsunterlagen.	❏	❏	❏	❏
Die Erhebung von Basisinformationen wird durch entsprechende Formulare und Checklisten sichergestellt.	❏	❏	❏	❏
Das Dokumentationssystem ist flexibel im Hinblick auf Ergänzungen durch individuelle Fragestellungen und Ergebnisse.	❏	❏	❏	❏

Evaluationsbereich Prozessqualität

	Trifft zu	Trifft eher zu	Trifft eher nicht zu	Trifft nicht zu
Aufgearbeitete Informationen liegen regelmäßig und in aktualisierter Form vor.	❑	❑	❑	❑
Die Ergebnisse können in übersichtlicher und verständlicher Form präsentiert werden (gegenüber Eltern, Teammitgliedern, Kostenträger).	❑	❑	❑	❑
Die Ausstattung mit Computern bzw. Programmen für die Dokumentation ist gemessen an der Anzahl der Mitarbeiter/innen ausreichend.	❑	❑	❑	❑
Alle Mitarbeiter/innen sind in der Anwendung des Computerprogramms geschult worden.	❑	❑	❑	❑
Die Ermittlung personenbezogener Daten beschränkt sich auf klar definierte Erfordernisse.	❑	❑	❑	❑
Die Einrichtung stellt sicher, dass personenbezogene Daten dem Zugriff unbefugter Dritter entzogen bleiben.	❑	❑	❑	❑
Personenbezogene Informationen werden nur mit dem Einverständnis der Eltern an andere Personen und Institutionen weitergegeben.	❑	❑	❑	❑
Gesamteinschätzung: Im Rahmen des Dokumentationssystems werden alle relevanten Daten unter Berücksichtigung des Datenschutzes erhoben, in einfach und schnell auswertbarer Form gespeichert und können jederzeit unter verschiedenen Fragestellungen ausgewertet und übersichtlich präsentiert werden.	❑	❑	❑	❑

7. Evaluationsbereich Ergebnisqualität

Unter dem Evaluationsbereich Ergebnisqualität ist die Frage nach der Wirksamkeit, der Effektivität von Frühförderung zu verstehen, d.h. die Übereinstimmung zwischen den (Förder-)Zielen der Frühförderung (SOLL) und den Ergebnissen (IST). Grundsätzlich sind Ergebnisse sozialer Dienstleistungen, d.h. der „Output" nur schwer messbar, da es kaum objektivierbare Erfolgskriterien gibt. Auch die Bewertung von komplexen Förder- und Beratungsprozessen, die sich häufig über einen sehr langen Zeitraum erstrecken, sowie Nachweise ihrer Wirksamkeit sind nicht einfach. Grundsätzlich ist es sinnvoll, nicht den gesamten Förderprozess zu beurteilen, sondern jeweils einzelne Förderabschnitte zu analysieren. (vgl. Peterander 1996c) Als Beurteilungskriterien müssen über Globalziele von Frühförderung (z.B. Autonomie, Prävention) hinaus für den Einzelfall zu Beginn der Förderung Ziele formuliert werden. Dabei sind neben „messbaren" Entwicklungsfortschritten des Kindes auch die Qualität familiärer Bedingungen, die Integration des Kindes in die Gemeinschaft, seine Lebensqualität, das Vorhandensein von Netzwerken u.a. zu berücksichtigen. In diesem Sinne muss wichtigster Orientierungsmaßstab und zentrales Prüfkriterium, an dem die Leistungen der Frühförderung gemessen werden, die individuelle Bedürfnislage des Kindes und seiner Familie sein. Die Zufriedenheit der Nutzerinnen und Nutzer von Frühförderung, d.h. das Wohlbefinden des Kindes und die Zufriedenheit der Eltern bzw. der Familie sind die wesentlichen Indikatoren für die Ergebnisqualität einer Einrichtung. Vor diesem Hintergrund empfiehlt es sich, Eltern zu befragen nach ihrer Zufriedenheit mit dem Förderverlauf, mit Form und Inhalt der Förderung, mit der Entwicklung ihres Kindes, mit der Zusammenarbeit mit den Fachleuten u.a.

Die Zufriedenheit der Nutzerinnen und Nutzer allein ist allerdings für eine Beurteilung der Ergebnisqualität nicht ausreichend. Grundsätzlich kann Ergebnisqualität in der Frühförderung nur multiperspektivisch bestimmt werden, d.h. bei der Beurteilung sind die Erwartungen, Eindrücke und Erfahrungen aller am Gesamtprozess Beteiligten zu berücksichtigen. Deshalb sind neben der Perspektive der Nutzerinnen und Nutzer auch die fachlich begründeten Sichtweisen der Mitarbeiterinnen und Mitarbeiter einer Frühförderstelle von Bedeutung. Ihre Motivation und Arbeitszufriedenheit sowie die Fluktuation sind als wichtige Kriterien z.B. im Rahmen einer Befragung von Mitarbeiterinnen und Mitarbeitern zu analysieren.

Aus Perspektive des jeweiligen Kostenträgers bestimmt sich die Ergebnisqualität vor allem nach Effizienzkriterien, d.h. danach, ob der Einsatz der Mittel und Methoden, der finanziellen und personellen Ressourcen in einem angemessenen Verhältnis zu den erzielten Ergebnissen steht. Es geht um die Frage, ob die Frühfördereinrichtung die Leistungen so erbracht hat, wie sie zwischen Einrichtungsträger bzw. Verband und Kostenträgern vereinbart wurden. Auch diesen Aspekt gilt es bei der Beurteilung der Ergebnisqualität zu berücksichtigen.

Literatur

PETERANDER, FRANZ: Neue Fragen zu einem alten Thema: Qualitätssicherung und -entwicklung in der Frühförderung. In: Opp, Günther; Budnik, Ines; Freytag, Andreas (Hg.): Heilpädagogik in der Wendezeit. Luzern 1996c, 90-103.

7.1 Zur Wirksamkeit von Frühförderung

Die Bewertung von Frühfördermaßnahmen und Nachweise ihrer Wirksamkeit gestalten sich aufgrund der vielen einflussnehmenden Faktoren als schwierig. Eine generelle Wirksamkeit von Frühförderung kann durch die Forschung belegt werden, *wie* Frühförderung allerdings wirkt, d.h. welche Faktoren und Bedingungen in welchen spezifischen Situationen wirksam sind, ist noch zu klären. Als Beurteilungskriterium für die Ergebnisqualität von Frühförderung zählt nicht nur der „messbare" Entwicklungsfortschritt eines Kindes, sondern es sind insbesondere auch Faktoren zu berücksichtigen, die das subjektive Wohlbefinden des Kindes und die Interaktionen mit seinem Lebensumfeld betreffen. Dabei gilt es auch zu überprüfen, ob negative Nebenwirkungen von Frühförderung vermieden werden.

7.1.1 Empirische Ergebnisse

Die Bewertung von Frühfördermaßnahmen und Nachweise ihrer Wirksamkeit bei Kindern mit Entwicklungsbeeinträchtigungen gestalten sich

aufgrund der vielen einflussnehmenden Faktoren als schwierig und gehen mit verschiedenen methodischen Problemen einher:
- Die Wechselwirkung von Reifungsvariablen und Umweltfaktoren lässt sich nur schwer differenziert erfassen, d.h. die Frage „Hätte dieses Kind auch ohne Frühförderung diese Entwicklungsschritte gemacht?" ist kaum zu beantworten.
- Der Nachweis, dass genau eine bestimmte Maßnahme genau zu einer bestimmten Wirkung bei Kind und Familie geführt hat, ist schwierig.
- Eine Untersuchung unbehandelter Kontrollgruppen bei Entwicklungsinterventionen behinderter Kinder verbietet sich schon allein aus ethischen Gründen.

Im deutschsprachigen Raum gibt es im Hinblick auf die Wirksamkeit von Frühförderung kaum spezifische Forschung. Hingegen liegt eine kaum mehr zu überblickende Fülle an angloamerikanischen Studien vor. Dunst et al. (1989) verdeutlichen in einem Überblicksreferat über mehr als einhundert Untersuchungen, dass die Mehrzahl aller Kinder, die an Frühfördermaßnahmen teilnahmen, Fortschritte in ihrer Entwicklung zeigten. Weiterhin zeigen sie folgenden Forschungsstand zur Wirksamkeit von Frühförderung auf (vgl. hierzu auch Thurmair 1991; Weiß 1995):
- Die überzeugendsten Nachweise im Hinblick auf die Wirksamkeit von Frühförderung sind in Studien mit Kindern mit umweltabhängigen Risikofaktoren, z.B. mit Kindern aus sozial benachteiligten Familien erbracht worden, während entsprechende Nachweise bei Kindern mit biologischen Risiken bzw. organischen Schädigungen (z.B. Down-Syndrom, Spina bifida, Cerebralparesen usw.) bislang fehlen.
- Unabhängig von der Art des Risikos bzw. der Schädigung zeigt sich: Je schwerer die Beeinträchtigungen der Kinder sind, desto geringere (Entwicklungs-)Fortschritte können nachgewiesen werden.
- Das Ausmaß der Entwicklungsfortschritte hängt mit dem Entwicklungsstand des Kindes zu Beginn der Frühförderung zusammen, d.h. weiter entwickelte Kinder werden voraussichtlich die größten Entwicklungsfortschritte machen.
- Angebote der Frühförderung sind um so wirksamer, je mehr sie auf eine Stärkung und Erweiterung der Eigenkräfte und der Entscheidungsmöglichkeiten der Familie ausgerichtet sind.

Insgesamt konnte die bisherige Forschung eine allgemeine Wirksamkeit von Frühförderung bestätigen, d.h. es kann als bewiesen betrachtet werden, *dass* Frühförderung wirksam ist. *Wie* Frühförderung allerdings wirkt, d.h. welche Faktoren und Bedingungen in welchen spezifischen Situationen wirksam sind, ist noch zu klären. „Es ist festzustellen, dass es bislang keine überzeugenden methoden- oder behandlungsspezifische Effektivitätsnachweise gibt. Der Erfolg der Bemühungen stellt sich wohl eher mittelbar ein. D.h. es ist im wesentlichen die Qualität der Fördersituation oder im wörtlichen Sinne die Art der „Vermittlung", die Beziehung, die die Wirkung ausmacht." (Leyendecker 1999, 311) Auf Grundlage der Ergebnisse der vorhandenen Überblicksarbeiten und Metaanalysen zur Wirksamkeit von Frühförderung kann festgehalten werden, „dass man weit davon entfernt ist, Aussagen im Sinne einer differentiellen Indikation von Frühfördermaßnahmen auf eine spezielle Klientel hin zu treffen. So kann die bislang vorliegende Forschung eher im Sinne einer Legitimationsphase gewertet werden, die im Zeichen eines generellen Wirksamkeitsnachweises stand" (Beelmann 1994, 39).

7.1.2 Ziele und Beurteilungskriterien

Vor jeder Beurteilung von Frühfördermaßnahmen stellt sich die grundsätzliche Frage, woran die Wirksamkeit der Frühförderung eigentlich zu messen ist. Ist Frühförderung wirksam, wenn eindeutig Entwicklungsfortschritte beim Kind nachgewiesen werden können, oder zählt vielmehr das emotionale Wohlbefinden des Kindes, und wie kann eine solche subjektive Variable gemessen werden? Oder ist Frühförderung vor allem dann wirksam, wenn sie zur Entlastung der familiären Situation beitragen kann, und wie könnte dieses nachgewiesen werden? (vgl. Weiß 1995) Es wird deutlich, dass für eine Evaluation der Ergebnisqualität in Frühförderstellen zunächst zu klären ist, welche Kriterien für die Beurteilung herangezogen werden sollen. In diesem Zusammenhang gilt es auch, Ziele von Frühförderung deutlich zu formulieren.

In den gesetzlichen Grundlagen zur Finanzierung der Frühfördermaßnahmen werden als Tätigkeitsziele vor allem Ziele im Sinne der Prävention formuliert. So heißt es in § 11 der Eingliederungshilfeverordnung:

„Heilpädagogische Maßnahmen im Sinne des § 40 Abs. 1 Nr. 2a des Gesetzes werden gewährt, wenn nach allgemeiner ärztlicher oder sonst fachlicher Erkenntnis zu erwarten ist, dass hierdurch eine drohende Behinderung im Sinne des § 39 Abs. 1 des Gesetzes verhütet werden kann oder die Folgen einer solchen Behinderung beseitigt oder gemildert werden können. Sie werden auch gewährt, wenn die Behinderung eine spätere Schulbildung oder eine Ausbildung für einen angemessenen Beruf für eine sonstige angemessene Tätigkeit voraussichtlich nicht zulassen wird."

Auch in den gesetzlichen Grundlagen der medizinisch-therapeutischen Maßnahmen werden die Vorbeugung einer (drohenden) Behinderung oder die Linderung (drohender) Folgen einer Schädigung als Ziele definiert (SGB V § 11 (2)).

Die fachlichen und konzeptionellen Zielsetzungen der Frühförderung haben sich im Laufe ihrer Entwicklung verändert. In der Aufbauphase der Frühförderung ging man vor dem Hintergrund wissenschaftlicher Erkenntnisse zur Plastizität des kindlichen Gehirns davon aus, dass das sich entwickelnde Gehirn fast grenzenlose Möglichkeiten der Reparatur oder Kompensation besitzt. Daher war es das Ziel, Defizite beim Kind abzubauen und den Entwicklungsstand möglichst an die Norm anzugleichen. Im Vordergrund stand bei dieser Zielsetzung vor allem der Gedanke der Prävention im Sinne der Vorbeugung von Behinderungen.

Die Erfahrungen in der Frühförderung sowie aktuelle Ergebnisse aus der neurophysiologischen und neuropsychologischen Forschung zeigen allerdings die Grenzen der Beeinflussbarkeit der kindlichen Entwicklung auf, speziell bei organisch bedingter Behinderung. Auch der zunächst angenommene linear-kausale Zusammenhang zwischen therapeutischen Maßnahmen und funktionellen Verbesserungen des Kindes konnte nicht bestätigt werden. Anstelle einer linearen Ursache-Wirkungsbeziehung ist aus öko-systemischer Perspektive von vielseitigen Wechselwirkungen auszugehen. Dabei treten die subjektive Situation des Kindes und die Interaktionen mit seinem Lebensumfeld stärker in den Vordergrund. Aus dieser Perspektive zielt Prävention weniger darauf ab „etwas zu verhindern", als vielmehr darauf, dem Kind mit einer Behinderung und seiner Familie Lebensqualität zu ermöglichen und diese zu steigern (vgl. Weiß 1992a). „Für behinderte und von Behinderung bedrohte Kinder beginnt Lebensqualität damit, dass man mit ihnen gemeinsam Spiel- und Gestaltungsmöglichkeiten in den Lebensräumen Familie und Umwelt sucht, sie stärkt und ausweitet." (Weiß 1992a, 8) In diesem Kontext zählt als Beurteilungskriterium für Ergebnisqualität von Frühförderung nicht nur der „messbare" Entwicklungsfortschritt, sondern bei der Bewertung der Ergebnisse von Frühförderung sind insbesondere auch folgende Faktoren zu berücksichtigen:

- Veränderungen in der Qualität der familiären Bedingungen
- Vorhandensein und Zuwachs an Bewältigungsstrategien und Ressourcen der Eltern
- das Vorhandensein von Netzwerken
- der Zugewinn an Autonomie von Kind und Eltern
- das psychische und soziale Wohlbefinden des Kindes
- die Integration des Kindes in die Gemeinschaft usw.

Dabei können die Zielsetzungen je nach Klientel, Entwicklungsproblemen oder Entwicklungsgefährdungen, familiären und sozialen Bedingungen stark variieren.

Eine Operationalisierung von Globalzielen der Frühförderung wie Autonomie und Lebensqualität erweist sich als schwierig, daher ist es erforderlich, Teilziele zu benennen bzw. einzelne Förderabschnitte zu analysieren und zu beurteilen.

7.1.3 Vermeidung von kritischen Nebenwirkungen

Im Zusammenhang mit Überlegungen zur Wirksamkeit von Frühförderung ist neben der Frage nach dem Erreichen von Zielen auch zu berücksichtigen, inwiefern Mitarbeiterinnen und Mitarbeiter einer Frühförderstelle darum bemüht sind, negative bzw. problematische Wirkungen von Frühförderung für das Kind und seine Familie zu vermeiden. Gemeint sind z.B. Verluste von zeitlichen Ressourcen aus dem Familienbereich, Verhaltensprobleme von Kindern als Nebenwirkungen von Therapien (z.B. Fütterungsprobleme, Schlafstörungen). Zu berücksichtigen ist hier, dass diese Probleme nicht auf bestimmte Methoden zurückzuführen sind, sondern auf die Auswirkungen der Maßnahmen auf die Grundhaltung der Bezugsperson gegenüber dem Kind (vgl. Schlack 1991). Darüber hinaus sind folgende potentiellen Nebenwirkungen zu beachten:

- Benachteiligung von Geschwisterkindern
- Ungünstige Rollenverteilung zwischen den Eltern/ Rollenunzufriedenheit der Mutter bzw. des Vaters
- Therapeutisierung der Elternrolle
- Verstärkung des Schädigungsbewusstseins beim Kind

Fachleute sollten sich dieser unerwünschten potentiellen Nebenwirkungen von Frühförderung stets bewusst sein und sie ggf. mit den Eltern gemeinsam reflektieren.

7.1.4 Literatur

BEELMANN, ANDREAS: Evaluation der Frühförderung entwicklungsgefährdeter Kinder. Bielefeld 1994.

DUNST, C.J.; SNYDER, S.W.; MANKINEN, M.: Efficacy of Earl Intervention. In: Wang, M.C., Reynolds, M.C., Walberg, H.J. (Eds.): Handbook of Special Education. Vol 3. Low Incidence Conditions. Oxford 1989, 259-294.

LEYENDECKER, CHRISTOPH: Wissenschaftliche Grundlagen, Konzepte und Perspektiven der Frühförderung körperbehinderter Kinder. In: Bergeest, H., Hansen, G.: Theorien der Körperbehindertenpädagogik. Bad Heilbrunn 1999, 297-318.

PRETIS, MANFRED: Evaluation interdisziplinärer Frühförderung und Familienbegleitung bei Kindern mit Down-Syndrom. Bedingungs- und Wirkfaktoren, kovariierende Variablen. In: Frühförderung Interdisziplinär 17, 1998a, 49-63.

PRETIS, MANFRED: Wenn sich Visionen an der Realität messen. Fremd- und Selbstevaluation in der Sehfrühförderung blinder und sehgeschädigter Kinder. In: Frühförderung Interdisziplinär 16, 1997, 15-22.

SCHLACK, HANS G.: Die Auswirkung der Frühbehandlung des behinderten Kindes auf seine Familie. In: Frühförderung Interdisziplinär 10, 1991, 37-41.

THURMAIR, MARTIN: Die Wirksamkeit von Frühförderung, und Fragen an ihr Konzept. In: Frühförderung Interdisziplinär 10, 1991, 87-89.

WEISS, HANS: Das Verhältnis von Prävention zur Frühförderung. In: Frühförderung Interdisziplinär 11, 1992a, 1-11.

WEISS, HANS: Bedingungs- und Wirkungszusammenhänge in der Frühförderung. Stand, Bedeutung und (Methoden-)Probleme der Evaluationsforschung im Bereich „früher Hilfen" unter besonderer Berücksichtigung körperbehinderter Kinder. In: Frühförderung Interdisziplinär 14, 1995, 59-71.

7.2 Orientierung an den Nutzerinnen- und Nutzern

Die Bedeutung der Elternbeteiligung in der Frühförderung ist aus fachlicher Hinsicht unumstritten. Darüber hinaus gibt es aktuelle Entwicklungen, die die Notwendigkeit einer verstärkten Nutzerinnen- und Nutzerorientierung untermauern. Diese liegen in den Bereichen des elterlichen Selbstverständnisses, der Kooperation mit den Fachkräften, der aktiven Mitgestaltung und sozialpolitischer Veränderungsprozesse.

Aufgrund der Komplexität des Arbeitsfeldes Frühförderung ergeben sich Schwierigkeiten, die Effektivität der Angebote im Rahmen von Ergebnisqualität zu erheben. Neben den durchgeführten Maßnahmen beeinflusst auch oder gerade die Art der Beziehungsgestaltung zwischen Kind, Fachleuten und Eltern die Wirkung der Frühförderangebote. Vor diesem Hintergrund sind vor allem subjektive Werturteile bei der Ergebnisevaluation von Frühförderprozessen qualitätsrelevant.

Daher ist eine verstärkte Ausrichtung der Frühförderarbeit am Erleben und den Einschätzungen der Nutzerinnen und Nutzer dieses Angebotes, d.h. der Kinder und ihren Familien bedeutsam. Nutzerinnen- und nutzerorientierte Qualität meint, die leistungsbezogenen Ziele einer Einrichtung mit den Wünschen und Erwartungen der Nutzer/innen abzustimmen. Die Anforderungen der Nutzerinnen und Nutzer sind nicht ausschließlich handlungsleitend für die Ausgestaltung der Dienste, müssen jedoch für die Qualitätsentwicklung neben fachlichen Standards und gesetzlichen Vorgaben zunehmend Berücksichtigung finden (vgl. Braun 1999; Lenz 1998). Den Einrichtungen stellt sich die Aufgabe, Lebenslagen in einer von den Familien sinnvoll erlebten Weise zu verbessern. Dafür ist es erforderlich, dass die Adressaten und Adressatinnen im Hilfeprozess mitwirken und Einfluss nehmen können, um eine förderliche Inanspruchnahme der Angebote zu gewährleisten.

Im Kontext der Evaluation von Ergebnisqualität stellt sich die Frage, ob die Bemühungen der Frühförderarbeit bei den Betroffenen wirksam ankommen und Akzeptanz finden. Um diese Frage zu beantworten, muss die „subjektive Zufriedenheit [der Eltern] mit Inhalten, Form, Intensität und Umfang des Leistungsangebotes und eben mit dem Wie seiner Vermittlung (...) als ‚subjektive Validität'" (Weiß 1999, 201) in die Evaluation eingehen.

Das Einbeziehen der Elternperspektive nimmt schon lange eine zentrale Stellung in der Konzeption früher Hilfen ein. Es zeichnet sich ab, dass die Wirksamkeit von Frühförderprozessen die Einbindung der Eltern als Primärerzieher voraussetzt (vgl. Schlack 1998). Im Sinne der Nutzerinnen- und Nutzerorientierung ist nun die konsequente Beteiligung der Eltern im Qualitätsprozess gefordert. Die Beteiligung der Eltern an den Prozessen der Frühförderung sowie ihre Rückmeldung zur Ausgestaltung der Angebote nehmen aufgrund folgender Entwicklungen für die qualitative Weiterentwicklung der Hilfen an Bedeutung zu:

- **Selbstverständnis der Eltern**

Die Eltern der in der Frühförderung betreuten Kinder werden immer selbstbewusster und kritischer gegenüber Fachleuten und Institutionen und formulieren zunehmend auch eigene Ansprüche (vgl. Weiß 1989). Diese Entwicklungen gilt es im Sinne von Empowerment zu unterstützen, d.h. die Selbstgestaltungskräfte der Adressatinnen und Adressaten zu stärken (vgl. 6.5.1). Die Sichtweise der Eltern als Expertinnen und Experten in eigener Sache richtet sich auf Möglichkeiten zur Begleitung von Autonomiebestrebungen und Selbstorganisation. Unter dem Anspruch gleichberechtigter Beteiligung müssen Fachkräfte der Frühförderung ihre Bemühungen zunehmend an der spezifischen Interessenslage und den entsprechenden Bedürfnissen der Nutzerinnen und Nutzer ausrichten.

Hierbei gilt es auch zu berücksichtigen, dass sich die Situation in einigen Familien als so belastet darstellen kann, dass darauf zu achten ist, diese nicht durch eine einseitige Erwartungshaltung in Richtung Kompetenz und Engagement zu überfordern.

- **Zusammenarbeit zwischen Eltern und Fachleuten**

Hinsichtlich der Zusammenarbeit mit den Eltern haben sich in der Umsetzung kritischer Einwände auf Elternseite konzeptionelle Neuorientierungen ergeben. Das Ko-Therapie-Modell, dem eine eher funktionalistische Sicht der Elternrolle zugrunde liegt, wird vom Kooperationsmodell abgelöst (vgl. 6.5.1). Angestrebt wird ein interaktionaler, wechselseitiger Annäherungsprozess von Eltern und Fachpersonen. Partnerschaftliches und gesamtsituationsbezogenes Handeln stellen die generelle Fachkompetenz der professionellen Kraft und das Individualwissen der Eltern bezogen auf ihr Kind als grundsätzlich gleichwertig nebeneinander. Diese Akzentverlagerung nimmt Abstand von dominant geschlossenen fachlichen Ansätzen und führt zu einer Perspektive, bei der sich die Fachperson über Beobachtungen familiärer Abläufe dem Kind und seiner Familie nähert. Das Prinzip der Partnerschaftlichkeit setzt somit eine gelingende Verständigung zwischen Eltern und Fachkräften voraus, um auf der Basis professioneller Kompetenzen in Abstimmung mit der betroffenen Familie spezifische Unterstützungsleistungen zu finden. Dabei muss der Prozess des Aushandelns einen festen Bestandteil in der Frühförderarbeit einnehmen.

- **Aktive Mitgestaltung einrichtungsbezogener Anliegen**

Auch in ihrer Funktion als Interessensvertreterinnen und -vertreter ihres Kindes sollte den Eltern Anerkennung zukommen. Sie können der Einrichtung als wichtiges kritisches Korrektiv Anregungen zur Weiterentwicklung der Hilfen geben (vgl. Zünkler 1997). Zudem tragen engagierte Eltern oft auch auf anderen Wegen als Unterstützungssystem zum Bestand und der Entfaltung der Einrichtung bei. Viele Eltern sind bereit, mit Engagement und Sachverstand mitzuwirken, wenn sie in die Planungen der Einrichtung einbezogen werden (z. B. bei Festen, Tag der Offenen Tür). Weiterhin kommt bereits im Bereich früher Hilfen der Lobby-Arbeit Bedeutung zu. Ein „Sich-Verbünden" auf gesundheits- und gesellschaftspolitischer Ebene in ungewissen Zeiten erscheint Eltern nicht ausschließlich in Einrichtungen der Behindertenhilfe, die für spätere Lebensalter konzipiert sind, notwendig.

- **Sozialpolitischer Hintergrund**

Auch im Kontext struktureller Veränderungen sollte die Position der Eltern gestärkt werden. Durch die Novellierung des BSHG verliert die Freie Wohlfahrtspflege ihren Vorrang gegenüber privatgewerblichen Anbietern, ein „Markt" der Förderangebote entwickelt sich. Der zunehmende Konkurrenzdruck zwischen den Anbietern der Hilfen erfordert eine verstärkte Orientierung an den Bedürfnissen und Wünschen der Nutzerinnen und Nutzer dahingehend, dass den betroffenen Familien zunehmend Handlungs- und Entscheidungsmöglichkeiten bei der Wahl von Frühförderangeboten eingeräumt werden müssen. Eltern sind vor diesem Hintergrund nicht nur als Abnehmer von Angeboten, sondern zunehmend auch als „Werbeträger" zu sehen, die andere betroffene Familien auf eine Einrichtung aufmerksam machen.

7.2.1 Literatur

BECK, IRIS: Der „Kunde", die Qualität und der „Wettbewerb": Zum Begriffschaos in der Qualitätsdebatte. In: Jantzen, W.; Lanwer-Koppelin, W.; Schulz, K. (Hg.): Qualitätssicherung und Deinstitutionalisierung. Berlin 1999, 35-47.

BÖHM, INGRID: Gemeinsam(e) Kräfte entdecken. Empowerment in der Frühförderung. In: Frühförderung interdisziplinär 11, 1992, 170-178.

BOPP, CHRISTIANE: Qualitätssicherung in der Frühförderung. In: Caritas 97, 1996, 532-541.

BRAUN, HANS: Wirtschaftlichkeit und Qualitätssicherung in sozialen Diensten. In: Peterander, F.; Speck, O. (Hg.): Qualitätsmanagement in sozialen Einrichtungen. München, Basel 1999, 134-145.

ENGELBERT, ANGELIKA: Familienorientierung in Frühförderstellen. In: Frühförderung interdisziplinär 14, 1995, 169-179.

LENZ, ALBERT: Evaluation und Qualitätssicherung in der Erziehungs- und Familienberatung. In: Menne, K. (Hg.): Qualität in Beratung und Therapie. München 1998, 115-146.

THEUNISSEN, GEORG; PLAUTE, WOLFGANG: Empowerment und Heilpädagogik. Freiburg im Breisgau 1995.

WEIß, HANS: Familie und Frühförderung. München, Basel, 1989.

WEIß, HANS: Verstehen und Verständigung mit Kind und Eltern: Zentrale Aufgaben der Zusammenarbeit. In: Vereinigung für Interdisziplinäre Zusammenarbeit e. V.: Familienorientierte Frühförderung. München, Basel 1991b, 59-71.

ZÜNKLER, MEINOLF: Einrichtungen/ Institutionen der Behindertenhilfe aus Elternsicht. In: Zur Orientierung 3, 1997, 21-23.

7.3 Kind- und familienbezogene Ergebnisse

> Die Evaluation nutzerinnen- und nutzerbezogener Ergebnisse stellt einen Kernbereich der Ermittlung von Ergebnisqualität dar. Hierbei sind aber nicht nur die „messbaren" Entwicklungsschritte des Kindes zu berücksichtigen, sondern beispielsweise auch die Autonomieentwicklung und Veränderungen in der Qualität familiärer Bedingungen. Ebenso erfordert eine angemessene Bewertung der Ergebnisse, der subjektiven Sicht der Eltern entscheidende Bedeutung beizumessen

Unter nutzerinnen- und nutzerbezogenen Ergebnissen werden Resultate der Frühförderung bezogen auf die Entwicklung des Kindes, die Familie sowie die Zufriedenheit der Eltern verstanden. In diesem Bereich gilt es das Erreichen operationalisierter Förderziele, beispielsweise in der Motorik, ebenso zu evaluieren wie Globalziele der Autonomieentwicklung oder des Wohlbefindens; es handelt sich also um einen äußerst komplexen Themenbereich. Zusätzlich zu diesen Anforderungen ist das Ermitteln der elterlichen Zufriedenheit mit den Rahmenbedingungen sowie mit dem Verlauf und den bisherigen Resultaten der Förderung ein elementarer Bestandteil der Evaluation von Ergebnisqualität. Im folgenden Kapitel befinden sich neben den bekannten Bausteinen (Text, Bestandsaufnahme, Indikatoren zum Feststellen des Handlungsbedarfs) zusätzlich zwei Leitfäden (Anhang I & II) am Ende dieses Kapitels sowie ein Elternfragebogen in der Materialanlage des Buches als Arbeitshilfen in diesem vielschichtigen Bereich der Ergebnisqualität.

7.3.1 Kindbezogene Ergebnisse

Bei der Ermittlung von kindbezogenen Ergebnissen sind verschiedene Prozesse zu beobachten, zu analysieren und zu bewerten.

Zum einen sollten in diesem Bereich operationalisierte Förderziele, die zusammen mit den Eltern zu Beginn der Förderung definiert wurden, im Rahmen von pre-, zwischen- und postdiagnostischen Verfahren evaluiert werden. Dabei kann auf die in Kapitel 6.2 genannten Diagnoseverfahren zurückgegriffen werden, unter Beachtung der ebenfalls in Kapitel 6.2 dargelegten Voraussetzungen, Bedingungsfaktoren und Vorgehensweisen. In diesem Rahmen sind bei sorgfältiger Dokumentation Veränderungen beispielsweise in den Bereichen Motorik, Sprech- und Sprachentwicklung oder Wahrnehmung konkret und systematisch erfassbar.

In einem erweiterten Blickwinkel müssen aber auch Ergebnisse in schwerer zu fassenden Bereichen, wie beispielsweise Autonomie oder Wohlbefinden evaluiert werden. Gerade die kindliche Entwicklung in den letztgenannten Aspekten gehört zu den Randbereichen der psychologisch-pädagogischen Diagnostik. Entsprechende Verfahren sind insgesamt wesentlich seltener zu finden als Tests zur Überprüfung der motorischen, kognitiven oder sprachlichen Entwicklung. Engt man das Feld desweiteren auf Kinder vom Säuglings- bis zu Beginn des Schulalters ein, wird die Auswahl mehr als spärlich (vgl. Rennen-Allhoff 1987). Vorliegende Verfahren, wie der „Vineland Social Maturity Scale" oder der „Beobachtungsbogen für Kinder im Vorschulalter (BBK)" haben mittlerweile nicht nur ein hohes Alter erreicht, sondern weisen auch in fachlicher Hinsicht (z.B. Formulierung der Items) Probleme auf.

Aufschluss über die kindliche Entwicklung in den genannten Bereichen kann also nur durch besonders sorgfältige Beobachtungen, Gespräche mit den Eltern und gegebenenfalls mit dem Kind, regelmäßige Fallbesprechungen und die ausführliche Dokumentation von Fördereinheiten gewährleistet werden. Besonders zu beachten sind hier vor allem folgende Punkte:

- Zufriedenheit des Kindes sowie physisches und soziales Wohlbefinden.
- Sozialkompetenzen, wie das sich einbringen können in Interaktionen und weitere soziale Handlungskompetenzen (vgl. Lebenshilfe 1997).
- Autonomie des Kindes, z. B. Entscheidungsautonomie, Fähigkeiten zur Handlungsplanung und Zielverfolgung, sowie die Erweiterung der Kommunikationsmöglichkeiten und -fähigkeiten (vgl. Kühl 1999).
- Integration des Kindes, z. B. Besuch eines integrativen Kindergartens, Besuche bei Nachbarn der Familie, Freundschaften des Kindes (vgl. Peterander 1996c).

Jegliches Handeln in der Frühförderung muss das Globalziel der Steigerung von Lebensqualität (vgl. 7.1.2) für Kind und Familie verfolgen und sich an diesem messen. Um die genannten Bereiche greifbarer zu gestalten und besser erfassen zu können, wurde auf Grundlage wissenschaftlicher Arbeiten ein Leitfaden zur Erfassung kindbezogener Ergebnisse erstellt, der sich im Anhang I zu diesem Kapitel befindet.

Dieser Leitfaden kann keinen Anspruch darauf erheben, alle relevanten Aspekte vollständig wiederzugeben und stellt kein empirisch oder systematisch überprüftes Instrumentarium zur Evaluation dar. Er ist lediglich eine Arbeitshilfe im Hinblick auf die Beobachtung und Evaluation von Faktoren, die in der Literatur als nicht-operationalisierbare Förderziele bezeichnet werden.

7.3.2 Familienbezogene Ergebnisse

Ergebnisqualität der Frühförderung kann und darf in keinem Fall nur an kindbezogenen Ergebnissen festgemacht werden. Ein ebenso starker Fokus muss auf Prozesse und Entwicklungen innerhalb des Familiensystems gelegt werden, auch unter Berücksichtigung der in Kapitel 7.1.3 erläuterten „Risiken und Nebenwirkungen". Auch hier sind sorgfältige, systematische Beobachtungen, Gespräche, Fallbesprechungen und vor allem eine gute Dokumentation unabdingbar, um sich den komplexen zu untersuchenden Sachverhalten zu nähern und sie zu evaluieren. Wichtige Bereiche sind hier vor allem:

- Fähigkeiten der Familie zur Wahrnehmung kindlicher Interessen und zur Interpretation kindlicher Kommunikationsweisen und -muster
- Fähigkeiten der Familie zur Bewältigung der allgemeinen Lebenssituation
- Bewältigung aktueller Probleme
- Abnahme an Gefühlen der Überlastung
- Zunahme von Unterstützung
- Stabilisierung des sozialen Netzes der Familie
- Zugewinn an Autonomie
- Unabhängigkeit von professioneller Hilfe
- Veränderungen in der Qualität familiärer Bedingungen (z.B. Veränderungen des Umgangs miteinander, der Interaktion, der Wohnsituation oder der Wohnverhältnisse)

Auch in diesem Bereich ist es wichtig, Globalziele in beobachtbare und evaluierbare Teilziele zu zerlegen. Um dies zu erleichtern, wurde ein Leitfaden zu familienbezogenen Ergebnissen erstellt, der sich als Arbeitshilfe im Anhang II zu diesem Kapitel befindet.

7.3.3 Zufriedenheit der Eltern

Vor dem Hintergrund der Orientierung an den Bedürfnissen der Nutzerinnen und Nutzer ist die Zufriedenheit der Eltern ein wesentlicher Indikator für die Ergebnisqualität einer Frühförderstelle. Diese Zufriedenheit bezieht sich sowohl auf das jeweilige Angebot einer Einrichtung als auch auf die Wirkung der erlebten Frühförderarbeit. Es müssen Aspekte für den Frühförderprozess herausgestellt werden, die sich als Indikatoren der Elternzufriedenheit eignen. Da sich konzeptionelle Weiterentwicklungen grundsätzlich aus der Verknüpfung von Theorie und Praxis ergeben, kann auf wissenschaftliche Grundlagen und fachliche Orientierungen Bezug genommen werden, um einrichtungsübergreifende Maßstäbe für die Elternzufriedenheit zu finden.

Nutzerinnen- und nutzerorientierte Qualität ergibt sich im direkten Kontakt zwischen Fachkräften und Eltern und umschreibt die Wirkung des Förderprozesses auf die betroffenen Familien. Neben einer Analyse des Prozesses hinsichtlich der Ermittlung von Elternzufriedenheit ist aber auch auf die Rahmenbedingungen sowie auf die Auswirkungen der Frühförderung auf das Leben der Familie mit ihrem entwicklungsauffälligen Kind einzugehen.

Folgende Aspekte sind bei der Ermittlung von Elternzufriedenheit zu berücksichtigen:

Das „WAS":
- Zufriedenheit mit den äußeren Gegebenheiten der Frühförderung
- Zufriedenheit mit dem Umfang der Angebote und Hilfen

Das „WIE":
- Zufriedenheit mit Transparenz und Verständlichkeit der Vorgehens
- Zufriedenheit mit dem gegenseitigen Austausch
- Zufriedenheit mit der Umsetzung gemeinsamer Zieldefinitionen und Vereinbarungen
- Zufriedenheit hinsichtlich der Beachtung eigener Wünsche, Vorstellungen und Bedürfnisse
- Zufriedenheit mit der Achtung familialer Hintergründe
- Zufriedenheit mit dem Einbezug in die Ausgestaltung des Förderverlaufs
- Zufriedenheit mit der Vermittlung weiterer Elternangebote

Das „WOZU":
- Zufriedenheit mit der Entwicklung des Kindes
- Zufriedenheit mit dem Wohlbefinden des Kindes
- Zufriedenheit mit der Perspektive des Lebens mit einem entwicklungsauffälligen Kind

7.3.4 Elternbefragung

Um Informationen über die Elternzufriedenheit einzuholen, ist es sinnvoll, die Eltern direkt zu befragen. Das persönliche Gespräch mit den Eltern, das alle Prozesse des Förderverlaufs begleitet, bleibt unverzichtbar. Der Einsatz eines standardisierten Fragebogens kann jedoch über die individuelle Abklärung der Fördermaßnahmen im Sinne des Verständigungshandelns hinaus zur Feststellung eines generellen Handlungsbedarfs beitragen. Auf diese Weise werden unter qualitativen Gesichtspunkten die Erfahrungen der Eltern für die Weiterentwicklung des Dienstes nutzbar. Grundlegend ist die Frage, ob die Hilfen auf Elternseite wirksam angekommen sind (vgl. Weiß 1999).

In der Anlage (9.1) wird für den Bereich der Frühförderung ein Instrument vorgestellt, anhand dessen die entsprechende Einrichtung Informationen über die Elternzufriedenheit hinsichtlich der Angebote und Ausgestaltung der Maßnahmen einholen kann. Es handelt sich um einen theoretisch begründeten Entwurf, der auf die speziellen Angebote einzelner Einrichtungen abgestimmt werden muss und darüber hinaus im Austausch mit den Eltern ausdifferenziert werden kann. Auf Grundlage eines Pretests, im Rahmen dessen der Fragebogen von über vierzig Eltern beurteilt wurde, wurde auch der Stellenwert der verschiedenen Items überprüft und der Bogen daraufhin modifiziert. Es ist ein flexibles Instrument, das ständiger Reflexion und Überprüfung bedarf. Grundsätzlich ist davon auszugehen, dass sich die Auseinandersetzung mit Qualitätsfragen an den konzeptionellen Grundgedanken der Frühförderung orientieren muss, d.h. die Eltern müssen letztlich die Umsetzung grundlegender Prinzipien hinsichtlich einer gelingenden Unterstützung und Begleitung beurteilen.

Der entwickelte Fragebogen umfasst mehrere Bereiche:

- Hinsichtlich der Rahmenbedingungen, Angebote und Hilfen soll bestimmt werden, wie zufrieden die Eltern mit den einzelnen Aspekten in einer Einrichtung sind.

- Im nächsten Schritt wird nach der Zufriedenheit mit einzelnen Prozessvariablen im Fortlauf der Frühförderung gefragt:
  - Aufnahme in die Einrichtung
  - Förderplanung und Diagnostik
  - Förderung und Therapie
  - Zusammenarbeit mit den Fachleuten
  - Zusätzliche Hilfen/ Kooperation
  - Abschluss der Frühförderung

Auf Grundlage der Leitprinzipien von Frühförderung (Familienorientierung, Ganzheitichkeit, interdisziplinäre Zusammenarbeit, Umfeldorientierung) werden vor dem Hintergrund des Kooperationsmodells als Handlungsmaxime für die Zusammenarbeit mit den Eltern Aussagen für die einzelnen Zufriedenheitsbereiche getroffen. Anhand konkreter Prozessvariablen wird die Umsetzung der Handlungsgrundlagen überprüft. Die abschließende Frage nach der Gesamtzufriedenheit mit jedem Kontaktpunkt kann Aufschluss über eventuelle Handlungsschwerpunkte liefern.

- Anschließend wird nach den Wirkungen der Frühförderung auf das Zusammenleben der Eltern mit ihrem entwicklungsauffälligen Kind gefragt. Auch hier wurden fachlich fundierte Aussagen aufgestellt, deren Zutreffen auf die jeweilige Familie beurteilt werden soll, bevor die Zufriedenheit mit der gesamten Frühförderung anzugeben ist.

- Im Schlussteil ermöglichen einige offene Fragen den Eltern, weitere Anmerkungen zum

Verlauf der Frühförderung zu machen und am Ende ihre Meinung zu dieser Art der Befragung zu äußern.

Es erscheint sinnvoll, den Fragebogen zum Abschluss der Frühförderung auszugeben. Dabei ist es vorstellbar, dem Ausfüllen des Bogens in der letzten Stunde Platz einzuräumen, so dass ein positiver Rücklauf gewährleistet ist. Der Aspekt der Anonymität kann unter diesen Voraussetzungen eher vernachlässigt werden, da auf Elternseite keine negativen Auswirkungen ihrer Meinungsäußerung auf die Frühförderarbeit mehr befürchtet werden müssen. Die Gründe für eine abschließende Befragung werden den Eltern in der Instruktion zum Fragebogen erläutert.

7.3.5 Literatur

ARBEITSSTELLE FRÜHFÖRDERUNG BAYERN: Organisationshandbuch zur Qualitätsentwicklung an interdisziplinären Frühförderstellen in Bayern. München 1999.

BÖHM, INGRID: Gemeinsam(e) Kräfte entdecken. Empowerment in der Frühförderung. In: Frühförderung interdisziplinär 11, 1992, 170-178.

BOPP, CHRISTIANE: Qualitätssicherung in der Frühförderung. In: Caritas 97, 1996, 532-541.

BUNDESVEREINIGUNG LEBENSHILFE (Hg.): Leistungsvereinbarungen für Frühförderstellen. Marburg 1996.

BUNDESVEREINIGUNG LEBENSHILFE (Hg.): Frühe Hilfen. Frühförderung aus Sicht der Lebenshilfe. Marburg 1997.

ENGELBERT, ANGELIKA: Familienorientierung in Frühförderstellen. Institutionelle Bedingungen der Etablierung von speziellen Elternangeboten und ihre Folgen für die Wahrnehmung der Elternrolle. In: Frühförderung interdisziplinär, 14, 1995, 169-179.

ENGELBERT, ANGELIKA: Familien im Hilfenetz. Bedingungen und Folgen der Nutzung von Hilfen für behinderte Kinder. Weinheim, München 1999.

HERBERG, KLAUS-PETER; JANTSCH, HEDI; SAMMLER, CARLA: Förderverläufe aus der Sicht von Eltern und beteiligten Fachkräften. Aus den Ergebnissen der Verlaufsstudien der Projektgruppe Frühförderung in Hessen. In: Vereinigung für Interdisziplinäre Frühförderung e. V. (Hg.): Familienorientierte Frühförderung. München; Basel 1991, 133-139.

KÜHL, JÜRGEN (Hg.): Autonomie und Dialog. Kleine Kinder in der Frühförderung. München, Basel 1999.

LEYENDECKER, CHRISTOPH: Wissenschaftliche Grundlagen, Konzepte und Perspektiven der Frühförderung körperbehinderter Kinder. In: Bergeest, H.; Hansen, G. (Hg.): Theorien der Körperbehindertenpädagogik. Bad Heilbrunn 1999, 297-318.

LOHL, WERNER: Aufbau der Qualitätssicherung in Beratungsstellen. Bonn 1997.

PETERANDER, FRANZ: Neue Fragen zu einem alten Thema: Qualitätssicherung und -entwicklung in der Frühförderung. In: Opp, Günther; Budnik, Ines; Freytag, Andreas (Hg.): Heilpädagogik in der Wendezeit. Luzern 1996c, 90-103.

RENNEN-ALTHOFF, BEATE: Entwicklungstests für das Säuglings-, Kleinkind- und Vorschulalter. Berlin 1987.

SCHWARZ, U.-R.: Das pädagogische Controlling in der Jugendhilfe Rischborn. Jugendhilfe in Niedersachsen Nr.4 1996, 4-14.

SPECK, OTTO: Wandel der Konzepte in der Frühförderung. In: Frühförderung interdisziplinär 14, 1995, 116-130.

STEINEBACH, CHRISTOPH: Familienentwicklung in der Frühförderung. Freiburg im Breisgau 1995.

WEIß, HANS: Evaluation in der Frühförderung unter dem Aspekt der fachlichen Qualität. In: Peterander, F.; Speck, O. (Hg.): Qualitätsmanagement in sozialen Einrichtungen. München; Basel 1999, 199-213.

WEIß, HANS: Bedingungs- und Wirkzusammenhänge in der Frühförderung. Stand, Bedeutung und (Methoden-)Probleme der Evaluationsforschung im Bereich „früher Hilfen" unter besonderer Berücksichtigung körperbehinderter Kinder. In: Frühförderung interdisziplinär, 14, 1995, 59-71.

7.3.6 Bestandsaufnahme

1. **In welchen Abständen werden in der Einrichtung kindbezogene Ergebnisse im Hinblick auf operationalisierte Förderziele (Motorik, Sprache, Wahrnehmung usw.) erhoben?**

	Nie/ Selten	Manchmal	Häufig	Sehr häufig/ Immer
Einmal im Monat	❏	❏	❏	❏
Alle drei Monate	❏	❏	❏	❏
Alle sechs Monate	❏	❏	❏	❏
Einmal im Jahr	❏	❏	❏	❏
Einmalige Zwischenevaluation	❏	❏	❏	❏
Wird nur bei Abschlussdiagnose erhoben	❏	❏	❏	❏
Gar nicht	❏	❏	❏	❏

2. **Wie werden diese Ergebnisse erhoben?**

   ....
   ....
   ....

3. **Wie werden diese dokumentiert?**

   ....
   ....
   ....

4. **In welcher Form erhalten die Eltern Rückmeldung über die Ergebnisse?**

	Nie/ Selten	Manchmal	Häufig	Sehr häufig/ Immer
Gar nicht	❏	❏	❏	❏
Im persönlichen Gespräch	❏	❏	❏	❏
Schriftlich	❏	❏	❏	❏

anders, nämlich

.... ❏ ❏ ❏ ❏

.... ❏ ❏ ❏ ❏

.... ❏ ❏ ❏ ❏

.... ❏ ❏ ❏ ❏

5. **Wie häufig werden in der Einrichtung kindbezogene Ergebnisse bezüglich folgender Entwicklungsziele evaluiert?**

	Nie/Selten	Manchmal	Häufig	Sehr häufig/Immer
Sozialkompetenzen	❏	❏	❏	❏
Autonomie	❏	❏	❏	❏
Physisches Wohlbefinden	❏	❏	❏	❏
Emotionales Wohlbefinden	❏	❏	❏	❏
Soziales Wohlbefinden	❏	❏	❏	❏
Kommunikation	❏	❏	❏	❏
Interaktion	❏	❏	❏	❏
Integration	❏	❏	❏	❏

6. **Wie werden diese evaluiert?**

....

....

....

7. **Wie werden die Ergebnisse dokumentiert?**

....

....

....

8. In welcher Form erhalten die Eltern Rückmeldung über die Ergebnisse?

	Nie/Selten	Manchmal	Häufig	Sehr häufig/Immer
Gar nicht	❑	❑	❑	❑
Im persönlichen Gespräch	❑	❑	❑	❑
Schriftlich	❑	❑	❑	❑
anders, nämlich				
....	❑	❑	❑	❑
....	❑	❑	❑	❑
....	❑	❑	❑	❑
....	❑	❑	❑	❑

9. Wie häufig werden in der Einrichtung familienbezogene Ergebnisse bezüglich folgender Aspekte evaluiert *(vgl. Leitfaden zu familienbezogenen Ergebnissen / Anhang II)*?

	Nie/Selten	Manchmal	Häufig	Sehr häufig/Immer
Qualität der strukturellen Bedingungen	❑	❑	❑	❑
Qualität im familiären Beziehungsgefüge	❑	❑	❑	❑
Nutzung und Notwendigkeit formeller Unterstützung	❑	❑	❑	❑
Vorhandensein und Nutzung informeller Unterstützung	❑	❑	❑	❑

10. Wie werden diese evaluiert?

....
....
....

11. Wie werden die Ergebnisse dokumentiert

....
....
....

12. In welcher Form erhalten die Eltern Rückmeldung über die Ergebnisse?

	Nie/Selten	Manchmal	Häufig	Sehr häufig/Immer
Gar nicht	❑	❑	❑	❑
Im persönlichen Gespräch	❑	❑	❑	❑
Schriftlich	❑	❑	❑	❑
anders, nämlich				
....	❑	❑	❑	❑
....	❑	❑	❑	❑
....	❑	❑	❑	❑
....	❑	❑	❑	❑

13. Wird die Zufriedenheit der Eltern mit der Frühförderung evaluiert?

ja ❑   nein ❑

Wenn ja, wie?

....
....
....
....

14. In welcher Form erhalten die Eltern Rückmeldung über die Ergebnisse?

	Nie/Selten	Manchmal	Häufig	Sehr häufig/Immer
Regelmäßige Gespräche mit den Eltern während oder im Anschluss an die Förderung/Therapie	❑	❑	❑	❑
Reflexion auf Eltern-Abenden	❑	❑	❑	❑
Reflexion in Elterngruppen	❑	❑	❑	❑
anders, nämlich				
....	❑	❑	❑	❑
....	❑	❑	❑	❑
....	❑	❑	❑	❑
....	❑	❑	❑	❑

15. Falls die Evaluation durch systematische, anonymisierte Befragung erfolgt, in welchen zeitlichen Abständen findet eine solche statt?

....
....
....

16. Falls die Zufriedenheit im Rahmen von Elternabenden oder Elterngruppen evaluiert wird, in welchen zeitlichen Abständen geschieht dieses?

....
....
....

und mit welcher Methode?

....
....
....

17. Wie werden die Ergebnisse dokumentiert?

....
....
....

18. In welcher Form erhalten Eltern Rückmeldung über die Ergebnisse einer Befragung?

	Nie/Selten	Manchmal	Häufig	Sehr häufig/Immer
Gar nicht	❏	❏	❏	❏
Im persönlichen Gespräch	❏	❏	❏	❏
Schriftlich	❏	❏	❏	❏
anders, nämlich				
....	❏	❏	❏	❏
....	❏	❏	❏	❏
....	❏	❏	❏	❏
....	❏	❏	❏	❏

7.3.7 Indikatoren zum Feststellen des Handlungsbedarfs

	Trifft zu	Trifft eher zu	Trifft eher nicht zu	Trifft nicht zu
Die Evaluation der kindbezogenen Ergebnisse im Hinblick auf operationalisierte Förderziele der einzelnen Kinder wird mit validen diagnostischen Verfahren durchgeführt.	❏	❏	❏	❏
Darüber hinausgehende Entwicklungsziele des Kindes (z.B. Autonomie, Zufriedenheit, Wohlbefinden) werden evaluiert.	❏	❏	❏	❏
Familienbezogene Ergebnisse werden evaluiert.	❏	❏	❏	❏
Die Zufriedenheit der Eltern wird evaluiert.	❏	❏	❏	❏
Die Resultate aller Evaluationsprozesse werden mit den Eltern besprochen und reflektiert.	❏	❏	❏	❏
Ergebnisse aller Evaluationsprozesse werden im Hinblick auf Stärken und Handlungsnotwendigkeiten sorgfältig analysiert.	❏	❏	❏	❏
Gesamteinschätzung In der Einrichtung werden alle kind- und familienbezogenen Ergebnisse evaluiert, mit den Beteiligten reflektiert und entsprechende Handlungsnotwendigkeiten abgeleitet.	❏	❏	❏	❏

7.3.8 Anhang I: Leitfaden zu kindbezogenen Ergebnissen

Über operationalisierte Förderziele hinaus, die mit den in Kapitel 6.2 genannten Verfahren im Rahmen von Prä-, Zwischen- und Postdiagnostik gemessen werden können, müssen folgende Aspekte zur Evaluierung kindbezogener Ergebnisse Beachtung finden:

Integration des Kindes

- Freundschaften
- Verhältnis zur Nachbarschaft
- Art des besuchten Kindergartens

Sozialkompetenzen

- Empathiefähigkeit
- Kontaktfreudigkeit und -aufnahme
- Experimentierfreudigkeit
- Problemlösefähigkeiten

Kommunikation/Interaktion

- Ausdrucksmöglichkeiten (sprachlich, mimisch, gestisch)
- Aufnahme und Interpretation von Kommunikationsangeboten

Autonomie

- Eigenaktivität
- Entscheidungsfähigkeit
- Zielverfolgung

Lebensqualität

- Physisches Wohlbefinden (z.B. Schmerzfreiheit)
- Emotionales Wohlbefinden
- Soziales Wohlbefinden

Zur Ermittlung der genannten Aspekte können folgende Verfahren hilfreich sein:

- Systematische Verhaltensbeobachtungen (vgl. Brack 1993, Bundschuh 1985, Petermann 1982)
- Spielbeobachtungen (vgl. Hetzer 1978, Tietze-Fritz 1992)

7.3.9 Literatur

EBERWEIN, MANFRED (Hg.): Verzeichnis psychologischer und pädagogischer Testverfahren aus der Datenbank PSYTKOM, Trier 1994.

BRACK UDO B. (Hg.): Frühdiagnostik und Frühtherapie. Psychologische Behandlung von entwicklungs- und verhaltensgestörten Kindern. Weinheim 1993.

BUNDSCHUH, KONRAD: Dimensionen der Förderdiagnostik, München 1985.

HETZER, HILDEGARD: Spielen lernen – Spielen lehren, München 1978.

PETERMANN, FRANZ: Methoden der Entwicklungspsychologie. In: Oerter, Rolf, Montada, Leo: Entwicklungspsychologie. München 1982, 791-830.

TIETZE-FRITZ, PAULA: Handbuch der heilpädagogischen Diagnostik. Dortmund 1992.

7.3.10 Anhang II: Leitfaden zu familienbezogenen Ergebnissen

Zur Evaluierung familienbezogener Ergebnisse und deren Qualität müssen bedeutsame Familienmerkmale (vgl. Steinebach 1995) beachtet werden:

- Soziographische Merkmale
- Organisation der Familie
- Interaktion der Familienmitglieder
- Einstellungen der Familienmitglieder zu sich selbst, den weiteren Familienmitgliedern und der Frühförderung
- Verfügbare formelle und informelle Unterstützung

Aus diesen Faktoren ergeben sich folgende zu evaluierende Aspekte:

Qualität der strukturellen familiären Bedingungen

- Größe der Familie
- Wohnlage
- Wohnsituation
- Finanzielle/materielle Sicherheit
- Arbeitsplatzsituation der Eltern
- Zeitliche Ressourcen

Qualität im familiären Bedingungsgefüge

- Interaktion
- Rollenverständnis und -aufteilung
- Aufnahme und Interpretationsfähigkeit von Kommunikationsangeboten des Kindes
- Einstellungen der Familienmitglieder zu sich selbst und den weiteren Familienmitgliedern
- Nutzung der zeitlichen, finanziellen und materiellen Ressourcen

Nutzung formeller Unterstützung

- Elterngruppen
- Selbsthilfegruppen
- Gesprächskreise
- Kontakt zur Frühförderung
- Kontakt zu Kindertagesstätte, Kindergarten oder Schule

Vorhandensein und Nutzung informeller Unterstützung/sozialer Netzwerke

- Verwandte
- Bekannte
- Freunde
- Nachbarschaft

Hilfreich bei der Untersuchung der genannten Aspekte können u.a. folgende Testverfahren sein:

- Badura, B.; Kaufhold, G.; Lehmann, H. et al.: ABS – Subjektives Wohlbefinden nach Bradburn. In: (dies.) Leben mit dem Herzinfarkt, Anhang C. Berlin 1987.

- Crawley, S., Spiker, D.: Mother-child rating scales. Eric Documents, ED 221978, 1983.

- Kraak, B., Nord-Rüdiger, D: FLL – Der Fragebogen zu Lebenszielen und zur Lebenszufriedenheit, Göttingen 1990.

- Krause, M.P., Petermann, F.: SOEBEK – Soziale Orientierungen von Eltern behinderter Kinder. Göttingen 1997.

- Sommer, G., Fydrich, T.: F-SOZU – Fragebogen zur Sozialen Unterstützung. In: Zeitschrift für Klinische Psychologie 16, 1987, 434-436.

- Russo, J.-A., Owens, R.: Beobachtungssystem nach Russo und Owens – The developement of an objective observation tool for parent-child-interaction. In: Journal of Speech and Hearing disorders 1982, 47, 165-173.

7.3.11 Literatur

STEINEBACH, CHRISTOPH: Familienentwicklung in der Frühförderung. Freiburg im Breisgau. 1995.

WESTHOFF, GISELA: Handbuch psychosozialer Messinstrumente. Göttingen 1993.
Testzentrale Göttingen: Testkatalog 1998/1999, Göttingen 1998.

EBERWEIN, MANFRED (Hg.): Verzeichnis psychologischer und pädagogischer Testverfahren aus der Datenbank PSYTKOM, Trier 1994.

SARIMSKI, KLAUS: Interaktion mit behinderten Kleinkindern. München 1986.

7.4 Arbeitszufriedenheit

Um die Ergebnisqualität einer Frühförderstelle darstellen zu können, ist neben der Perspektive der Nutzerinnen und Nutzer auch die der Fachkräfte von Bedeutung. Aspekte ihrer Arbeitssituation wie Arbeitsplatzsicherheit und Fluktuation sowie ihre Motivation und Arbeitszufriedenheit sind wichtige Indikatoren für die Ergebnisqualität in einer Frühförderstelle. Um diese Aspekte analysieren und verbessern zu können, ist eine Befragung der Mitarbeiterinnen und Mitarbeiter sinnvoll.

7.4.1 Arbeitsplatzsicherheit

Arbeitsplatzsicherheit im Sinne eines unbefristeten Arbeitsvertrages ist ein wichtiger Faktor für die Motivation und Arbeitszufriedenheit, denn Unsicherheit über die eigene berufliche Zukunft schafft Angst und Unzufriedenheit. Grundsätzlich sollten daher nur unbefristete Arbeitsverträge geschlossen werden bzw. bei befristeten Beschäftigungsverhältnissen (z.B. Schwangerschaftsvertretungen) so früh wie möglich Einigungen über Möglichkeiten einer Weiterbeschäftigung hergestellt werden.

Im Zusammenhang mit der Vertragsgestaltung spielt auch die Frage des Gehalts eine wichtige Rolle. Es sollte selbstverständlich sein, dass allen Fachkräften in der Frühförderung ein Gehalt gezahlt wird, das ihren formalen Qualifikationen entspricht. Der Kostendruck führt allerdings in vielen sozialen Einrichtungen dazu, dass immer häufiger Bewerberinnen und Bewerber mit geringer fachlicher Qualifikation eingestellt werden. Höher qualifizierte Fachkräfte geraten zunehmend in Konkurrenz zu diesen und nehmen unterbezahlte Aufgaben an, um Arbeitslosigkeit zu vermeiden oder zu beenden. Ihre Unterbezahlung ist jedoch oftmals eine Quelle der Unzufriedenheit (vgl. Schwarte, Oberste-Ufer 1997).

7.4.2 Fluktuation

Die Fluktuation der Mitarbeiterinnen und Mitarbeiter ist ein wichtiger Indikator für die Arbeitssituation in einer Frühförderstelle. Die Fluktuationsrate wirkt sich auch auf die Gesamtqualität der Einrichtung aus, da ein häufiger Wechsel der Mitarbeiterinnen und Mitarbeiter nicht ohne Folgen für die Kontinuität und Qualität der Förder- und Beratungstätig-

keiten bleibt. Peterander und Speck (1993) konnten in ihrer Untersuchung hohe Fluktuationsraten in Frühförderstellen feststellen (durchschnittliche Beschäftigungsdauer: 5 Jahre). In Einrichtungen, in denen die Mitarbeiterinnen und Mitarbeiter häufig wechseln werden gleichzeitig häufiger beobachtet:
- negatives Kollegenklima
- Unzufriedenheit mit inhaltlicher Gestaltung der Teamsitzungen (häufig amtliche Mitteilungen)
- psychische Belastung
- Erfolgszwang
- wenig eigene Entscheidungsfreiheit
- Unzufriedenheit mit beruflicher Situation
- depressive Symptome

(vgl. Peterander; Speck 1993).

Diese Zusammenhänge machen deutlich, dass in Einrichtungen, in denen die Mitarbeiterinnen und Mitarbeiter häufig wechseln, der psychische Druck besonders ausgeprägt zu sein scheint.
Als mögliche Gründe für das Ausscheiden von Mitarbeiterinnen und Mitarbeitern werden genannt:

- Schwangerschaft
- Belastungen durch die mobile Form der Betreuung
- Belastungen durch hohe psychische Anforderungen
- Schlechte Bezahlung
- Geringe berufliche Aufstiegschancen
  (vgl. Peterander; Speck 1993)

Hierbei ist zu berücksichtigen, dass die Angaben sehr an der jeweiligen Situation der Berufsgruppen orientiert sind und es daher grundsätzlich erforderlich ist, Fehlzeiten und Fluktuation nach Berufsgruppen getrennt zu analysieren.

7.4.3 Arbeitszufriedenheit

Die Zufriedenheit der Mitarbeiterinnen und Mitarbeiter in Einrichtungen der Frühförderung hat unmittelbar Auswirkungen auf die Qualität der Arbeit mit den Kindern und ihren Eltern, denn es ist davon auszugehen, dass sich auf Dauer nur diejenigen Mitarbeiterinnen und Mitarbeiter für die Bedürfnisse der Familien einsetzen, die für ihre Aufgaben motiviert und mit den Bedingungen ihrer Tätigkeit zufrieden sind. Die Orientierung an den Mitarbeiterinnen und Mitarbeitern ist ein zentraler Baustein aktueller (Qualitäts-)Managementkonzepte (z.B. Total Quality Management [TQM]) und muss auch bei einer Evaluation der Ergebnisqualität in Frühförderstellen einbezogen werden.

Arbeitszufriedenheit ist zu verstehen als „ein Gefühl des Individuums gegenüber der Arbeit oder gegenüber den Facetten der Arbeit (...), das Gedanken und Handlungsprozesse begleitet, die sich auf die Arbeitsrolle beziehen" (Weinert 1987, 315). Dabei ist der Begriff zunächst neutral zu verstehen, d.h. Arbeitszufriedenheit hat nicht von vornherein eine positive Bedeutung. Als Determinanten der Arbeitszufriedenheit sind grundsätzlich sowohl persönlichkeitsspezifische Merkmale der Mitarbeiter/innen als auch die Arbeitssituation sowie die spezifische Wechselwirkung zwischen beiden Faktorengruppen zu berücksichtigen. Bei den situativen Faktoren wird nach der „Zwei-Faktoren-Theorie" von Herzberg (vgl. Fischer 1991) unterschieden zwischen Faktoren des Arbeitskontextes, d.h. den Rand- und Folgebedingungen der Arbeit (sog. extrinsische Motivationsfaktoren, Hygienefaktoren) und solchen Faktoren, die mit dem Inhalt der Arbeit verbunden sind (sog. intrinsische Motivationsfaktoren) (vgl. Fischer 1991). Zu Faktoren des Arbeitskontextes zählen Führungsstil, Unternehmenspolitik und -verwaltung, physische Arbeitsbedingungen, interpersonelle Beziehungen in der Hierarchie, Gehalt, Arbeitsplatzsicherung, Status und persönliche berufsbezogene Lebensbedingungen. Demgegenüber beziehen sich die intrinsischen Motivatoren auf den Herausforderungscharakter der Arbeit selbst, d.h. es geht um Aspekte wie Leistungserfolg, Anerkennung der eigenen Leistung, die Arbeit selbst, Eigenverantwortung, Aufstiegsmöglichkeiten, Einflussmöglichkeiten, Entfaltungsmöglichkeiten usw. In Abhängigkeit von der beruflichen Qualifikation erhalten entweder die Faktoren des Arbeitskontextes oder die intrinsischen Motivationsfaktoren an Bedeutung für die Arbeitszufriedenheit. Bei höheren qualifizierten Berufsgruppen überwiegen eindeutig die intrinsischen Faktoren. (vgl. Fischer 1989) Auch für Mitarbeiterinnen und Mitarbeiter der Frühförderung ist davon auszugehen, dass gute Arbeitsbedingungen allein für die Arbeitszufriedenheit der Mitarbeiter/innen nicht ausreichend sind, sondern dass es vor allem darauf ankommt, dass die Arbeit so gestaltet wird, dass sie den einzelnen Mitarbeiter/innen ein hohes Maß an Gestaltungsmöglichkeiten, d.h. Eigenverantwortung und Selbstentfaltung gestattet.

Gestaltungsmöglichkeiten

Ergebnisse einer Untersuchung zur Arbeitssituation von Mitarbeiterinnen und Mitarbeitern in Frühförderstellen (Peterander; Speck 1993) bestätigen die große Bedeutung von Gestaltungs- und Entscheidungsmöglichkeiten der Mitarbeiterinnen und Mitarbeiter für die Arbeitszufriedenheit. „In einem sozialen System wie der Frühförderung, das in hohem Maße auf die Motivation und Mitwirkungsbereitschaft und -fähigkeit der die schwierige Arbeit Leistenden aufbaut, ist die Möglichkeit zur Einflussnahme auf Entscheidungen in vielen Fällen Voraussetzung für das Gelingen dieser Arbeit." (Peterander; Speck 1993, 638) Einrichtungen, in denen die Mitarbeiterinnen und Mitarbeiter in konzeptionelle und personelle Entscheidungsprozesse mit einbezogen werden, weisen in einer Vielzahl von Variablen positive Merkmale auf (freie Einteilung der Arbeitszeit, freie Wahl von Fortbildungsthemen, positives Arbeitsklima u.a. (vgl. Peterander; Speck 1993). Die Zufriedenheit der Mitarbeiterinnen und Mitarbeiter mit ihren Mitwirkungsmöglichkeiten ist daher als eine wichtige motivationale Variable für die Arbeitszufriedenheit als Indikator für die Ergebnisqualität zu berücksichtigen.

Positive Rückmeldung und Anerkennung

Anerkennung für die eigene Arbeit zu erhalten, spielt eine zentrale Rolle für die Arbeitszufriedenheit. Der besondere Charakter der Arbeit in sozialen Dienstleistungseinrichtungen ist darin zu sehen, dass das „Produkt" der Bemühungen häufig unbestimmt bleibt. Dies gilt in der Frühförderung um so mehr, wenn sich nach längerer Zeit der Förderung keine sichtbaren „Fördererfolge" im Sinne von Entwicklungsfortschritten einstellen. Damit Mitarbeiterinnen und Mitarbeiter der Frühförderung Anerkennung für ihre Arbeit erhalten können, ist es wichtig, jeweils in Übereinstimmung mit den Bedürfnissen und Vorstellungen der Nutzerinnen und Nutzer vor jeder Förderung zu vereinbaren, was konkret als positives Arbeitsergebnis gelten soll. Unterbleibt dieser wichtige Arbeitsschritt, so sind die Ergebnisse der eigenen Bemühungen oft wenig greifbar. Grundsätzlich ist es für die Motivation und Arbeitszufriedenheit erforderlich, dass die Mitarbeiterinnen und Mitarbeiter eine regelmäßige Rückmeldung von Kolleginnen und Kollegen, Vorgesetzten, Eltern, Kooperationspartnerinnen und –partnern u.a. darüber erhalten, wie ihre Arbeit von anderen wahrgenommen wird.

Im Zusammenhang mit den Erfordernissen der Mitwirkungsmöglichkeiten und der positiven Rückmeldung ist an dieser Stelle noch einmal auf die entscheidende Rolle der Leitung in Frühförderstellen hinzuweisen (vgl. 5.8). „Das positive Führungsverhalten von Leiterinnen und Leitern des Teams bestimmt in beeindruckender Weise in nahezu allen Bereichen der Förderarbeit sowohl die inhaltliche Arbeit in den Teams als auch die Tätigkeiten und das Erleben der Mitarbeiter/innen selbst. (...) So wird durch ein positives Führungsverhalten in besonderer Weise das Arbeitsklima in der Einrichtung sowie Qualität und Form der Zusammenarbeit zwischen den Kollegen/innen entscheidend mitbestimmt. Dies trifft sowohl auf alltägliche Arbeitssituationen zu, wie auch auf die konkrete Teamarbeit in den gemeinsamen Sitzungen." (Peterander; Speck 1993, 137)

7.4.4 Befragung der Mitarbeiterinnen und Mitarbeiter

Um die oben beschriebenen Aspekte der Zufriedenheit der Mitarbeiterinnen und Mitarbeiter in Frühförderstellen als ein Element von Ergebnisqualität analysieren und verbessern zu können, ist es sinnvoll, eine Befragung der Mitarbeiterinnen und Mitarbeiter durchzuführen. Darunter versteht man „die systematische Erhebung von Wahrnehmungen und Bewertungen von Mitarbeitern einer Organisation zu Sachverhalten, die sie und ihre Organisation betreffen" (Bögel; v. Rosenstiel 1997, 84). Ziele einer solchen Befragung sind „das Feststellen von Bedürfnissen und Motiven, deren Optimierung und detaillierte analytische Beobachtung und Auswertung, sowie der Abbau von Konflikten und Störfaktoren" (Bien 1995, 58). Die Steigerung der Arbeitszufriedenheit und der Motivation trägt entscheidend zur Verbesserung der Qualität in Frühförderstellen bei.

Voraussetzung für die Gültigkeit der Antworten der Mitarbeiterinnen und Mitarbeiter ist eine zugesicherte Anonymität, klar definierte Fragestellungen sowie das Vertrauen in das durchführende Institut bzw. die interne Projektgruppe.

Als Zieldeterminanten von Mitarbeiterinnen- und Mitarbeiterbefragungen lassen sich nennen:

- Feststellen des Informationsbedarfs und Optimieren des Informationsflusses durch den systematischen Auf- und Ausbau eines internen Netzes
- Analyse der Kommunikationsbeziehungen und Optimierung der individuellen und interpersonellen Kommunikationsbeziehungen über alle Ebenen der Hierarchie
- Feststellen des Qualifikations- und Entwicklungsbedarf und Optimierung von Fort- und Weiterbildung durch Qualifizierungsprogramme und kontinuierliche – interne und externe – Fort- und Weiterbildungsangebote an alle Mitarbeiterinnen und Mitarbeiter
- Analyse des Führungsverhaltens und Optimieren des Führungsverhaltens durch das Aufstellen von Führungsgrundsätzen, den

Ausbau der Beteiligung der Mitarbeiterinnen und Mitarbeiter, der Stärkung von Offenheit und Vertrauen und Schaffung von Anerkennung und Akzeptanz
- Identifikationsorientierung (Corporate identity): Entwicklung eines Leitbildes unter Beteiligung aller Mitarbeiterinnen und Mitarbeiter Entwicklung oder Ausbau des Leitbildgedankens durch verstärkte interne Diskussion, das Erarbeiten von Konzepten und die kontinuierliche Weiterentwicklung des jeweils erreichten (permanenter Prozess) (vgl. Bien 1995).

In der Anlage (9.2) befindet sich als Arbeitshilfe für eine Befragung der Mitarbeiterinnen und Mitarbeiter ein Fragebogen mit zentralen Fragen für eine Untersuchung der Arbeitszufriedenheit. Die Fragen können je nach Themenschwerpunkten und Intention der Befragung ergänzt werden. Die Bestimmung der praktischen Ziele und der inhaltlichen Bereiche der Befragung muss durch Praktikerinnen und Praktiker, d.h. durch die Mitarbeiterinnen und Mitarbeiter einer Frühförderstelle erfolgen. Die Durchführung und Auswertung der Befragung bzw. der Feedbackprozesse können in verschiedener Weise erfolgen, z.B. im Rahmen von Teamsitzungen, Arbeitstagungen und Gruppensupervisionen. Grundsätzlich empfiehlt es sich, einen externen Berater bzw. Moderator bei der Vorbereitung, Durchführung und Auswertung der Befragung sowie bei der Entwicklung von Lösungsansätzen hinzuzuziehen.

7.4.5 Literatur

BIEN, DIETER: Problemanalyse durch Mitarbeiterbefragung. Arbeitshilfe für die Praxis sozialer Einrichtungen und Organisationen. Freiburg im Breisgau 1995.

BÖGEL, RUDOLF; VON ROSENSTIEL, LUTZ: Die Entwicklung eines Instruments zur Mitarbeiterbefragung: Konzept, Bestimmung der Inhalte und Operationalisierung. In: Bungard, Walter; Jöns, Ingela: Mitarbeiterbefragung. Ein Instrument des Innovations- und Qualitätsmanagements. Weinheim 1997, 84-96.

BUJOK, EVA; SCHNEEKLOTH, ULRICH: Forschungsgestützte Beratung durch TRI:M – Qualitätssteigerung durch Nutzerzufriedenheit und Mitarbeitermotivation. In: Peterander, Franz; Speck, Otto (Hg.): Qualitätsmanagement in sozialen Einrichtungen. München, Basel 1999, 267- 275.

FISCHER, LORENZ: Strukturen der Arbeitszufriedenheit. Göttingen 1989.

FISCHER, LORENZ (Hg.): Arbeitszufriedenheit. Stuttgart 1991.

PETERANDER, FRANZ; SPECK, OTTO: Unveröff. Abschlussbericht zum Forschungsprojekt „Strukturelle und inhaltliche Bedingungen der Frühförderung". München 1993.

SCHWARTE, NORBERT; OBERSTE-UFER, RALF: LEWO. Lebensqualität in Wohnstätten für erwachsene Menschen mit geistiger Behinderung. Marburg 1997.

WEINERT, ANSFRIED: Lehrbuch der Organisationspsychologie. Weinheim 1987.

7.4.6 Bestandsaufnahme

1. Wie viele Stellen für Fachkräfte gibt es in der Einrichtung insgesamt?

   ....

2. Wie viele von diesen Mitarbeiter/innen haben befristete Arbeitsverträge?

   ....

3. Wie viele der Mitarbeiter/innen erhalten ein Gehalt, das der tariflichen Einstufung der jeweiligen Berufsgruppe entspricht?

   ....

4. **Wie hoch war die Fluktuation der Mitarbeiter/innen in den letzten drei Jahren?**

Jahr	neue Mitarbeiter/innen (Anzahl und Profession)	ausgeschiedene Mitarbeiter/innen (Anzahl und Profession)
....	....	....
....	....	....
....	....	....
....	....	....
....	....	....
....	....	....

5. **Was waren die jeweiligen Gründe für das Ausscheiden aus der Einrichtung?**

Profession	Grund des Ausscheidens
....	....
....	....
....	....
....	....
....	....
....	....

6. **In welcher Form erhalten die Mitarbeiter/innnen eine kontinuierliche Rückmeldung für ihre Arbeit?**

	Nie/ Selten	Manchmal	Häufig	Sehr häufig/ Immer
Persönliche Rückmeldung durch die Leitungsperson	❏	❏	❏	❏
Persönliche Rückmeldung von einzelnen Kolleg/innen	❏	❏	❏	❏
Fallbesprechungen im Team	❏	❏	❏	❏
Persönliche Rückmeldung durch Eltern	❏	❏	❏	❏
Rückmeldung durch schriftliche Elternbefragung	❏	❏	❏	❏
Einzelsupervision	❏	❏	❏	❏
Gruppensupervision	❏	❏	❏	❏

7. Werden in der Einrichtung Befragungen zur Arbeitszufriedenheit der Mitarbeiter/innen durchgeführt?

ja ❑   nein ❑

Wenn ja,
in welcher Form erfolgt die Befragung?

	Nie/Selten	Manchmal	Häufig	Sehr häufig/Immer
Schriftlich	❑	❑	❑	❑
Mündlich	❑	❑	❑	❑
Teamsitzungen	❑	❑	❑	❑

anders, nämlich

....	❑	❑	❑	❑
....	❑	❑	❑	❑
....	❑	❑	❑	❑
....	❑	❑	❑	❑

7.4.7 Indikatoren zum Feststellen des Handlungsbedarfs

	Trifft zu	Trifft eher zu	Trifft eher nicht zu	Trifft nicht zu
Den Mitarbeiter/innen wird innerhalb ihres Aufgabenfeldes ein Höchstmaß an Eigenverantwortung und Autonomie ermöglicht, und sie werden in konzeptionelle und personelle Entscheidungsprozesse einbezogen.	❑	❑	❑	❑
Die Ursachen für Fehlzeiten und Fluktuationen werden kontinuierlich analysiert, und es werden entsprechende Handlungsnotwendigkeiten abgeleitet.	❑	❑	❑	❑
Es werden grundsätzlich nur unbefristete Arbeitsverträge geschlossen. Bei befristeten Beschäftigungsverhältnissen erkundet die Einrichtung ggf. Möglichkeiten der Weiterbeschäftigung. Über die entsprechenden Bemühungen werden die betroffenen Mitarbeiter/innen rechtzeitig und umfassend informiert.	❑	❑	❑	❑
Den Mitarbeiter/innen wird ein Gehalt gezahlt, das ihrer formalen Qualifikation und Aufgabenstellung sowie den tariflichen Einstufungen entspricht.	❑	❑	❑	❑

	Trifft zu	Trifft eher zu	Trifft eher nicht zu	Trifft nicht zu
Die Mitarbeiter/innen erhalten eine kontinuierliche Rückmeldung über ihre Tätigkeit von Vorgesetzten und Kollegen.	❑	❑	❑	❑
Es werden regelmäßig Mitarbeiter/inenbefragungen zur Arbeitszufriedenheit durchgeführt.	❑	❑	❑	❑
Gesamteinschätzung In der Einrichtung werden alle günstigen Voraussetzungen für eine hohe Arbeitszufriedenheit der Mitarbeiter/innen geschaffen.	❑	❑	❑	❑

7.5 Kooperationsbezogene Ergebnisse

Nachdem die Bedeutung der Kooperation für die Qualität von Frühförderung bereits in den Kapiteln 5.7 und 6.6 deutlich gemacht wurde, müssen im Rahmen der Evaluation von Ergebnisqualität auch die Resultate der Zusammenarbeit, sowie die Zufriedenheit der Kooperationspartnerinnen und -partner ermittelt werden. Hierbei wird die Differenzierung zwischen fall- und netzwerkbezogener Kooperation beibehalten.

Die Bedeutung einer guten Zusammenarbeit mit Nachbarinstitutionen der Frühförderung wie beispielsweise Kinderärztinnen und -ärzten, Kliniken sowie den Gesundheits- und Sozialämtern und den SPZ wurde bereits in den Kapiteln 5.6.3 und 6.6.2 dargelegt.

Im Rahmen der Evaluation von Ergebnisqualität muss nun überprüft werden, wie produktiv und effektiv sich diese Kooperation tatsächlich gestaltet, hierbei ist wie in 6.6.2 zwischen fallbezogener und netzwerkbezogener Kooperation zu unterscheiden.

Zu evaluierende Ziele der fallbezogenen Zusammenarbeit sind in erster Linie die Gewährleistung interdisziplinärer Herangehensweisen und indikationsgerechter Maßnahmen, sowie die gemeinsame Erstellung schlüssiger und widerspruchsfreier Förderpläne. Letzteres erfordert die Koordination aller Maßnahmen, die innerhalb und außerhalb der Frühförderstelle (beispielsweise in Kindergarten oder Kindertagesstätte) eingeleitet und durchgeführt werden. Die netzwerkbezogene Zusammenarbeit hat vor allem organisatorische Ziele. Absprachen mit den zuständigen Ämtern die Zuweisungs- und Finanzierungsmodalitäten für die Eltern möglichst niedrigschwellig und unbürokratisch sowie für die beteiligten Institutionen transparent und praktikabel zu gestalten, sind ein wichtiges Qualitätsmerkmal. Darüber hinaus ist ein ständiger Informationsaustausch über die Situation der Frühförderung und der weiteren Hilfesysteme vor Ort unabdingbar. Ein weiteres wichtiges Ziel ist in diesem Zusammenhang auch die Transparenz der Arbeit von Frühförderstellen für alle Nachbarinstitutionen, über deren Vermittlung Erstkontakte initiiert werden können und/oder sollten. Um dieses Ziel zu erreichen, sind institutionalisierte Formen der Zusammenarbeit zu entwickeln, z.B. in Form von Helferkonferenzen, Qualitätszirkeln oder Gesundheitskonferenzen (vgl. 6.6.2).

Eine Evaluation sollte auf zwei Ebenen stattfinden: Zum einen einrichtungsintern durch die Analyse des Ist-Standes, zum anderen durch die direkte Befragung der Kooperationspartnerinnen und -partner nach deren Zufriedenheit mit der Zusammenarbeit. Diese direkte Rücksprache kann beispielsweise im Rahmen informeller Gespräche stattfinden oder auch Inhalt von Besprechungen sein. Das Ziel planmäßiger Informationssammlung in diesem Bereich legt aber ein systematischeres Vorgehen beispielsweise durch Fragebögen nahe.

Zu diesem Zweck befindet sich im Anhang I dieses Kapitels ein Leitfaden zur Erhebung der Zufriedenheit der Kooperationspartnerinnen und -partner. Diese bemisst sich sowohl an der Zufriedenheit mit den für die Kooperationspartnerinnen und -partner sichtbaren Ergebnissen der Kooperation als auch an der organisatorischen und inhaltlichen Gestaltung der Zusammenarbeit.

7.5.1 Literatur

ARBEITSSTELLE FRÜHFÖRDERUNG BAYERN: Organisationshandbuch zur Qualitätsentwicklung an interdisziplinären Frühförderstellen in Bayern. München 1999.

7.5.2 Bestandsaufnahme

1. Konnte die Umsetzung indizierter Maßnahmen im Einzelfall durch die externe Zusammenarbeit innerhalb der letzten 12 Monate gewährleistet werden?

	Nie/Selten	Manchmal	Häufig	Sehr häufig/Immer
	❏	❏	❏	❏

2. Sind die im Rahmen externer Kooperation entwickelten Förderpläne innerhalb der letzten 12 Monate widerspruchsfrei und schlüssig gewesen?

	Nie/Selten	Manchmal	Häufig	Sehr häufig/Immer
	❏	❏	❏	❏

3. Waren Verfahren und Maßnahmen unterschiedlicher Institutionen, die mit dem Kind oder der Familie befasst waren, innerhalb des letzten Jahres für die Frühförderstelle als transparent anzusehen?

	Nie/Selten	Manchmal	Häufig	Sehr häufig/Immer
	❏	❏	❏	❏

4. Ist es aufgrund netzwerkbezogener Kooperation innerhalb des letzten Jahres zu einer Verbesserung der Verfahren der Zuweisung und der Finanzierung gekommen?

nein, es waren keine Verbesserungen notwendig ❏

nein, daran wird noch gearbeitet ❏

nein, innerhalb unseres Einzugsgebietes findet eine solche Kooperation nicht statt ❏

ja, die Zusammenarbeit führte zu positiven Entwicklungen ❏

wenn ja, wie?

....

....

....

5. Stand die Einrichtung innerhalb der letzten zwölf Monate durch die netzwerkbezogene Kooperation in einem ständigen Informationsaustausch mit allen relevanten Nachbarinstitutionen?

ja ❏   nein ❏

6. Wurden Organisationsform, Arbeitsweise und Aufgaben der Frühförderung innerhalb der letzten zwölf Monate durch die netzwerkbezogene Kooperation allen relevanten Nachbareinrichtungen transparent gemacht?

ja ❏   nein ❏

7. **Evaluiert die Einrichtung die Zufriedenheit der Kooperationspartner/innen mit der Zusammenarbeit?**

    ja ❏

    nein ❏

    nur bei einigen Kooperationspartner/innen ❏

    nämlich bei

    ....
    ....
    ....

    warum bei diesen?

    ....
    ....
    ....

    Wenn ja, wie wird die Zufriedenheit evaluiert?

    ....
    ....
    ....

8. **Wie werden die Ergebnisse dokumentiert?**

    ....
    ....
    ....

9. **In welcher Form findet eine Rückmeldung der Ergebnisse an die Kooperationspartner/innen statt?**

    ....
    ....
    ....

10. **Gibt es zur Zeit Schwierigkeiten im Hinblick auf die Kooperation mit anderen Einrichtungen und Fachleuten?**

    ja ❏   nein ❏

    Wenn ja, welche?

    ....
    ....
    ....

7.5.3 Indikatoren zum Feststellen des Handlungsbedarfes

	Trifft zu	Trifft eher zu	Trifft eher nicht zu	Trifft nicht zu
Die einzelfallbezogene Kooperation mit externen bzw. internen Fachkräften gewährleistet die Umsetzung aller indizierten Maßnahmen.	❏	❏	❏	❏
Verfahren und Maßnahmen unterschiedlicher Institutionen die mit dem Kind und/oder der Familie befasst sind, sind der Frühförderstelle transparent und aufeinander abgestimmt.	❏	❏	❏	❏
Im Einzugsgebiet der Frühförderstelle gibt es eine institutionalisierte Form der netzwerkbezogenen Kooperation.	❏	❏	❏	❏
Die netzwerkbezogene Kooperation führt zu mehr Transparenz und besseren Absprachen zwischen den beteiligten Institutionen.	❏	❏	❏	❏
Die Zufriedenheit der Kooperationspartner/innen mit der Zusammenarbeit wird im Rahmen der Evaluation von Ergebnisqualität von der Einrichtung erhoben.	❏	❏	❏	❏
Ergebnisse werden an die Nachbarinstitutionen zurückgemeldet.	❏	❏	❏	❏
Gesamteinschätzung Die Einrichtung unternimmt alle erforderlichen Bemühungen, die externe Kooperation produktiv zu gestalten, die Zufriedenheit der Kooperationspartner/innen zu evaluieren und die Ergebnisse mit den Beteiligten zu reflektieren und Handlungsnotwendigkeiten abzuleiten.	❏	❏	❏	❏

7.5.4 Anhang I: Leitfaden zur Zufriedenheit der Kooperationspartner/innen

Zur einzelfallbezogenen Kooperation

Im Rahmen der einzelfallbezogenen Kooperation sollte die Zufriedenheit der Kooperationspartner/innen mit folgenden Aspekten erfasst werden:

- Persönlicher Kontakt
- Akzeptanz der Kooperationspartnerin/ des Kooperationspartners
- Professionalität
- Gestaltung von und Einbezug in Entscheidungsprozesse bezüglich der interdisziplinären Förderung
- Einhaltung von Absprachen
- Verlauf der Entwicklung des Kindes
- Transparenz
- Informationsfluss

Zur netzwerkbezogenen Kooperation:

Im Rahmen der netzwerkbezogenen Kooperation sollte die Zufriedenheit der Kooperationspartner/innen mit folgenden Aspekten erfasst werden:

- Persönlicher Kontakt
- Transparenz
- Informationsfluss
- Kontinuität
- Verlässlichkeit
- Rahmenbedingungen (in welchem Rahmen, in welchen Zeitabständen etc. finden gemeinsame Besprechungen statt, wie lange dauern diese, wie und vom wem werden diese inhaltlich und organisatorisch vorbereitet)
- Gestaltung von Entscheidungsprozessen
- Entwicklung und Erfüllung von Zielvereinbarungen
- Eindeutigkeit von Aufgaben und Zuständigkeiten
- Verständnis der jeweiligen Berufsgruppen

7.6 Kostenträgerbezogene Ergebnisse

Die Qualität der Ergebnisse der Arbeit in Frühförderstellen bemisst sich aus Perspektive der Kostenträger vor allem daran, inwieweit vereinbarte Leistungen nach den Prinzipien der Wirtschaftlichkeit, Sparsamkeit und Leistungsfähigkeit erbracht werden. Im Kontext aktueller Entwicklungen nimmt der Druck der Kostenträger auf Einrichtungen der Frühförderung zu und führt teilweise dazu, das in Frage zu stellen, was sich an Qualität im fachlichen Sinne bisher herausgebildet hat. Vor diesem Hintergrund und im Zusammenhang mit der Einführung prospektiver Vergütungssysteme nimmt die Auseinandersetzung mit Kostenträgern auf organisatorischer (z.B. Finanzierungsmodalitäten) aber auch auf inhaltlicher Ebene an Bedeutung zu.

Das finanzielle Fundament der Frühförderung setzt sich aus einer Mischfinanzierung durch Krankenkassen und Leistungen der Sozialhilfe im Rahmen der Eingliederungshilfe zusammen (vgl. Kapitel 5.3). Vor dem Hintergrund der Novellierung des § 93 BSHG und der Einführung prospektiver Vergütungssysteme nimmt die Überprüfung von Ausgaben und Einnahmen einer Frühförderstelle sowie deren Verwendung an Bedeutung zu. Der Träger der Sozialhilfe ist zur Übernahme von Aufwendungen nur verpflichtet, wenn mit dem Träger der Einrichtung oder seinem Verband vor Beginn der jeweiligen Wirtschaftsperiode für einen bestimmten Zeitraum Vereinbarungen über Leistungen, Vergütung und Prüfung vorliegen. Dabei müssen die Vereinbarungen und die Übernahme der Aufwendungen den Grundsätzen der Wirtschaftlichkeit, Sparsamkeit und Leistungsfähigkeit entsprechen (§ 93 BSHG Abs. 2).

Diese Novellierung hat entscheidend dazu beigetragen, die Diskussion um Qualität in der Behindertenhilfe zu intensivieren, sie führt allerdings durch die Verknüpfung des Qualitätsbegriffes mit den Finanzierungsmodalitäten auch dazu, dass Qualitätssicherung vielerorts unter einer primär ökonomischen Perspektive, also unter Kostensenkungsaspekten betrachtet wird.

Aber auch Qualitätssicherungsansätze, die sich von diesem „Primat der Ökonomie" (Speck 1998, 150) abgrenzen und vielmehr Möglichkeiten der Selbstevaluation und der fachlich-inhaltlichen Weiterentwicklung zu mehr Qualität in der Frühförderung in den Mittelpunkt stellen, kommen nicht umhin, sich bei der Evaluierung von Ergebnisqualität im Sinne einer multi-perspektivischen Herangehensweise mit den kostenträgerbezogenen Ergebnissen der Arbeit auseinanderzusetzen. Vertraglich abgesicherte, kostendeckende Finanzierungsmodalitäten sind ein elementarer Grundstein für die tägliche Arbeit in der Frühförderung ebenso wie für die qualitative Weiterentwicklung. Durch Verhandlungen und Absprachen mit den Kostenträgern muss also zum einen die Finanzierung in einer praktikablen Art und Weise geregelt werden. Zum anderen müssen den Kostenträgern fachlich gesicherte Prinzipien und Grundlagen der Frühförderung immer wieder dokumentiert werden, um Tendenzen, die de facto Rückschritte in der Entwicklung der Frühförderung bedeuten würden entgegen zu wirken. Weiß nennt hier als Beispiel für einen solchen Rückschritt das Wiederbeleben (scheinbar) überwundener Vorstellungen in Richtung eines „Reparaturmodells" (Weiß 1999, 210) von Frühförderung durch die Forderung nach detaillierten Entwicklungsberichten der Kinder einzig im Bereich funktioneller Verbesserungen, die von manchen Kostenträgern als Berechnungsgrundlage und „Qualitätsbericht" eingefordert werden. Ein weiteres Beispiel für eine solche Entwicklung wäre ein verstärktes ambulantes Arbeiten aus nicht fachlich fundierten Erwägungen sondern aus Einsparungsgründen. Es besteht also die Gefahr der Leistungseinschränkungen durch die Kostenträger.

Die Frühförderlandschaft in NRW weist besonders im Hinblick auf finanzielle Regelungen eine große Heterogenität auf. Während in manchen Einrichtungen noch immer eine Pauschalabrechnung stattfindet, werden in anderen Einzelfallabrechnungen vorgenommen. Teilweise liegen schriftliche Vereinbarungen über die Finanzierung mit Kostenträgern vor, anderenorts gibt es lediglich Absprachen mit unverbindlichem Charakter.

Vor dem Hintergrund der Einführung des prospektiven Vergütungssystems ist vielerorts besonderer Handlungsbedarf festzustellen, der, um ungünstige einseitige Regelungen zu vermeiden, den Einsatz der Träger ebenso erforderlich macht wie die Eigeninitiative der Einrichtungen, ihr Leistungsangebot zu beschreiben und die jeweiligen Kostenträger zu Verhandlungen aufzufordern. „Kommt eine Vereinbarung innerhalb von sechs Wochen nicht zustande, nachdem eine Partei schriftlich zu Verhandlungen aufgefordert hat, entscheidet eine Schiedsstelle nach § 94 auf Antrag einer Partei unverzüglich über die Gegenstände, über die keine Einigung erreicht werden konnte" (§ 93 BSHG Abs. 3).

Im Hinblick auf die zu treffenden Vereinbarungen herrscht derzeit allerdings auch bei den Kostenträgern Unsicherheit. Vielen örtlichen Sozialhilfeträgern ist noch unklar, durch wen und anhand welcher Kriterien die Ergebnisqualität von Frühfördereinrichtungen zu überprüfen ist. Auf Seiten der Krankenkassen zeigt sich eine ähnliche Situation. Nach § 135a Abs. 2 Gesundheitsstrukturgesetz sind auch die Leistungserbringer der Krankenkassen zur Qualitätssicherung und -entwicklung verpflichtet, mit dem Ziel, die Ergebnisqualität zu verbessern. Entsprechende Kriterien zur Umsetzung und Evaluierung sollen durch einen Koordinierungsausschuss unter Aufsicht des Bundesministeriums für Gesundheit empfohlen werden (§ 137e Gesundheitsstrukturgesetz).

In diesem Kontext bedeutet Qualitätsentwicklung im Hinblick auf kostenträgerbezogene Ergebnisse für die Frühförderstellen zum derzeitigen Zeitpunkt vor allem, ihre Leistungsangebote und Arbeitsweisen zu beschreiben und mit den Kostenträgern in Verhandlungen zu treten, um entsprechende vertraglich abgesicherte Finanzierungsstrukturen zu sichern.

Da die Entwicklungsprozesse im Rahmen dieser Gesamtthematik sowohl in der Praxis der Frühförderstellen als auch der Kostenträger erst am Anfang stehen und zum derzeitigen Zeitpunkt nur vereinzelt Vereinbarungen vorliegen, wurden im Anschluss an dieses Kapitel keine Indikatoren zum Feststellen des Handlungsbedarfs formuliert.

7.6.1 Literatur

SPECK, OTTO: Heilpädagogische Qualität unter Ökonomisierungsdruck. In: Heilpädagogische Forschung, 24, 1998, 146-152.

WEIß, HANS: Evaluation in der Frühförderung unter dem Aspekt der fachlichen Qualität. In: Peterander, Franz; Speck, Otto (Hg.): Qualitätsmanagement in sozialen Einrichtungen. München; Basel 1999, 199-213.

7.6.2 Bestandsaufnahme

1. **Existiert eine Vereinbarung mit den Kostenträgern über die Finanzierung der Leistungen der Frühförderung?**

	Sozialhilfeträger	Krankenkasse
ja, eine schriftliche Vereinbarung	❏	❏
für welchen Zeitraum?	....	....
wann wurden sie das letzte Mal diskutiert?	....	....
ja, eine mündliche Vereinbarung	❏	❏
für welchen Zeitraum?	....	....
wann wurden sie das letzte Mal diskutiert?	....	....
nein, das ist momentan ungeklärt/wird überarbeitet	❏	❏

2. **Ergeben die Vereinbarungen mit den Kostenträgern finanzielle Planungssicherheit für die Einrichtung?**

    ja ❏
    für welchen Zeitraum? ....
    nein, das ist Gegenstand weiterer Gespräche ❏
    nein ❏
    wenn nein, wie wird damit umgegangen?

    ....
    ....
    ....
    ....
    ....

3. **Sind die Finanzierungsstrukturen allen Mitarbeiter/innen der Einrichtung bekannt?**

    ja ❏
    nein ❏
    wenn nein, warum nicht?

    ....
    ....
    ....

4. **Ist die aktuelle Situation im Kontext der Novellierung des § 93 BSHG allen Mitarbeiter/innen bekannt?**

   ja ❏

   nein ❏

   wenn nein, warum nicht?

   ....
   ....
   ....

5. **Finden regelmäßige, nicht einzelfallbezogene Gespräche mit den Kostenträgern statt?**

   ja ❏

   mit folgenden Inhalten

   ....
   ....

   nein ❏

   weil

   ....
   ....

6. **Sind grundlegende fachliche Leitlinien der Frühförderung den Kostenträgern bekannt?**

   ja ❏

   durch

   ....
   ....

   nein ❏

   weil

   ....
   ....

7. Sind die Arbeitsweisen der Frühförderung den Kostenträgern transparent?

ja ❏

durch

....

....

nein ❏

weil

....

....

8. Literaturverzeichnis

Abele, Andrea; Becker Peter (Hg.): Wohlbefinden. Theorie – Empirie – Diagnostik. Weinheim, München 1994.

Allport, Gordon W.: Gestalt und Wachstum in der Persönlichkeit. Meisenheim a. G. 1970.

Arbeitskreis Curriculum (Hg.): Thema Curriculum. Band 5: Evaluation – Handlungsforschung. Tübingen 1975.

Arbeitsstelle Frühförderung Bayern: Leistungsbeschreibung der interdisziplinären Frühförderung an Frühförderstellen. München 1998.

Arbeitsstelle Frühförderung Bayern (Hg.): Organisationshandbuch zur Qualitätsentwicklung an interdisziplinären Frühförderstellen in Bayern. München 1999.

Ausschuß Qualitätssicherung und angewandte Statistik (AQS) im Deutschen Institut für Normung: Qualitätsmanagement und Elemente eines Qualitätssicherungssystems. Leitfaden für Dienstleistungen, ISO 9004, Teil 2. Berlin 1992.

Balbi-Kaiser, Margrith: Qualitätssicherung in der Heilpädagogik. In: Frühförderung interdisziplinär, 1994, 131, 80-81.

Badura, B.; Kaufhold, G.; Lehmann, H. et al.: ABS – Subjektives Wohlbefinden nach Bradburn. In: (dies.) Leben mit dem Herzinfarkt, Anhang C. Berlin 1987.

Baronjan, Christiane: Berlin und Brandenburg: Qualität in der Frühförderung – Aufgaben für eine universitäre Einrichtung. In: Frühförderung interdisziplinär, 1994, 13, 181-183.

Baur-Mainka, Martin; Erfeld, Wolfgang; Freund, Hagen; Westermann, Ludger: Rahmenkonzept einer Leistungs- und Qualitätsbeschreibung von Kontakt- und Beratungsstellen. In: Caritas 97, 12, 1996, 532-541.

Beck, Iris: Der „Kunde", die Qualität und der „Wettbewerb": Zum Begriffschaos in der Qualitätsdebatte. In: Jantzen, W.; Lanwer-Koppelin, W.; Schulz, K. (Hg.): Qualitätssicherung und Deinstitutionalisierung. Berlin 1999, 35-47.

Beck, Manfred (Hg.): Evaluation als Maßnahme der Qualitätssicherung. Tübingen 1998.

Beckmann, Paula J.: The Service System and its Effects on Families: An Ecological Perspektive. In: Brambring, M.; Rauh, H.; Beelmann, A. (Eds.): Early childhood intervention: Theorie, evaluation, and practice. Berlin; New York 1996, 175-195.

Beelmann, Andreas: Evaluation der Frühförderung entwicklungsgefährdeter Kinder. Universität Bielefeld 1994.

Beelmann, Andreas: Meta-Analysis of Early Intervention: A Methodological and Content-Related Evaluation. In: Brambring, M.; Rauh, H.; Beelmann, A. (Eds.): Early childhood intervention: Theorie, evaluation, and practice. Berlin; New York 1996, 349-375.

Beschluss der Kultusministerkonferenz vom 6. Mai 1994: Empfehlungen zur sonderpädagogischen Förderung in den Schulen der Bundesrepublik Deutschland. In: Zeitschrift für Heilpädagogik, 7, 1994, 484-494.

Bieber, Katharina: Arbeitsbündnisse in der Früherziehung – ein neuer Schritt in Richtung Partnerschaft. In: Frühförderung interdisziplinär, 15, 1996, 19-27.

Bien, Dieter: Problemanalyse durch Mitarbeiterbefragung. Arbeitshilfe für die Praxis sozialer Einrichtungen und Organisationen. Freiburg im Breisgau 1995.

Birbaumer, Nils; Schmidt, Robert F.: Biologische Psychologie. Berlin 1991.

Birner, Ulrich; Döhring, Ekkehard; Schweisfurth, Hans (Hg.): Qualitätsmanagement und Interdisziplinarität in der pädiatrischen Rehabilitation. München; Wien 1997.

Bögel, Rudolf; von Rosenstiel, Lutz: Die Entwicklung eines Instruments zur Mitarbeiterbefragung: Konzept, Bestimmung der Inhalte und Operationalisierung. In: Bungard, W.; Jöns, I.: Mitarbeiterbefragung. Ein Instrument des Innovations- und Qualitätsmanagements. Weinheim 1997, 84-96.

Böhm, Ingrid: Gemeinsam(e) Kräfte entdecken. Empowerment in der Frühförderung. In: Frühförderung interdisziplinär, 11, 1992, 170-178.

Bölling-Bechinger, Hiltrud: Frühförderung und Autonomieentwicklung. Diagnostik und Interventionen auf personenzentrierter und bindungstheoretischer Grundlage. Heidelberg 1998.

Bopp, Christiane: Qualitätssicherung in der Frühförderung. In: Caritas 97, 1996, 532-541.

Brack, Udo B. (Hg.): Frühdiagnostik und Frühtherapie. Psychologische Behandlung von entwicklungs- und verhaltensgestörten Kindern. Weinheim 1993.

Brackhane, Rainer; Schluz, Friedolf: Frühförderung in NRW. Eine Untersuchung der frühen Hilfen für behinderte und von Behinderung bedrohter Kinder. Herausgegeben vom Ministerium für Arbeit, Gesundheit und Soziales des Landes NRW. Düsseldorf 1990.

Brambring, Michael; Rauh, Hellgard; Beelmann, Andreas: Early Childhood Intervention. Berlin; New York 1996.

Braun, Hans: Wirtschaftlichkeit und Qualitätssicherung in sozialen Diensten. In: Peterander, F.; Speck, O. (Hg.): Qualitätsmanagement in sozialen Einrichtungen. München; Basel 1999, 134-145.

Bricker, Diane: Using Assessment Outcomes for Intervention Planning: A Necessary Relationship. In: Brambring, M.; Rauh, H.; Beelmann, A. (Eds.): Early childhood intervention: Theorie, evaluation, and practice. Berlin; New York 1996, 305-334.

Bruner, Jerome S.: Wie das Kind sprechen lernt. Bern 1987

Büchner, Christiane; Burgener Woeffray, Andrea (Hg.): Heilpädagogische Früherziehung wird erwachsen. Luzern 1996.

Bujok, Eva; Schneekloth, Ulrich; Forschungsgestützte Beratung durch TRI:M — Qualitätssteigerung durch Nutzerzufriedenheit und Mitarbeitermotivation. In: Peterander, F.; Speck, O. (Hg.): Qualitätsmanagement in sozialen Einrichtungen. München; Basel 1999, 267-275.

Bundesministerium für Arbeit und Sozialordnung (Hg.): Frühförderung. Einrichtungen und Stellen in der Bundesrepublik Deutschland. Ein Wegweiser. Bonn 1997.

Bundesvereinigung Lebenshilfe (Hg.): Frühe Hilfen — Wirksamste Hilfen. Bericht der 8. Studientagung der Bundesvereinigung Lebenshilfe für geistig Behinderte e.V. Marburg 1981.

Bundesvereinigung Lebenshilfe (Hg.): Qualitätssicherung und -entwicklung in der Hilfe für Menschen mit geistiger Behinderung. In: Fachdienst der Lebenshilfe, 2, 1993, 4-14.

Bundesvereinigung Lebenshilfe (Hg.): Leistungsvereinbarungen für Frühförderstellen. Marburg 1996.

Bundesvereinigung Lebenshilfe (Hg.): Frühe Hilfen. Frühförderung aus Sicht der Lebenshilfe. Marburg 1997.

Bundesvereinigung Lebenshilfe (Hg.): Dokumentation im Bereich Wohnen. Marburg 1999.

Bundschuh, Konrad: Dimensionen der Frühdiagnostik. München 1985.

Bundschuh, Konrad: Heilpädagogische Psychologie. München; Basel 1992.

Bungard, Walter; Jöns, Ingela (Hg.): Mitarbeiterbefragung. Weinheim 1997.

Burger, Stephan; Johne, Gabriele: Die Qualität sozialer Dienste im Spannungsfeld zwischen sozialpolitischem Anspruch und ökonomischer Rationalität. In: Knappe, E.; Burger, S. (Hg.): Wirtschaftlichkeit und Qualitätssicherung in sozialen Diensten. Frankfurt/M. 1994, 109-140.

Burghoff, Lothar: Controlling in der Neuen Steuerung. In: Menne, K. (Hg.): Qualität in Beratung und Therapie. München 1995, 69-93.

Crawley, S.; Spiker, D.: Mother-child rating scales. Eric Documents, ED 221978, 1983.

Deutscher Caritasverband, Fachausschuss Frühförderung: Manual IV. SYLQUE-Manual für Frühförderstellen. Freiburg 2000.

Die Rehabilitation, Schwerpunktheft: Qualitätsentwicklung in der Rehabilitation, 37, 1998, 1-64.

Donabedian, Avedis.: The Definition of Quality and Approaches to its Assessment and Monitoring, Volume I, Ann Arbor: Health Administration Press. 1980.

Donabedian, Avedis: An Exploration of Structure, Process and Outcome as Approaches to Quality Assessment. In: Selbmann, H. K.; Überla K. K. (Hg.): Quality Assessment of Medical Care. Gerlingen 1982, 69-92.

Dornes, Martin: Der kompetente Säugling. Die präverbale Entwicklung des Menschen. Frankfurt 1992.

Dunst, C. J.; Snyder, S. W.; Mankinen, M.: Efficacy of Early Intervention. In: Wang, M. C.; Reynolds, M. C.; Walberg, H. J. (Eds.): Handbook of Special Education. Vol 3. Low Incidence Conditions. Oxford 1989, 259-294.

Eberwein, Manfred (Hg.): Verzeichnis psychologischer und pädagogischer Testverfahren aus der Datenbank PSYTKOM. Trier 1994.

Eibl-Eibesfeld, Iranaeus: Grundriss der vergleichenden Verhaltensforschung. München 1967.

Engelbert, Angelika: Familienorientierung in Frühförderstellen. Institutionelle Bedingungen der Etablierung von speziellen Elternangeboten und ihre Folgen für die Wahrnehmung der Elternrolle. In: Frühförderung interdisziplinär 14, 1995, 169-179.

Engelbert, Angelika; Vogt, Ulla: Frühförderung und Familie. Ergebnisse einer Befragung von 32 Frühförderstellen in Nordrhein-Westfalen. In: Deutsche Behindertenzeitschrift 33, 3, 1996, 15-16.

Engelbert, Angelika: Familien im Hilfenetz. Bedingungen und Folgen der Nutzung von Hilfen für behinderte Kinder. Weinheim; München 1999.

Engelhardt, Hans Dietrich: Wozu nützt Sozialmanagement? In: Gemeinsam Leben 7, 1, 1999, 4-11.

European Agency for Development In Special Needs Education: Early Intervention in Europe. Trends in 17 European Countries. Middelfart 1998.

Finger, Gertraud; Steinebach, Christoph (Hg.): Frühförderung. Zwischen passionierter Praxis und hilfloser Theorie. Freiburg im Breisgau 1992.

Fink, Franz: Aufgaben der Qualitätssicherung und -förderung in Einrichtungen der Behindertenhilfe — Qualitätsmanagement mit einem Blick über die Institutionen hinaus. In: Schubert, H.-J.; Zink, K. J.: Qualitätsmanagement in sozialen Dienstleistungsunternehmen. Neuwied, Kriftel, Berlin 1997, 32-43.

Fischer, Lorenz: Strukturen der Arbeitszufriedenheit. Göttingen 1989.

Fischer, Lorenz (Hg.): Arbeitszufriedenheit. Stuttgart 1991.

Frühauf, Theo: Chancen und Risiken neuerer gesetzlicher Entwicklungen für die Qualität der Dienstleistung in Einrichtungen der Behindertenhilfe. In: Schubert, H.-J.; Zink, K. J.: Qualitätsmanagement in sozialen Dienstleistungsunternehmen. Neuwied, Kriftel, Berlin 1997, 44-55.

Frühauf, Theo: Qualität sozialer Dienstleistung weiterentwickeln – Instrumente und Systeme der Qualitätssicherung. In: Jantzen, W.; Lanwer-Koppelin, W.; Schulz, K. (Hg.): Qualitätssicherung und Deinstitutionalisierung. Berlin 1999, 109-127.

Gawlik, Marion: Frühförderstellen in Nordrhein-Westfalen. Erste Ergebnisse einer Einrichtungsbefragung. In: Frühförderung interdisziplinär, 10, 1991, 122-131.

Gerull, Peter: Qualitätsmanagement in sozialen Handlungsfeldern – Überblick und aktueller Diskussionsstand. In: Gemeinsam Leben 7, 1, 1999, 12-16.

Goodwin, William L.; Goodwin, Laura D.: Understanding Qualitative and Qualitativ Research in Early Childhood Education. New York; London 1996.

Gromann, Petra; Niehoff-Dittmann, Ulrich: Selbstbestimmung und Qualitätssicherung. Erfahrungen mit der Bewertung von Einrichtungen durch ihre Bewohner. In: Geistige Behinderung, 2, 1999, 156-164.

Gromann, Romano: Das Problem der Evaluation in der Sonderpädagogik. Frankfurt am Main 1997.

Gsödl, Josefine; Krenner, Grundhild; Krenner, Josef; Zirnbauer, Rainer: Wirkungen der Frühförderung aus der Sicht der Eltern. Eine katamnestische Befragung der Eltern ehemaliger Frühförderungs-Kinder. In: Frühförderung interdisziplinär, 8, 1989, 116-122.

Haas, Gerhard: Aufgaben und Möglichkeiten der Medizin im Rahmen interdisziplinärer Frühförderung. In: Trost, R.; Walthes, R. (Hg.): Frühe Hilfen für entwicklungsgefährdete Kinder. Frankfurt a. M. 1991, 79-90.

Haeberlin, Urs: Heilpädagogik als wertgeleitete Wissenschaft. Ein propädeutisches Einführungsbuch in Grundfragen einer Pädagogik für Benachteiligte und Ausgegrenzte. Bern; Stuttgart; Wien 1996.

Häussler, Bertram: Qualitätszirkel und Ansätze von umfassendem Qualitätsmanagement in Rehabilitationskliniken. In: Schott, T.; Badura, B.; Schwager, H. J; Wolf, P; Wolters, P. (Hg.): Neue Wege in der Rehabilitation. Von der Versorgung chronisch Kranker. Weinheim; München 1996, 135-155.

Hagen, Jutta: Die Methode der Betriebswirtschaftslehre – alles andere als eine Chance für die Soziale Arbeit. In: Gemeinsam Leben, 7, 1, 1999, 25-26.

Hahn, Martin: Selbstbestimmung im Leben, auch für Menschen mit geistiger Behinderung. In: Geistige Behinderung, 2, 1994, 81-94.

Haines, Hartmut: Nicht mit dem Markt zündeln. In: Caritas 95, 7;8, 1994, 326-327.

Harris, Roland; Klie, Thomas; Ramin, Egbert: Heime zum Leben. Wege zur bewohnerorientierten Qualitätssicherung. Hannover 1995.

Haupt, Ursula.: Überlegungen zu einer komplexen Entwicklungsförderung körperbehinderter Säuglinge und Kleinkinder. In: Z. f. Heilpädagogik 31, 1980, 483-492.

Haupt, Ursula: Körperbehinderte Kinder verstehen lernen. Auf dem Weg zu einer anderen Diagnostik und Förderung. Düsseldorf 1996.

Heese, Gerhard: Frühförderung behinderter und von Behinderung bedrohter Kinder. Berlin 1978.

Heiner, Maja: Qualitätsmanagement zwischen Qualitätsentwicklung und Qualitätssicherung. In: Metzler, H.; Wacker, E. (Hg.): „Soziale Dienstleistungen". Zur Qualität helfender Beziehungen. Tübingen 1998, 65-85. (Studien zu Lebenswelten behinderter Menschen Bd. 4).

Heiner, Maja: Qualitätsentwicklung durch Evaluation. In: Peterander, F.; Speck, O. (Hg.): Qualitätsmanagement in sozialen Einrichtungen. München, Basel 1999, 63-88.

Heiner, Maja: (Selbst-) Evaluation zwischen Qualifizierung und Qualitätsmanagement. In: Menne, K. (Hg.): Qualität in Beratung und Therapie. München 1998, 51-68.

Hellbrügge, Theodor: Münchener Funktionelle Entwicklungsdiagnostik. Fortschritte der Sozialpädiatrie, Bd. 4. München 1978.

Hellbrügge, Theodor (Hg.): Klinische Sozialpädiatrie. Ein Lehrbuch der Entwicklungsrehabilitation. Berlin 1981.

Hentschel, Bert: Dienstleistungsqualität aus Kundensicht. Vom merkmals- zum ereignisorientierten Ansatz. Wiesbaden 1992.

Herberg, Klaus-Peter; Jantsch, Hedi; Sammler, Carla: Förderverläufe aus der Sicht von Eltern und beteiligten Fachkräften. Aus den Ergebnissen der Verlaufsstudien der Projektgruppe in Hessen. In: Vereinigung für interdisziplinäre Frühförderung e. V. (Hg.): Familienorientierte Frühförderung. München; Basel 1991, 133-139.

Herberg, Klaus-Peter; Jantsch, Heidi; Sammler, Carla: Frühförderung im Team. Förderverläufe aus Sicht von Eltern und Fachkräften. München; Basel 1992.

Hetzer, Hildegard: Spielen lernen – Spielen lehren. München 1978.

Höck, Sabine; Thurmair, Martin: Eine Basisdokumentation für die Frühförderung. In: Arbeitsstelle Frühförderung Bayern (Hg.): Kind sein, und behindert. Kongressbericht vom Münchener Symposium Frühförderung 1998. München 1999, 123-139.

Horizont – ohltec GmbH & Co. KG: „Das Dokumentationssystem für das nächste Jahrtausend". Kiel 1998.

Horstmann, Tordis: Fördermaßnahmen im Vorschulbereich. In: HAUPT, U. und JANSEN, G.W. (Hg.): Handbuch der Sonderpädagogik. Bd. 8 Pädagogik der Körperbehinderten. Berlin 1983, 118-138.

Hülsken, Heiner; Caritasverband für die Diözese Münster e.V.: Qualitätsmanagementhandbuch in der Frühförderung. Münster 1999.

Ihle, Wolfgang; Esser, Günter; Laucht, Manfred; Schmidt, Martin H. Was schützt Frühgeborene vor Entwicklungsstörungen. In: Z. f. Kinder- und Jugendpsychiatrie 23, 1, 1995, 97.

Ihle, Wolfgang; Esser, Günter; Laucht, Manfred; Schmidt, Martin H.: Ungeduldige Winzlinge und ihre Entwicklung: Was schützt frühgeborene Kinder vor Entwicklungsstörungen. In: Leyendecker, Ch., Horstmann, T. (Hg.). Frühförderung und Frühbehandlung, Heidelberg 1997, 203-212.

Innerhofer, Paul; Innerhofer, Christian: Qualitätssicherung nach ISO 9000 in sozialen Einrichtungen. In.: Opp, G; Peterander, F. (Hg.): Focus Heilpädagogik. München 1996, 370-379.

Jantzen, Wolfgang; Lanwer-Koppelin, Willehard; Schulz, Kristina (Hg): Qualitätssicherung und Deinstitutionalisierung. Berlin 1999.

Jawad, Sadi: Modelle interdisziplinärer Arbeit in der Frühförderung. In: Frühförderung interdisziplinär 4, 1987, 170-179.

Jehn, Peter; Schüpbach, Heinz: Neues Qualitätsmanagementverfahren „Q intern". Interview. In: Ergotherapie & Rehabiltation, 4, 1999, 287-289.

Jeltsch, Barbara: Frühberatung. In: Dupius G., Karkoff, W. (Hg.). Enzyklopädie der Sonderpädagogik, der Heilpädagogik und ihrer Nachbargebiete. Berlin 1992, 223.

Jetter, Karlheinz: Leben und Arbeiten mit behinderten und gefährdeten Säuglingen und Kleinkindern. Bd. 2. Hannover 1984.

Jochheim, Kurt-Alphons: Evaluation ambulanter, teilstationärer und stationärer Rehabilitationsleistungen im medizinischen, pädagogischen, beruflichen und sozialen Bereich. Was können wir aus europäischen Erfahrungen lernen? In: Siek, K.; Pape, F.-W., Blumenthal, W.; Schmollinger, M.: Erfolgsbeurteilung in der Rehabilitation. Begründungen, Möglichkeiten, Erfahrungen. Ulm 1994, 37-45. (Interdisziplinäre Schriften zur Rehabilitation Bd. 3).

Johnson, Helmut: Qualitätsmanagement in der Betreuung behinderter Menschen. In: Gemeinsam Leben, 7, 2, 1999, 64-68.

Jonas, Hans: Technik, Medizin und Ethik. Zur Praxis des Prinzips Verantwortung. Frankfurt 1987.

Joos, Magdalena: Armutsentwicklung und familiale Armutsrisiken von Kindern in den neuen und alten Bundesländern. In: Otto, U. (Hg.): Aufwachsen in Armut. Erfahrungswelten und soziale Lagen von Kindern armer Familien. Opladen 1997, 47-78.

Jussen, Heribert: „Frühförderung bei Behinderten, eine kritische Analyse ihrer Zielsetzungen". In: Forschungsgemeinschaft „Das körperbehinderte Kind" e.V. (Hg.): Frühförderung körperbehinderter Kinder – Forschungsergebnisse und Zielsetzungen. Rheinstetten. 1976.

Kastner-Koller, Ursula; Deimann, Pia: Der Wiener Entwicklungstest. Ein allgemeines Entwicklungstestverfahren für Kinder von 3 bis 6 Jahren. Handanweisung. Göttingen; Bern; Toronto; Seattle 1998.

Kautter, Hansjörg; Klein, Gerhard; Laupheimer, Werner; Wiegand, Hans-Siegfried (Hg.): Das Kind als Akteur seiner Entwicklung. Heidelberg 1995.

Kautter, Hansjörg; Wiegand, Hans-Siegfried: Plädoyer für eine von der Eigentätigkeit des Kindes ausgehende Diagnostik in der Frühförderung. In: Kautter, H. et al.: Das Kind als Akteur seiner Entwicklung. Heidelberg 1995, 200-214.

Klein, Gerhard: Grundlagenprobleme der Früherkennung und Frühförderung. Fernuniversität Gesamthochschule Hagen 1984.

Klein, Gerhard: Inwiefern benachteiligen die Organisationsformen der Frühförderung Kinder aus randständigen Familien? In: Frühförderung interdisziplinär, 8, 1989, 190-197.

Klein, Gerhard: Frühförderung als Spielförderung oder Training nach Förderprogrammen? In: Zeitschrift für Heilpädagogik 47, 1996, 373-380.

Knappe, Eckhard; Burger, Stephan (Hg.): Wirtschaftlichkeit und Qualitätssicherung in sozialen Diensten. Frankfurt/M., New York 1994.

Kraak; B.; Nord-Rüdiger, D.: FLL – Der Fragebogen zu Lebenszielen und zur Lebenszufriedenheit. Göttingen 1990.

Krause, Matthias P.: Wirkungen elterlicher Responsivität in dyadischen Spielsituation auf das Interaktionsverhalten von Vorschulkindern mit mentaler Entwicklungsverzögerung. Psychologie in Erziehung und Unterricht, 46, 1999, 110-125.

Krause, Matthias P.: Effektivität von Frühförderung – welche Behandlung nützt behinderten Kindern? In: Verband der Blinden- und Sehbehindertenpädagogen (Hg.): Frühförderung auf dem Prüfstand. Würzburg 2000. (in Druck)

Krause, Matthias Paul; Petermann, Franz: (SOEBEK) Soziale Orientierungen von Eltern behinderter Kinder. Göttingen 1997.

Kron, Maria: Qualitätsentwicklung und -sicherung in der Frühförderung. In: Geistige Behinderung 1, 2000, 63-72.

Kühl, Jürgen (Hg.): Autonomie und Dialog. Kleine Kinder in der Frühförderung. München; Basel 1999.

Kühl, Jürgen: Junge Kinder in der Frühförderung – Entwicklung zwischen Beeinträchtigung und Autonomie. In: Kühl, Jürgen (Hg.): Autonomie und Dialog. Kleine Kinder in der Frühförderung. München; Basel 1999, 11-19.

Kupper, Susanne: Finanzielle und strukturelle Organisation in Frühförderstellen in Hessen. In: Frühförderung interdisziplinär, 6, 1987, 21-25.

Landschaftsverband Westfalen-Lippe – Abteilung Sozialhilfe (Hg.): Kinder und Jugendliche mit Behinderungen in Westfalen-Lippe. Eine Bestandsaufnahme bestehender und geplanter stationärer Einrichtungen – Analyse der Ist-Situation – Handlungsempfehlungen. Münster 1999.

Lebenshilfe Landesverband NRW (Hg.): Rahmenempfehlung zur Frühförderung. 1994.

Lenz, Albert: Evaluation und Qualitätssicherung in der Erziehungs- und Familienberatung. In: Menne, K. (Hg.): Qualität in Beratung und Therapie. München 1998, 115-146.

Lewin, Kurt: Die Lösung sozialer Konflikte. Bad Nauheim 1953.

Lewin, Kurt: Feldtheorie in den Sozialwissenschaften. Bern 1963.

Leyendecker, Christoph: Lernverhalten behinderter Kinder. Heidelberg 1982.

Leyendecker, Christoph: Psychologie der Körperbehinderten. In: Fengler, J., Jansen, G. (Hg.): Heilpädagogische Psychologie. Stuttgart. Berlin u. a. 1994, 149-184.

Leyendecker, Christoph: „Verbraucherschutz für kleine Leute" – Einführung und Überblick. In: Leyendecker, Ch. und Horstmann, T. (Hg.): „Große Pläne für kleine Leute" – Grundlagen, Konzepte und Praxis der Frühförderung. München 2000. (in Druck)

Leyendecker, Christoph; Wacker, Elisabeth: Qualität in der Frühförderung sichern und managen = Wissen, was wir tun. In: Leyendecker, Ch.; Horstmann, T. (Hg.): „Große Pläne für kleine Leute". Grundlagen, Konzepte und Praxis der Frühförderung. München 2000.

Leyendecker, Christoph: „Je früher, desto besser?!". Konzepte früher Förderung im Spannungsfeld zwischen Behandlungsakteuren und dem Kind als Akteur seiner Entwicklung. In: Frühförderung interdisziplinär, 17, 1998, 3-10.

Leyendecker, Christoph: Wissenschaftliche Grundlagen, Konzepte und Perspektiven der Frühförderung körperbehinderter Kinder. In: Bergeest, H.; Hansen, G. (Hg.): Theorien der Körperbehindertenpädagogik. Bad Heilbrunn 1999, 297-318.

Lockowandt, Oskar: Frostigs Entwicklungstest der visuellen Wahrnehmung (FEW). Testmappe. Göttingen 1996.

Lohl, Werner: Aufbau der Qualitätssicherung in Beratungsstellen. Bonn 1997.

Maelicke, Bernd; Reinbold, Brigitte: Ganzheitliche und sozialökologische Organisationsentwicklung für Non-Profit-Organisationen. Köln 1990 (Schriftenreihe der Bank für Sozialwirtschaft).

Maturana, Humberto; Varela, Francisco J.: Der Baum der Erkenntnis. Bern; München 1987.

May, Stephan: Finanzierung von Einrichtungen nach dem BSHG. In: Rechtsdienst der Lebenshilfe, 3, 1998, 111-112.

Mayer-Probst, Berhard; Teichmann, Helfried: Risiken für die Persönlichkeitsentwicklung im Kindesalter. Leipzig 1984.

Mayr, Toni: Problemkinder im Kindergarten – ein neues Aufgabenfeld für die Frühförderung. Epidemiologische Grundlagen. In: Frühförderung interdisziplinär, 16, 1997, 145-159.

Mayr, Toni: Problemkinder im Kindergarten – ein neues Aufgabenfeld für die Frühförderung. Teil II: Ansatzpunkte und Perspektiven für die Kooperation. In: Frühförderung interdisziplinär, 17, 1998, 97-115.

Medical Tribune Nr. 9. (1990). Zerebralparese beim Kleinkind: Physiotherapie bringt nichts. 45; Zusammenfassung von Tirosh, E. & Rabino, S. (1989). Physiotherapy of children with cerebral palsy. In: Americ. J. of Diseases of children. 143, 552-555.

Meinhold, Marianne: Qualitätssicherung in der Sozialen Arbeit. In: Menne, K. (Hg.): Qualität in Beratung und Therapie. München 1998, 39-49.

Merleau-Ponty, Maurice: Phénomènologie de la perception. Paris 1945. dt. Berlin 1966.

Metzler, Heidrun; Wacker, Elisabeth: Zum Qualitätsbegriff in der Behindertenhilfe. In: Schubert, H. J.; Klaus J.; Zink, K. J.: Qualitätsmanagement in sozialen Dienstleistungsunternehmen. Neuwied, Kriftel, Berlin 1997, 44-55.

Metzler, Heidrun; Wacker, Elisabeth (Hg.): „Soziale Dienstleistungen". Zur Qualität helfender Beziehungen. Tübingen 1998 (Studien zu Lebenswelten behinderter Menschen Bd. 4).

Ministerium für Arbeit, Gesundheit, Familie und Frauen (Hg.): Frühförderung in Baden-Württemberg. Bestandsaufnahme und Perspektiven der Weiterentwicklung. Stuttgart 1991.

Montessori, Maria: Grundlagen meiner Pädagogik und weitere Aufsätze zur Anthropologie und Didaktik. Heidelberg 1988.

Nauck, Bernhard; Joos, Magdalena; Meyer, Wolfgang: Kinder. In: Schäfers, B.; Zapf, W. (Hg.): Handwörterbuch zur Gesellschaft Deutschlands. Opladen 1998, 362-371.

Neuhäuser, Gerhardt: Family Dynamics and Development in Children at Risk. In: Brambring, M.; Rauth, H.; Beelmann, A. (Eds.): Early childhood intervention: Theorie, evaluation, and practice. Berlin; New York 1996, 219-233.

Odom, Samuel; Karnes, Merle B.: Early Intervention for Infants & Children with Handicaps. Baltimore; London; Toronto; Sydney 1988.

Oerter, Rolf; Montada, Leo: Entwicklungspsychologie. München. Wien. Baltimore 1982.

Olivia, Hans: Stellenwert von Kundenorientierung in Unternehmen der Sozialwirtschaft. In Caritas, 10, 1998, 456-462.

Opp, Günther: Frühförderung in den USA. Gesetzliche Grundlagen, Problemstellungen, Forschungsergebnisse und Perspektiven. In: Frühförderung interdisziplinär, 10, 1991, 97-115.

Opp, Günther; Peterander, Franz (Hg): Focus Heilpädagogik. München; Basel 1996.

Oppen, Maria: Qualitätsmanagement. Grundverständnisse, Umsetzungsstrategien und ein Erfolgsbericht: die Krankenkassen. Band 6: Modernisierung des öffentlichen Sektors. Berlin 1995.

Ottenbacher, Kenneth J.: How to Detect Effects? Power and Clinical Significance in Early Intervention Research. In: Brambring, M.; Rauh, H.; Beelmann, A. (Eds.): Early childhood intervention: Theorie, evaluation, and practice. Berlin; New York 1996, 335-348.

Papousek, Hanus; Papousek, Mechtild: Intuitives elterliches Verhalten im Zwiegespräch mit dem Neugeborenen. In: Sozialpädiatrie 3, 1981, 229-238.

Pechstein, Johannes: Umweltabhängigkeit der frühkindlichen zentralnervösen Entwicklung. Stuttgart 1974.

Pechstein, Johannes: Sozialpädiatrische Zentren für behinderte und entwicklungsgefährdete Kinder. Deutscher Bildungsrat: Gutachten und Studien der Bildungskommission. Sonderpädagogik 6. Stuttgart 1975.

Peterander, Franz: Begründungen, Möglichkeiten, Erfahrungen zur Erfolgsbeurteilung in der Rehabilitation von Säuglingen, Klein- und Schulkindern. In: Siek, K.; Pape, F.-W.; Blumenthal, W.; Schmollinger, M.: Erfolgsbeurteilung in der Rehabilitation. Begründungen, Möglichkeiten, Erfahrungen. Ulm 1994, 133-134 (Interdisziplinäre Schriften zur Rehabilitation Bd. 3).

Peterander, Franz: Erfassung entwicklungsförderlichen Elternverhaltens. In: Frühförderung interdisziplinär, 11, 1992, 18-23.

Peterander, Franz; Speck, Otto: Unveröff. Abschlussbericht zum Forschungsprojekt „Strukturelle und inhaltliche Bedingungen der Frühförderung". München 1993.

Peterander, Franz: Verarbeitung der Informationsvielfalt – Perspektiven einer Weiterentwicklung der Frühförderung. In: Frühförderung interdisziplinär, 14, 1995, 160-168.

Peterander, Franz, Speck, Otto (Hg.): Frühförderung in Europa. München; Basel 1996.

Peterander, Franz: Frühförderung im gesellschaftlichen Umbruch: Entwicklungspotentiale. In: Peterander, Franz; Opp, Günther: Focus Heilpädagogik, München; Basel 1996a, 311-324.

Peterander, Franz: Neue Medien in der Frühförderung: Perspektiven für Forschung und Praxis. In: Peterander, Franz; Speck, Otto: Frühförderung in Europa. München; Basel 1996b, 145-157.

Peterander, Franz: Neue Fragen zu einem alten Thema: Qualitätssicherung und -entwicklung in der Frühförderung. In: Opp, Günther; Budnik, Ines; Freytag, Andreas (Hg.): Heilpädagogik in der Wendezeit. Luzern 1996c, 90-103.

Peterander, Franz; Speck, Otto (Hg.): Qualitätsmanagement in sozialen Einrichtungen. München; Basel 1999.

Petermann, Franz: Methoden der Entwicklungspsychologie. In: Oerter, R.; Montada, L.: Entwicklungspsychologie. München 1982, 791-830.

Petzold, Christa; Petzold, Hilarion: Kunden ohne Kundenkarte. In: Caritas 98, 10, 1997, 463-480.

Pirschel, Reinhard: DATEV in der pädagogischen Frühförderung. Nachdenken über Möglichkeiten, Probleme und Grenzen von Automatisierungshilfen. In: Frühförderung interdisziplinär, 15, 1996, 124-131.

Pretis, Manfred: Wenn sich Visionen an der Realität messen. Fremd- und Selbstevaluation in der Sehfrühförderung blinder und sehgeschädigter Kinder. In: Frühförderung interdisziplinär 16, 1997, 15-22.

Pretis, Manfred: Evaluation interdisziplinärer Frühförderung und Familienbegleitung bei Kindern mit Down-Syndrom. Bedingungs- und Wirkfaktoren, kovariierende .Variablen. In: Frühförderung interdisziplinär, 17, 1998a, 49-63.

Pretis, Manfred: Das Konzept der „Partnerschaftlichkeit" in der Frühförderung. Vom Haltungs- zum Handlungsmodell. In: Frühförderung interdisziplinär 17, 1998b, 11-17.

Prutzer, Inge: Förderungsbegleitende Elternarbeit. In: Speck, O. (Hg.): Fortschritte der Frühförderung entwicklungsgefährdeter Kinder. München, Basel 1989, 115-122.

Rennen-Alhoff, Beate; Alhoff, Peter: Entwicklungstests für das Säuglings-, Kleinkind- und Vorschulalter. Berlin 1987.

Rousseau, Jean- Jacques: Emile ou de education. Paris. dt. Leipzig 1977. [Erstausgabe 1762 (1972)].

Russo, J.-A.; Owens, R.: Beobachtungssystem nach Russo und Owens – The development of an objective observation tool for parent-child-interaction. In: Journal of Speech an Hearing disorders 1982, 47, 165-173.

Rutter, Michael; Graham, Philip; Yule, William: A neuropsychiatric study in childhood. Clinics in Developmental Medicine. Nr. 35/36. London 1970.

Saal, Fredi: Nicht ändern, sondern fördern? Überlegungen zur Einstellung gegenüber Behinderten. In: Motorik 3,4, 1980, 149-152.

Sarimski, Klaus: Interaktive Frühförderung behinderte Kinder: Diagnostik und Beratung. Weinheim 1993.

Sarimski, Klaus: Interaktion mit behinderten Kindern. Entwicklung und Störung früher Interakionsprozesse. München 1986.

Sarimski, Klaus: Ordinalskalen zur sensomotorischen Entwicklung. Manual. Deutsche Bearbeitung von: Uzgiris, I.; Hunt, J. McV.: Infant Psychological Development Scales, nach einem Manual von C. J. Dunst. Weinheim 1987.

Sarimski, Klaus: Parenting Stress in Early Intervention. In: Brambring, M.; Rauh, H.; Beelmann, A. (Eds.): Early childhood intervention: Theorie, evaluation, and practice. Berlin; New York 1996, 208-218.

Schädler, Johannes: Qualitätssicherung und Organisationsentwicklung in Einrichtungen und Diensten für Menschen mit geistiger Behinderung. Unveröff. Manuskript 1999.

Schlack, Hans G.: Paradigmawechsel in der Frühförderung. In: Frühförderung interdisziplinär, 8, 1989, 13-18.

Schlack, Hans G.: Handeln statt Behandeln. In: Leyendecker, Ch.; Horstmann, T. (Hg.): „Große Pläne für kleine Leute" – Grundlagen, Konzepte und Praxis der Frühförderung. München 2000.

Schlack, Hans G.: Die Auswirkung der Frühbehandlung des behinderten Kindes auf seine Familie. In: Frühförderung interdisziplinär, 10, 1991, 37-41.

Schlack, Hans G.: Intervention bei Entwicklungsstörungen. Bewertete Übersicht. In: Monatsschrift für Kinderheilkunde 142, 1994, 180-184.

Schlack, Hans G.: Welche Behandlung nützt behinderten Kindern? Mainz 1998.

Schlack, Hans G.: Grundkonzepte der Behandlung. Eine Orientierung in der Vielfalt der Methoden. In: Schlack, H.G. (Hrsg.): Welche Behandlung nützt behinderten Kindern? Mainz 1998, 18-27.

Schlack, Hans G.: Kompensation nach frühkindlicher Hirnschädigung – Anmerkungen zu den Grundlagen der Frühbehandlung. In: Forschungsgemeinschaft „Das körperbehinderte Kind" e.V. (Hg.): Entwicklung und Förderung Körperbehinderter. Wissenschaftliche Forschung und pädagogische Praxis. Heidelberg 1993, 260-270.

Schlack, Hans G.: Stimulation der Körperwahrnehmung – ein wichtiges Konzept in der Behandlung zerebralparetischer Kinder. In: Schlack, H.G. (Hg.): Welche Behandlung nützt behinderten Kindern? Mainz 1998, 58-65.

Schliehe, Ferdinant: Das Reha-Qualitätssicherungsprogramm der gesetzlichen Rentenversicherung – Perspektiven und Ziele. In: Deutsche Rentenversicherung, 11, 1994, 745-750.

Schramm, Dieter: Qualitätskontrolle in „Sozialen Einrichtungen"/ Nonprofit-Organisationen. In: Sozialmagazin, 19, 3, 1994, 22-28.

Schuhmacher, Johannes: Qualität – ein Begriff macht Schule. Oder: Ein Begriff macht noch keine bessere Schule. In: Mitteilungen des Verbandes Deutscher Sonderschulen e. V., 3, 1999, 1-13.

Schwarz, U.-R.: Das pädagogische Controlling in der Jugendhilfe Rischborn. Jugendhilfe in Niedersachsen Nr. 4, 1996, 4-14.

Schwarzbach, Brigitte: „Quo vadis, Frühförderung ?". In: Frühförderung interdisziplinär, 17, 1998, 72-80.

Schwarte, Norbert; Oberste-Ufer, Ralf: LEWO – Lebensqualität in Wohnstätten für erwachsene Menschen mit geistiger Behinderung. Marburg 1997.

Schweizerische Konferenz der kantonalen Erziehungsdirektoren: Heilpädagogische Früherziehung in der Schweiz. Bern 1991.

Sheehan, Robert; Snyder, Scott: Recent Trends and Issues in Program Evaluation in Early Intervention. In: Brambring, M.; Rauth, H.; Beelmann, A. (Eds.): Early childhood intervention: Theorie, evaluation, and practice. Berlin; New York 1996, 281-304.

Shonkoff, J.P., Hauser-Cram, P., Krauss, M.W. und Upshur, C.C.: Development of Infants with Disabilities and their Families. Monographs of the Society for Research in Child Development, 57, Nr. 230, 1992.

Simeonsson, Rune J.: Family Expectations, Encounters, and Needs. In: Brambring, M.; Rauth, H.; Beelmann, A. (Eds.): Early childhood intervention: Theorie, evaluation, and practice. Berlin; New York 1996, 196-207.

Sohns, Armin: Rechtliche Grundlagen der Frühförderung. In: Frühförderung Interdisziplinär, 19, 2, 2000, 63-79.

Sommer, G.; Fydrich, T.: F-SOZU – Fragebogen zur Sozialen Unterstützung. In: Zeitschrift für Klinische Psychologie, 16, 1987, 434-436.

Speck, Otto: Die Infrastruktur der Speziellen Früherziehung – eine unbefriedigende Bestandsaufnahme. In: Frühförderung interdisziplinär, 4, 1985, 8-16.

Speck, Otto; Peterander, Franz; Innerhofer, Paul (Hg.): Kindertherapie. München; Basel 1987.

Speck, Otto; Thurmair, Martin (Hg.): Fortschritte der Frühförderung entwicklungsgefährdeter Kinder. München; Basel 1989.

Speck, Otto: Das gewandelte Verhältnis zwischen Eltern und Fachleuten in der Frühförderung. In: Speck, O.; Warnke, A. (Hg.): Frühförderung mit den Eltern. München; Basel 1989b, 13-20.

Speck Otto: Konzeptionelle Entwicklungslinien im System der Frühförderung. In: Trost, R.; Walthes, R. (Hg.): Frühe Hilfen für entwicklungsgefährdete Kinder. Frankfurt 1991a, 17-24.

Speck, Otto: System Heilpädagogik. München; Basel 1991b.

Speck, Otto; Peterander, Franz: Elternbildung, Autonomie und Kooperation in der Frühförderung. In: Frühförderung interdisziplinär, 13, 1994, 108-120.

Speck, Otto: Wandel der Konzepte in der Frühförderung. In: Frühförderung interdisziplinär 14, 1995, 116-130.

Speck, Otto: Heilpädagogische Qualität unter Ökonomisierungsdruck. In: Heilpädagogische Forschung, 24, 1998, 146-152.

Speck, Otto: Die Ökonomisierung sozialer Qualität. Zur Qualitätsdiskussion in Behindertenhilfe und sozialer Arbeit. München; Basel 1999.

Speck, Otto: Frühförderung als System. In: Frühförderung interdisziplinär 8, 1989,148-156.

Speck, Otto: Sonderschulpädagogische Professionalität durch Qualitätsentwicklung – Begriffe, Modelle, Probleme. Heilpädagogische Forschung XXVI, Heft 1, 2000, 2-15.

Speck, Otto: Marktgesteuerte Qualität – eine neue Sozialphilosophie? In: Peterander, F.; Speck, O. (Hg.): Qualitätsmanagement in sozialen Einrichtungen. München, Basel 1999a, 15-30.

Spiegel, Hiltrud v.: Selbstevaluation, Qualitätsentwicklung und Qualitätssicherung „von unten". In: Merchel, J. (Hg.): Qualität in der Jugendhilfe. Münster 1998, 351-371.

Staiber, Helmut; Kuhn, Ulrich: Mit Markt Sozialstaat sichern. In: Caritas 96, 1, 1995, 19-27.

Steinebach, Christoph: Familienentwicklung in der Frühförderung. Freiburg im Breisgau 1995.

Testzentrale Göttingen: Testkatalog 1998/ 99. Göttingen 1998.

Theunissen, Georg; Plaute, Wolfgang: Empowerment und Heilpädagogik. Ein Lehrbuch. Freiburg im Breisgau 1995.

Thurmair, Martin: Fortbildungsbedürfnisse in der Frühförderung. In: Frühförderung interdisziplinär, 4, 1985, 157-176.

Thurmair, Martin: Die Wirksamkeit von Frühförderung, und Fragen an ihr Konzept. In: Frühförderung interdisziplinär 10, 1991, 87-89.

Tietze-Fritz, Paula: Handbuch der heilpädagogischen Diagnostik. Dortmund 1992.

Tress, Helga: Qualitätsentwicklung im Rahmen integrativer Kinder- und Jugendhilfe – mehr eine inhaltlich-konzeptionelle Herausforderung als ein rechtlich gefordertes Verfahren. In: Gemeinsam Leben, 7, 1, 1999, 16-22.

Trivette, Carol M.; Dunst, Carl J.; Hamby, Deborah: Social Support and Coping in Families of Children at Risk for Developmental Disabilities. In: Brambring, M.; Rauh, H.; Beelmann, A. (Eds.): Early childhood intervention: Theorie, evaluation, and practice. Berlin; New York 1996, 234-264.

Trost, Rainer: Frühförderung in Baden-Würtemberg. Bestandsaufnahme und Perspektiven der Weiterentwicklung. Ministerium für Arbeit, Gesundheit und Sozialordnung Baden-Würtemberg (Hg.). Stuttgart 1992.

Trost, Rainer; Walthes, Renate (Hg.): Frühe Hilfen für entwicklungsgefährdete Kinder. Wege und Möglichkeiten der Frühförderung aus interdisziplinärer Sicht. Frankfurt; New York 1991.

Vereinigung für interdisziplinäre Frühförderung – Landesverband Baden-Würtemberg (Hg.): Interdisziplinäre Zusammenarbeit in der Frühförderung. Anspruch und Wirklichkeit. Freiburg 1996.

Vereinigung für Interdisziplinäre Frühförderung e.V.: Qualitätskriterien für die Frühförderung. Positionspapier. Emden Aug. 1999

Voelzke, Wolfgang: Qualitätsmanagement in der Psychotherapie aus der Sicht von PatientInnen. In: Report Psychologie, 8, 1998, 648-653.

Wacker, Elisabeth: Die Qualitätsfrage als Muß, Mode oder Möglichkeit zur Verbesserung von Hilfen. Gedanken zur Kunst, Qualität zu sichern. In: Behindertenpädagogik, 35, 3, 1996, 301-312.

Wacker, Elisabeth: Qualitätssicherung in der sozialwissenschaftlichen Diskussion. Grundfragestellung und ihr Transfer in die bundesdeutsche Behindertenhilfe. In: Geistige Behinderung, 4, 1994, 267-281.

Wacker, Elisabeth: Das Untersuchungsfeld der „Modellversuche zur Verbesserung der Arbeitssituation der Betreuer geistig Behinderter".

Ausgangslage des Projektes und methodisches Vorgehen. In: Neumann, J. (Hg.): Arbeit im Behindertenheim. Situationsanalyse und Strategien zu ihrer Humanisierung. Frankfurt/M., New York 1988, 75-100.

Wagner, Michael: Menschen mit geistiger Behinderung – Gestalter ihrer Welt. Bad Heilbronn 1995.

Weber, Karin S.; Rochel, Michael: Medizinische Rehabilitation zerebralgeschädigter Kinder im Alter von drei bis sieben Jahren durch Konduktive Förderung. In: Bundesministerium für Arbeit und Sozialordnung (Hg.): Forschungsbericht. Bonn 1995

Weinert, Ansfried: Lehrbuch der Organisationspsychologie. München; Weinheim 1987.

Weinert, Franz E.; Graumann, Carl F.; Heckhausen, Heinz; Hofer, Manfred (Hg.): Pädagogische Psychologie. Bd. 1, Teil A. Frankfurt 1974.

Weiß, Hans: Familie und Frühförderung. München; Basel 1989.

Weiß, Hans: Familien zwischen Autonomie und „sozial arrangierter Abhängigkeit". Kritische Fragen zur Kultur der Frühförderung. In: Geistige Behinderung, 30, 3, 1991a, 196-217.

Weiß, Hans: Verstehen und Verständigung mit Kind und Eltern: Zentrale Aufgaben der Zusammenarbeit. In: Vereinigung für Interdisziplinäre Frühförderung e. V.: Familienorientierte Frühförderung. München; Basel 1991b, 59-71.

Weiß, Hans: Das Verhältnis von Prävention zur Frühförderung. In: Frühförderung interdisziplinär, 11, 1992a, 1-11.

Weiß, Hans: Annäherungen an den Empowerment-Ansatz als handlungsorientiertes Modell in der Frühförderung. In: Frühförderung interdisziplinär, 17, 1992b, 11-17.

Weiß, Hans: Bedingungs- und Wirkungszusammenhänge in der Frühförderung. Stand, Bedeutung und (Methoden-)Probleme der Evaluationsforschung im Bereich „früher Hilfen" unter besonderer Berücksichtigung körperbehinderter Kinder. In: Frühförderung interdisziplinär, 14, 1995, 59-71.

Weiß, Hans: Kinderarmut als Entwicklungsrisiko. In: Frühförderung interdisziplinär, 17, 1998, 81-88.

Weiß, Hans: Evaluation in der Frühförderung unter dem Aspekt der fachlichen Qualität. In: Peterander, F.; Speck, O. (Hg.): Qualitätsmanagement in sozialen Einrichtungen. München; Basel 1999, 199-213.

Wendt, Wolf Rainer: Demokratisches Handeln und Vernetzung. Zwei strukturelle Anforderungen an Konzepte der Qualitätssicherung. In: Geistige Behinderung, 3, 1998, 215-223.

Werner, E.E., Biermann, I.M., French, F.E.: The children of Kanai. Honolulu. 1971.

Westhoff, Gisela: Handbuch psychosozialer Messinstrumente. Göttingen 1993.

Wetzler, Rainer: Internationale Evaluationsansätze zur Qualitätssicherung sozialer (residentieller) Dienstleistungen. In: Heiner, M. (Hg.): Qualitätsentwicklung durch Evaluation. Freiburg/Br. 1996, 108-120.

Wienand, Manfred W.: Qualitätssicherung bei der Leistungserbringung. In: Diakonie, Juli 1998, 59-66.

Wienand, Manfred W. (1999): Qualitätssicherung bei der Leistungserbringung. In: Peterander, F.; Speck, O. (Hg.): Qualitätsmanagement in sozialen Einrichtungen. München, Basel 1999, 31-40.

Wilkens, Renate: Frühförderung im Spannungsfeld von Medizin und Pädagogik. Pfaffenweiler 1992.

Wittenius, Ullrich: Die Umsetzung §§ 93 ff BSHG – Stand der Dinge. In: Theorie und Praxis der sozialen Arbeit, 1, 1998, 26-30.

Zimmer, Renate; Volkamer, Meinhart: Motoriktest für vier- bis sechsjährige Kinder. Manual. Weinheim 1997.

Zünkler, Meinolf: Einrichtungen und Institutionen der Behindertenhilfe aus Elternsicht. In: Zur Orientierung, 3, 1997, 21-23.

9. Materialien

9.1 Fragebogen zur Elternzufriedenheit *(S. Schmitz)*

Liebe Eltern und Erziehungsberechtigte!

Es ist unser Anliegen, gemeinsam mit Ihnen die besten Voraussetzungen für die Entwicklung Ihres Kindes zu schaffen. Wir fragen nun Sie, wie Sie die Zeit der Frühförderung erlebt haben. Sind Sie zufrieden?

Wir möchten, dass unsere Hilfen wirksam bei Ihnen ankommen. Niemand kann unser Tun besser beurteilen als Sie. Letztlich haben Sie vielfältige Erfahrungen in Ihrer Zeit der Frühförderung gesammelt und können uns eine wertvolle Quelle von Informationen und Anregungen sein.

Wir bitten Sie, sich ca. 20-25 Minuten Zeit zu nehmen, um einige Fragen zu beantworten und uns Ihre Erfahrungen mitzuteilen. Sie fragen sich jetzt sicher, wieso wir Ihnen diesen Fragebogen erst zum Abschluss der Frühförderung geben?

Es ist unsere Absicht, verschiedene Meinungen zu unserem Angebot einzuholen. Im Förderprozess selbst haben wir versucht, Ihrer ganz persönlichen Situation gerecht zu werden. Darüber hinaus helfen Sie uns nun zum Abschluss der Frühförderung durch das Ausfüllen dieses Fragebogens, generelle Bedürfnisse und Ansprüche aus dem Blickwinkel der Eltern oder Erziehungsberechtigten besser kennenzulernen, um unsere Arbeit darauf abstimmen zu können. **Denn wer kann uns eine bessere Rückmeldung zur Weiterentwicklung unserer Angebote geben als Sie?**

Der Fragebogen umfasst mehrere Bereiche. Zunächst geht es um eine Einschätzung der äußeren Gegebenheiten und der Vielzahl an Hilfen, die wir Ihnen anbieten. Im Anschluss stellen wir Ihnen einige Fragen zu dem Verlauf des Förderprozesse sowie zu den Wirkungen der Frühförderung auf das Leben mit Ihrem Kind. Zum Schluss besteht für Sie die Möglichkeit, sich in offenen Worten zu äußern.

Herzlichen Dank für Ihre Mithilfe!

Sind Sie zufrieden...?

...mit den Rahmenbedingungen der Frühförderung?

Wie bereits in der Einleitung erwähnt, bitten wir Sie, Aussagen zu Ihrer Zufriedenheit mit nachfolgenden Punkten zu machen.

Wir möchten zunächst gerne wissen, ob Sie sich in unserer Einrichtung wohl fühlen. Ist das Gebäude für Sie mit öffentlichen Verkehrsmitteln oder dem Auto gut erreichbar? Gefällt Ihnen die Ausgestaltung und der Zustand der Räume und Materialien? Ist es Ihnen leicht gefallen, einen ersten Kontakt herzustellen?

A zufrieden
B eher zufrieden
C eher unzufrieden
D unzufrieden

	A	B	C	D
1. **Erreichbarkeit** (verkehrsgünstige Lage/ Anbindung an öffentlichen Nahverkehr/ Beschilderung)	☺	😐	☹	☹
2. **Räumliche Ausstattung** (Räume für Diagnostik, Förderung, Beratung, Therapie/ Wartezimmer)	☺	😐	☹	☹
3. **Materielle Ausstattung** (Spiel-/ Beschäftigungs-/ Therapiematerialien/ Literatur)	☺	😐	☹	☹
4. **Zeitlicher Betreuungsrahmen** (Öffnungs-/ Betreuungszeiten)	☺	😐	☹	☹
5. **Zugangsweg/ Kontaktaufnahme** (telefonische Erreichbarkeit/ Warteliste)	☺	😐	☹	☹

Sind Sie zufrieden...?

...mit unseren Angeboten und Hilfen?

Unsere Einrichtung bietet Ihnen eine Vielzahl ganz unterschiedlicher Hilfen an. Welche Angebote waren hilfreich und unterstützend für Sie?

A zufrieden
B eher zufrieden
C eher unzufrieden
D unzufrieden

	A	B	C	D
6. Fachliche Beratung hinsichtlich der Entwicklungsauffälligkeit Ihres Kindes	☺	☺	☹	☹
7. Anregungen und Anleitungen für den alltäglichen Umgang mit Ihrem Kind	☺	☺	☹	☹
8. Begleitung und Unterstützung bei Erziehungsfragen	☺	☺	☹	☹
9. Beratung hinsichtlich ergänzender Angebote (z. B. Familienentlastender Dienst)	☺	☺	☹	☹
10. Beratung hinsichtlich weiterführender Angebote (z. B. Schule, Kindergarten)	☺	☺	☹	☹
11. Beratung im Hinblick auf gesetzliche Regelungen und finanzielle Fragen	☺	☺	☹	☹
12. Offene Angebote (z. B. Kurse, Vorträge, Seminare, Café, Geschwistergruppen)	☺	☺	☹	☹
13. Kontakte zu Gleichbetroffenen	☺	☺	☹	☹
14. Ausleihdienst für Bücher und Spiele	☺	☺	☹	☹

Sind Sie zufrieden...?

...mit der Ausgestaltung des Förderprozesses?

In diesem Teil der Befragung geht es darum, einzuschätzen, inwieweit folgende Behauptungen auf die einzelnen Stationen im Förderprozess zutreffen.

> Denken Sie noch einmal an den Beginn der Frühförderung zurück. Erinnern Sie sich daran, wie die Aufnahme in die Einrichtung verlaufen ist? Fühlten Sie sich damals in Ihrem Anliegen verstanden und gut aufgehoben? Welche ersten Eindrücke haben sich ergeben?

A trifft zu
B trifft eher zur
C trifft eher nicht zu
D trifft nicht zu

	A	B	C	D
1. Die Einrichtung wirkte auf den ersten Eindruck einladend.	☐	☐	☐	☐
2. Die Mitarbeiterin/ Der Mitarbeiter hat sich Zeit für unsere Fragen und Probleme genommen.	☐	☐	☐	☐
3. Im Erstgespräch fühlten wir uns mit unseren Anliegen und Sorgen ernst genommen.	☐	☐	☐	☐
4. Wir wurden umfassend über die Angebote und den Ablauf der Frühförderung informiert und konnten uns ein Bild machen.	☐	☐	☐	☐
5. Das Abklären von Wünschen und Erwartungen hat uns in unserer Entscheidung für die Frühförderung bestärkt.	☐	☐	☐	☐
Wie zufrieden sind Sie mit der Aufnahme in die Einrichtung insgesamt?	☺	😐	☹	😠

Sind Sie zufrieden...?

...mit der Durchführung der Diagnostik?

Nach der Aufnahme eines Kindes in unsere Einrichtung werden in der Förderplanung Vereinbarungen über passende Hilfen getroffen. Können Sie sich daran erinnern, wie der diagnostische Prozess bei Ihrem Kind abgelaufen ist? Haben Sie Ihr Wissen über die bisherige Entwicklung Ihres Kindes eingebracht?

A trifft zu
B trifft eher zur
C trifft eher nicht zu
D trifft nicht zu

	A	B	C	D
6. Die Mitarbeiter/innen haben mit uns gemeinsam Entwicklungsziele für unser Kind vereinbart und das weitere Vorgehen festgelegt.	☐	☐	☐	☐
7. Wir fühlten uns ausreichend informiert, um das weitere Vorgehen mitbestimmen zu können.	☐	☐	☐	☐
8. Wir haben uns fortlaufend mit den Mitarbeitern/innen über die Entwicklung unseres Kindes ausgetauscht und auch neue Absprachen getroffen.	☐	☐	☐	☐
9. Die Mitarbeiter/innen haben uns genau erklärt, warum bestimmte diagnostische Verfahren für unser Kind sinnvoll waren.	☐	☐	☐	☐
10. Wir hatten den Eindruck, daß die Mitarbeiter/innen die Entwicklung unseres Kindes richtig eingeschätzt haben.	☐	☐	☐	☐
Wie zufrieden sind Sie mit Diagnostik und Förderplanung insgesamt?	☺	😐	☹	😞

Sind Sie zufrieden...?

...mit Förderung und Therapie?

Im nächsten Schritt interessiert uns, welche Erfahrungen Sie mit dem Förderprozess gemacht haben. Meinen Sie, dass die Förderung Ihrem Kind Spaß gemacht hat? Konnten Sie Entwicklungsfortschritte erkennen? Passten die Hilfen zu Ihrer alltäglichen Situation?

A trifft zu
B trifft eher zur
C trifft eher nicht zu
D trifft nicht zu

	A	B	C	D
11. Unser Kind hat sich in der Frühförderung wohl gefühlt.	☐	☐	☐	☐
12. Wir hatten Vertrauen in das fachliche Können der Mitarbeiterin/ des Mitarbeiters.	☐	☐	☐	☐
13. Die fachliche Beratung hat uns das Gefühl gegeben, alles Notwendige für unser Kind tun zu können.	☐	☐	☐	☐
14. Die Terminabsprachen der Förderstunden in der Einrichtung und auch zu Hause richteten sich nach unseren Bedürfnissen.	☐	☐	☐	☐
15. Die vorbereiteten Förderstunden in der Frühförderstelle waren auf die besonderen Anforderungen unseres Kindes abgestimmt.	☐	☐	☐	☐
16. Die Mitarbeiterin/ Der Mitarbeiter hat uns verdeutlicht, was die Förderung und Therapie für die Entwicklung unseres Kindes bewirkten.	☐	☐	☐	☐
17. Wir haben hilfreiche Anregungen und Anleitungen bekommen, um auch den alltäglichen Umgang mit unserem Kind bereichernd zu gestalten.	☐	☐	☐	☐
18. Die Mitarbeiterin/ Der Mitarbeiter hat sich bemüht, die Förderung zu Hause an unserer Lebenssituation auszurichten.	☐	☐	☐	☐
19. Wir hatten das Gefühl, dass die Mitarbeiterin/ der Mitarbeiter unsere Privatsphäre geachtet hat.	☐	☐	☐	☐
Wie zufrieden sind Sie mit der Förderung und Therapie insgesamt?	☺	😐	☹	☹

Sind Sie zufrieden...?

...mit der Zusammenarbeit?

Überlegen Sie, wie Ihnen die Zusammenarbeit mit uns gefallen hat. Wie sehen Sie Ihre Beziehung zu den Mitarbeiterinnen und Mitarbeitern? Haben Sie gerne mit uns zusammengearbeitet?

A trifft zu
B trifft eher zur
C trifft eher nicht zu
D trifft nicht zu

	A	B	C	D
20. Wir fühlten uns als Eltern respektiert und unterstützt bei unserer Erziehungsaufgabe.	☐	☐	☐	☐
21. Wir haben die Frühförderung als Entlastung erlebt.	☐	☐	☐	☐
22. Die Angebote der Frühförderung fanden regelmäßig und verlässlich statt.	☐	☐	☐	☐
23. Wir konnten über eigene Gefühle und Probleme sprechen.	☐	☐	☐	☐
24. Wir konnten unsere eigene Sichtweise als Eltern oder Erziehungsberechtigte gegenüber den Mitarbeitern/innen vertreten.	☐	☐	☐	☐
25. Die Mitarbeiterin/ Der Mitarbeiter war bemüht, die gesamte Familie einschließlich (eventueller) Geschwister in anstehende Überlegungen einzubeziehen.	☐	☐	☐	☐
26. Unzufriedenheiten oder Bedenken konnten wir offen ansprechen.	☐	☐	☐	☐
Wie zufrieden sind Sie hinsichtlich unserer Zusammenarbeit insgesamt?	☺	😐	☹	😞

Sind Sie zufrieden...?

...mit den zusätzlichen Hilfen?

> Denken Sie nun einmal an die Arbeit der verschiedenen Mitarbeiter/innen untereinander. Beurteilen Sie die Zusammenarbeit als gelungen? Und wie schätzen Sie über den Förderprozess hinausgehende Hilfen ein? Haben Ihnen die zusätzlichen Hilfen weitergeholfen?

A trifft zu
B trifft eher zur
C trifft eher nicht zu
D trifft nicht zu

	A	B	C	D
27. Die uns betreuenden Mitarbeiter/innen waren immer über alle laufenden Maßnahmen und Entwicklungen in unserer Familie informiert.	☐	☐	☐	☐
28. Die Mitarbeiterin/ Der Mitarbeiter konnte uns hilfreiche Informationen über weitere Unterstützungssysteme in der Region liefern (z. B. Familienentlastender Dienst).	☐	☐	☐	☐
29. Die Mitarbeiterin/ Der Mitarbeiter hat uns alle Elternangebote vorgestellt und die Teilnahme erleichtert.	☐	☐	☐	☐
30. Organisatorische Hilfen zur Inanspruchnahme weiterer Hilfen waren sehr hilfreich für uns.	☐	☐	☐	☐
Wie zufrieden sind Sie mit den zusätzlichen Hilfen insgesamt?	☺	🙂	🙁	☹

Sind Sie zufrieden...?

...mit dem Abschluss der Frühförderung?

Nun, zum Abschluss der Frühförderung, möchten wir gerne wissen, ob Sie sich gut auf einen neuen Abschnitt im Leben Ihres Kindes vorbereitet fühlen. Können Sie einschätzen, was an Neuem auf Sie zukommen wird?

A trifft zu
B trifft eher zur
C trifft eher nicht zu
D trifft nicht zu

	A	B	C	D
31. Wir sind zum Abschluss noch einmal umfassend über den augenblicklichen Entwicklungsstand unseres Kindes informiert worden.	☐	☐	☐	☐
32. Wir haben das Gefühl, dass wir bei auftretenden Problemen jederzeit wieder anrufen können.	☐	☐	☐	☐
33. Die Mitarbeiter/innen haben uns auf den bevorstehenden Übergang in eine andere Einrichtung ausreichend vorbereitet.	☐	☐	☐	☐

Wie zufrieden sind Sie mit dem Abschluss der Frühförderung insgesamt?

Sind Sie zufrieden...?

...mit den Wirkungen der Frühförderung auf das Leben mit Ihrem Kind?

Auch im Abschlussteil bitten wir Sie, zu beurteilen, inwieweit die nachfolgenden Aussagen für Sie zutreffend sind. Danach lassen einige offene Fragen Raum für persönliche Anmerkungen.

Fragen Sie sich zum Schluss einmal, was die Frühförderung im Leben mit Ihrem Kind bewirkt hat. Hat sich der Umgang mit Ihrem Kind verändert? Wie gehen Sie nun mit der besonderen Entwicklungssituation Ihres Kindes um? Ist Ihre Familiensituation gefestigt?

A trifft zu
B trifft eher zur
C trifft eher nicht zu
D trifft nicht zu

Die Frühförderung hat dazu beigetragen, dass...

	A	B	C	D
1. ... unser Kind Entwicklungsfortschritte gemacht hat.	☐	☐	☐	☐
2. ... wir zuversichtlicher in die Zukunft mit unserem Kind blicken.	☐	☐	☐	☐
3. ... wir sicherer mit unserem Kind umgehen.	☐	☐	☐	☐
4. ... wir das Verhalten und die Bedürfnisse unseres Kindes besser beobachten und verstehen.	☐	☐	☐	☐
5. ... sich die gesamte Familiensituation – auch im Hinblick auf die (eventuellen) Geschwister – entspannt hat.	☐	☐	☐	☐
6. ... wir Eltern mit ähnlichen Problemen kennen.	☐	☐	☐	☐
7. ... wir selbstbewusster im Umgang mit unserem Kind in der Öffentlichkeit sind.	☐	☐	☐	☐

Wenn Sie alle Eindrücke noch einmal zusammenfassen: Wie zufrieden sind Sie mit der gesamten Frühförderung?

Angenommen, Sie hätten bezogen auf die Frühförderung drei Wünsche frei. Was würden Sie fordern?

❶ ....
❷ ....
❸ ....

Was fällt Ihnen noch ein? Was würden Sie anders machen?

✎ ....
....
....

Angenommen, Sie treffen auf eine Familie, die sich in einer ähnlichen Situation befindet und bisher noch keine Frühförderung in Anspruch nimmt. Würden Sie der betroffenen Familie die Frühförderung vorschlagen? Wie würden Sie Ihre Empfehlung begründen?

❑ **ja, weil** ....
....

❑ **nein, weil** ....
....

Am Ende möchten wir gerne wissen, was Sie von dieser Art von Befragung halten. Haben Sie Anmerkungen zu diesem Fragebogen?

A trifft zu
B trifft eher zur
C trifft eher nicht zu
D trifft nicht zu

	A	B	C	D
1. Wir finden es sinnvoll, eine derartige Befragung durchzuführen.	❑	❑	❑	❑
2. Der Fragebogen war vom Umfang angemessen.	❑	❑	❑	❑
3. Der Fragebogen hat uns sehr gut gefallen.	❑	❑	❑	❑
4. Wir haben uns gerne die Zeit genommen, diesen Fragebogen auszufüllen.	❑	❑	❑	❑

Sonstiges: ✎ ....
....
....
....

| Wer hat diesen Fragebogen ausgefüllt? |

❏ **Mutter**   ❏ **Vater**   ❏ **beide**   ❏   **andere** ✎ ....
....

Wir danken Ihnen für Ihre Mühe und Mitarbeit und wünschen Ihnen und Ihrem Kind auf dem weiteren Lebensweg alles Gute!

9.2 Fragebogen zur Arbeitszufriedenheit

1. Anerkennung

Ich erhalte Anerkennung für meine Leistungen

	Nie/Selten	Manchmal	Häufig	Sehr häufig/Immer
Von der Leitungsperson	❏	❏	❏	❏
Von Kollegen/innen	❏	❏	❏	❏
Von Eltern	❏	❏	❏	❏
Von Kooperationspartner/innen	❏	❏	❏	❏

2. Gehalt

	Sehr unzufrieden	Eher unzufrieden	Eher zufrieden	Sehr zufrieden
Ich bin mit meinem Gehalt	❏	❏	❏	❏

	Trifft nicht zu	Trifft eher nicht zu	Trifft eher zu	Trifft zu
Ich halte mein Gehalt in Bezug auf meine formale Qualifikation für angemessen	❏	❏	❏	❏

	Trifft nicht zu	Trifft eher nicht zu	Trifft eher zu	Trifft zu
Ich halte mein Gehalt in Bezug auf meine Aufgaben für angemessen	❏	❏	❏	❏

3. Mitsprache- und Gestaltungsmöglichkeiten

	Sehr unzufrieden	Eher unzufrieden	Eher zufrieden	Sehr zufrieden
Ich bin mit meinen Mitsprachemöglichkeiten bei Personalentscheidungen	❏	❏	❏	❏

	Sehr unzufrieden	Eher unzufrieden	Eher zufrieden	Sehr zufrieden
Ich bin mit meinen Beteiligungsmöglichkeiten an der Konzeption der Einrichtung	❏	❏	❏	❏

	Sehr unzufrieden	Eher unzufrieden	Eher zufrieden	Sehr zufrieden
Ich bin mit den Möglichkeiten, meine Arbeitszeit einzuteilen	❑	❑	❑	❑

	Sehr unzufrieden	Eher unzufrieden	Eher zufrieden	Sehr zufrieden
Ich bin mit meinen Gestaltungsmöglichkeiten bezüglich meiner inhaltlichen Arbeit	❑	❑	❑	❑

	Sehr unzufrieden	Eher unzufrieden	Eher zufrieden	Sehr zufrieden
Insgesamt bin ich mit dem Ausmaß meiner Einflussmöglichkeiten bei wichtigen Entscheidungen	❑	❑	❑	❑

	Sehr unzufrieden	Eher unzufrieden	Eher zufrieden	Sehr zufrieden
Insgesamt bin ich mit dem Ausmaß an Freiheit und Selbständigkeit	❑	❑	❑	❑

Sonstige Anmerkungen zu Mitsprache- und Gestaltungsmöglichkeiten

....
....
....

4. Leitung[1]

	Sehr unzufrieden	Eher unzufrieden	Eher zufrieden	Sehr zufrieden
Ich bin mit dem Informationsfluss von Seiten der Leitung	❑	❑	❑	❑

	Trifft nicht zu	Trifft eher nicht zu	Trifft eher zu	Trifft zu
Ich erlebe die Leitungsperson als durchsetzungsfähig	❑	❑	❑	❑

---

[1] Gemeint ist hier die Teamleitung bzw. pädagogische Leitung. Bei Bedarf kann die Fragestellung im Hinblick auf das Verhältnis Teamleitung – Geschäftsführung, Team – Geschäftsführung u.a. modifiziert und ergänzt werden.

	Trifft nicht zu	Trifft eher nicht zu	Trifft eher zu	Trifft zu
Ich werde durch die Leitungsperson immer wieder für meine Arbeit motiviert	☐	☐	☐	☐
Die Leitungsperson versteht es, die Frühförderarbeit sinnvoll zu koordinieren und zu organisieren	☐	☐	☐	☐
Ich erlebe die Leitungsperson als grundsätzlich offen für Kritik	☐	☐	☐	☐
Ich kann mich in schwierigen Situationen auf die Leitungsperson verlassen	☐	☐	☐	☐

	Sehr unzufrieden	Eher unzufrieden	Eher zufrieden	Sehr zufrieden
Ich bin insgesamt mit dem Führungsverhalten der Leitung	☐	☐	☐	☐

Sonstige Anmerkungen zur Leitung

....
....
....
....

5. Team

	Trifft nicht zu	Trifft eher nicht zu	Trifft eher zu	Trifft zu
Ich halte die Zeit für Teambesprechungen für ausreichend	☐	☐	☐	☐

	Sehr unzufrieden	Eher unzufrieden	Eher zufrieden	Sehr zufrieden
Ich bin mit der inhaltlichen Gestaltung der Teamsitzungen	❑	❑	❑	❑

Folgende Themen möchte ich in Teamsitzungen öfter besprechen:

....
....
....

	Trifft nicht zu	Trifft eher nicht zu	Trifft eher zu	Trifft zu
Ich erhalte von meinen Kolleg/innen ausreichend Unterstützung bei beruflichen Problemen	❑	❑	❑	❑

	Sehr unzufrieden	Eher unzufrieden	Eher zufrieden	Sehr zufrieden
Ich bin mit dem Informationsaustausch zwischen den Mitarbeiter/innen	❑	❑	❑	❑

	Sehr unzufrieden	Eher unzufrieden	Eher zufrieden	Sehr zufrieden
Ich empfinde das Kollegenklima insgesamt als	❑	❑	❑	❑

Sonstige Anmerkungen zum Team

....
....
....

6. Weiterbildung

	Sehr unzufrieden	Eher unzufrieden	Eher zufrieden	Sehr zufrieden
Ich bin mit meinen Weiterbildungsmöglichkeiten	❑	❑	❑	❑

	Sehr unzufrieden	Eher unzufrieden	Eher zufrieden	Sehr zufrieden
Ich bin mit meinen Wahlmöglichkeiten bezüglich Weiterbildungsschwerpunkten	❑	❑	❑	❑

Sonstige Anmerkungen zu Weiterbildungen
....
....
....
....
....

7. Belastungen

	Nie/Selten	Manchmal	Häufig	Sehr häufig/Immer
Ich stehe unter Erfolgszwang	❏	❏	❏	❏
Ich fühle mich arbeitsmäßig überlastet	❏	❏	❏	❏
Ich bin starken seelischen Belastungen ausgesetzt	❏	❏	❏	❏

Sonstige Anmerkungen zu Belastungen
....
....
....
....
....

Folgende Gründe spielen meiner Meinung nach eine Rolle bei der Entscheidung von Mitarbeiter/innen, den Arbeitsplatz in der Frühförderung aufzugeben
....
....
....
....
....

Folgende drei Dinge würde ich in der Einrichtung verändern, wenn ich dazu ermächtigt wäre

➢ ....
....

➢ ....
....

➢ ....
....

9.3 Leitfaden zur Konzeptionsentwicklung

Grundlagen

- Vorstellung der Einrichtung /Trägerschaft
- Geschichte der Einrichtung
- Besonderheiten
- Zweck und Inhalt der vorliegenden Konzeption

Aufgaben und Ziele

- Leitideen und Grundsatzgedanken
- Aufgaben der Frühförderung in Bezug auf die Familie
- Aufgaben der Frühförderung in Bezug auf die Kinder
- Aufgaben der Frühförderung in Bezug auf die Eltern
- Aufgaben der Frühförderung in Bezug auf Kooperationspartner/-innen
- Regionale Voraussetzungen (Infrastruktur in pädagogischer, therapeutischer und medizinischer Hinsicht etc.) und daraus folgende Konsequenzen bezüglich der Aufgaben der Einrichtung

Organisatorische Rahmenbedingungen

- Standort und Größe der Einrichtung
- Einzugsgebiet
- Zuweisende Stellen
- Finanzierung
- Kooperationspartner/innen
- Arbeitsweise (Ambulant/Mobil)

Angebote

- Diagnostik
- Päd. Förderung
- Therapien
- Einzel-/ Gruppenförderung
- Beratungsangebote
- Elternangebote
- Nachbetreuung

Personalstruktur und -entwicklung

- Mitarbeiter und Mitarbeiterinnen, deren Qualifikationen und Zusatzqualifikationen
- Stellenbeschreibungen /Anforderungsprofile
- Fort- und Weiterbildung

Externe Kooperation und Vernetzung

- Kooperationspartner/ -innen
- Einzelfallbezogene Kooperation
- Netzwerkbezogene Kooperation
- Ämter und Behörden
- Öffentlichkeitsarbeit
- Vertretung der Belange der Frühförderstelle in trägerbezogenen und anderen Gremien

Weiterentwicklung der Konzeption

9.4 Leitfaden zur Stellenbeschreibung (Fachkraft)

Einsatzbereich

Stellenbezeichnung

Berufsbezeichnung

Rahmenbedingungen der Stelle

- Stundenzahl
- Bezahlung
- Urlaubsregelung
- Überstunden

Ziel der Stelle

Aufgabenbereiche

- *innerhalb der Einrichtung:*
  - familienbezogen
  - kindbezogen
  - elternbezogen
  - bezogen auf die Mitarbeit/Zusammenarbeit im Team
  - bezogen auf Kooperationspartner/-innen
- *extern:*
  - netzwerkbezogene Kooperation
  - Gremientätigkeit
- *weitere Aufgaben:*
  - Erstellen von Berichten, Abrechnungsunterlagen
  - Dokumentation der Tätigkeiten
  - Fort- und Weiterbildung

Informationspflicht

- administrativer Bereich
- inhaltlicher Bereich

Schweigepflicht

9.5 Leitfaden zur Stellenbeschreibung (Leitung)

Einsatzbereich

Stellenbezeichnung

Berufsbezeichnung

Rahmenbedingungen der Stelle

- Stundenzahl
- Bezahlung
- Urlaubsregelung
- Überstunden
- Freistellung

Ziel der Stelle

Aufgabenbereiche

- *innerhalb der Einrichtung:*
  - familienbezogen
  - kindbezogen
  - elternbezogen
  - bezogen auf Personalführung/-entwicklung
  - bezogen auf die Geschäftsführung
  - bezogen auf die Verwaltung
  - bezogen auf Kooperationspartner/-innen
  - bezogen auf Koordination
  - Konzeption
  - Informationsfluss

- *extern:*
  - netzwerkbezogene Kooperation
  - Kooperation mit dem Träger
  - Kontakt zu Ämtern und Behörden
  - Gremientätigkeit
  - Öffentlichkeitsarbeit

- *weitere Aufgaben:*
  - Erstellen von Berichten, Abrechnungsunterlagen, Statistiken
  - Dokumentation
  - Fort- und Weiterbildung (in entsprechenden Schlüsselqualifikationen)

Informationspflicht

- administrativer Bereich
- inhaltlicher Bereich

Schweigepflicht

9.6 Beispiel für ein Organigramm

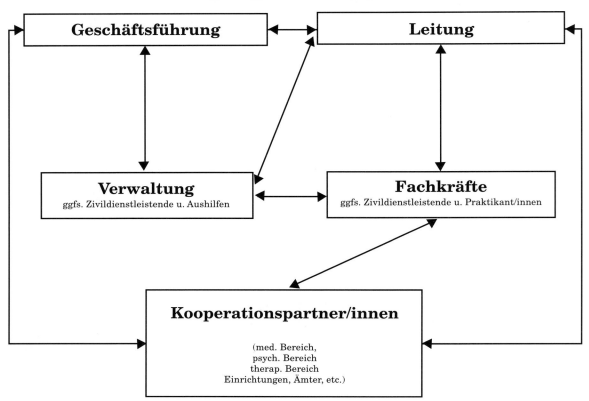

Raum für Notizen:

Raum für Notizen:

Raum für Notizen:

Raum für Notizen: